ヤマケイ文庫

アイヌと神々の物語

炉端で聞いたウウェペケレ

kayano Shigeru

萱野　茂

Yamakei Library

アイヌの世界観あふれるドラマチックな物語

千葉大学文学部教授
「ゴールデンカムイ」アイヌ語監修者
中川　裕

近年、アイヌ民族についての話題が、テレビや雑誌、インターネットなどのメディアで頻繁《ひんぱん》に取り上げられるようになってきた。それに加えてアイヌ関連の刊行物も非常に増えてきている。二〇一八～一九年に出版されたアイヌ文化・歴史関係の入門・概説書的なものだけを数えても一〇冊以上にのぼる。

これはかつてなかった状況であり、これまでアイヌという人々の存在をあまり意識していなかった人たちが、彼らに関心を持つようになってきたことを、出版界のほうで敏感に感じ取った結果だと考えることができる。

その流れを作り出すひとつのきっかけとなっているのは、集英社『週刊ヤングジャンプ』誌で二〇一四年から連載が始まり、二〇一八年にはアニメ化もされ、同誌の看板漫画のひとつとなっている、野田サトル氏の漫画「ゴールデンカムイ」だろう。

この漫画は、二〇世紀初頭の北海道やサハリンを舞台に、隠された金塊の争奪戦を中心とした冒険活劇物で、アイヌを描くことが中心的な内容ではないのだが、ヒロインのアシㇼパを筆頭に、何人もの魅力的なアイヌのキャラクターが活躍し、アイヌの伝統的な世界観や生活を緻密な画風で生き生きと描き出している。この漫画の影響で、直接作品には登場していない北海道平取町の二風谷《にぶたに》や、白老町《しらおい》といったアイヌ文化関連施設のあるところにも、いわゆる「聖地巡礼」で訪れる人が増えているそうだ。

また、二〇二〇年四月に、北海道白老町で民族共生象徴空間（愛称ウポポイ）と、その中核施設としての国立アイヌ民族博物館が開設されることも、アイヌが注目される大きな原動力になっているだろう。

現在、独立行政法人国立文化財機構によって設置されている国立博物館は、東京（上野）、京都、奈良、九州の四つだけであり、北日本では初となる日本で五番目の国立博物館が、地域名ではなく「アイヌ民族」という名を冠するものとなるというのは、日本の文化行政史においてもアイヌの民族史においても画期的なことである。

そうした時代の動きを反映して、長いこと絶版や品切れになっていたアイヌ関連の名著が、再版あるいは出版社を変えての刊行という形で、再び多くの読者の目に触れるものとなるという、喜ばしい現象が起こっている。本書もそのひとつである。

ドラマチックな展開に心躍らせる

本書は著者萱野《かやの》茂《しげる》氏によって録音・収集された、北海道沙流《さる》地方のウエペケレを日本語訳で紹介したものである。ウエペケレ（本書の表記ではウウェペケレ）は「昔話」などと訳されることが多く、本書でもその訳が用いられているが、日本語で「昔話」というとおとぎ話や童話と同じような意味で使われることも多く、子どもを楽しませるために語られる、現実とは切り離された物語というのが一般的な理解だろう。

しかし、ウエペケレというのは、決して子どものためだけに語られるものではない。それはかつて現実に暮らしていた人たちが、実際に体験したことを語り伝えた話であると信じられてきたものであり、彼らの「歴史」の記録としてとらえられてきたものである。

現代の私たちが読むと、ファンタスティックな空想の世界の話のように見えるだろう。しかし、かつて人間をとりまくすべてのものに、人間と同じような精神の働きを見、それをカムイと呼んで、人間とカムイの共存こそがこの世を豊かに暮らす道であると考えていた人たちにとって、そのカムイから恩恵を受けたり、あるいは悪い精神を持つカムイと対決したりする物語は、決して現実から遊離したものではなかった。

往時、アイヌの人々は、日々いろいろな人たちからウエペケレを聞いては、思いがけないことが起こった時には人はどう対処すべきか、あるいは日々の暮らしの中でどんなことをしてはいけないかと言ったような生活の知恵や、人としてのあり方、心構えといったようなものについての教訓を学んでいた。

そしてそれ以上に、主人公の受ける苦難や試練、それを解決して幸福なエンディングにいたるドラマチックな展開に心躍らせ、長い冬の夜を心豊かに過ごしてきた。

金田一京助がユカㇻを「世界五大叙事詩のひとつ」（このような考え方はすでに否定されているが）として紹介して以来、あるいは知里幸恵《ちりゆきえ》が『アイヌ神謡集』（一九二三）で美しいカムイユカㇻ「神謡」を紹介して以来、アイヌ文学というと、このふたつが引き合いに出されるのが常であった。

それに対してウエペケㇾはアイヌ文学を語る中であまり取り上げられてこなかったといってよい。その理由のひとつは、ユカㇻにおける「虎杖丸《いたどりまる》の曲」や、カムイユカㇻにおける「銀の滴降る降るまわりに」のような、誰でも名前を知っているような代表作がなかったことだろう。

また、知里真志保《ましほ》『アイヌ民譚集』（一九三七）が世に知られ、そこに収録されている「パナンペ・ペナンペ」譚が、あたかもウエペケㇾの代名詞のようにとらえられていたことも大きいと思う。

「パナンペ・ペナンペ」は一般のウエペケレとはかなり趣《おもむき》の異なるものであり、私の経験で言えばアイヌの古老自身「子どもだましの話」ととらえていることが多かった。アイヌ文学を語るという時、まずユカラ、カムイユカラの話になるのは、ウエペケレ＝パナンペ・ペナンペ＝子ども向けの文学的価値の低い話、というイメージでとらえられがちだったことがあるのではないかと思われる。

私は二十代前半の頃から北海道のあちこちを回ってアイヌ語を録音して歩いた。最初のうちはただ録音しているだけで、その場では何を言っているのかまるでわからず、家に帰ってそれを一音一音聞き起こしては、再び北海道に行って不明な点を質問するということを繰り返して、やっと一編の物語の顛末《てんまつ》がわかるという状態だったが、それを続けていくうちに、語りを聞きながらその場で内容を理解していくことができるようになった。

その段階で一番面白くなってきたのはウエペケレである。ユカラやカムイユカラにくらべて、ウエペケレは話の中に昔の生活や語り手自身の世界観といったものが直接的に映し出されている。ウエペケレを聞いていると、いつの間にかその世界の中に自分が入り込んでいることに気づく。

おばあさんたちは、聞き手がアイヌ語を理解できることがわかると、それなら「聞きどころのある」話をしなくてはというので、ドラマチックで、登場人物たちの心情がひしひしと伝わってくるような話を選んで語ってくれる。そのような話の中には、「昔話」というよりむしろ落語の人情噺に近いような、複雑な人間模様を描くものも少なくない。ユカㇻやカムイユカㇻに比べ、ウエペケㇾにはより生身の人間が描かれているのである。

アイヌ文学の隠れた名作

本書の著者である萱野茂氏(一九二六―二〇〇六)は、北海道平取町二風谷出身のアイヌであり、多くの地域でアイヌ文化が日常のものとなくなりつつある中で、アイヌ語を話せる人たちに囲まれて育ち、アイヌ語・アイヌ文化の継承者としてその保存と発展に多大な貢献をしてきた人である。一九九四年にアイヌ民族初の国会議員となった人物としてもよく知られている。

その著書は点数としても数多いが、分野としてもアイヌ語の辞書を始め、民具、伝統文化、現代史、政治問題など、非常に広い分野に及んでいる。なかでも萱野氏が力を入れていたのが、アイヌの口誦《こうしょう》伝承の録音と、そのアイヌ語のテキスト化であった。おもなものを挙げるだけでも、『ウエペケレ集大成』(一九七四、アルドオ)、『キツネのチャランケ』(一九七四、小峰書店)、『炎の馬』(一九七七、すずさわ書店)、『ひとつぶのサッチポロ』(一九七九、平凡社)、『カムイユカラと昔話』(一九八八、小学館：本書の原典)、『萱野茂のアイヌ神話集成』(一九九八、ビクターエンタテインメント)などがあり、どれも萱野氏自身がアイヌの古老を訪ね歩いて、直接録音した資料に基づいている。

なかでも、一九七四年の『ウエペケレ集大成』は、沙流地方のウエペケㇾ一一編を原文対訳してカセットテープをつけるという、当時としては画期的な刊行物であり、ウエペケㇾというジャンルの存在を世に問う役を果たした。そして本書の原典である『カムイユカㇻと昔話』は、本格的なウエペケㇾを圧倒的なボリュームで多くの人の目に触れる形で紹介した、アイヌ文学の金字塔ともいえる作品である。

萱野氏自身は研究者としての教育を受けた人ではないが、金田一京助、山田秀三《ひでぞう》、萩中美枝などといったアイヌ語・アイヌ文化研究者との親交も深く、彼らによって早くからその知識と能力に、厚い信頼を寄せられていた人であった。

アイヌ語母語話者であり、伝承者としての実体験に基づくアイヌ文化への深い理解は、もとより他の追随を許さぬものであるが、彼の日本語の文才も優れたものであり、読みやすくしかも情緒豊かなその文章は定評のあるところである。それは本書を読んだ読者の方々が実感されるであろう。

本書の特徴は、萱野氏自身の序文である「アイヌと神々の世界」を読んでもわかるように、児童を対象としたものではなく、むしろ一般の人たちにアイヌ文化そのものを伝えるということを目指して書かれたものだということである。

テキストは語り手たちの脳裏に描かれている世界を最もよく理解している萱野氏の手によって、原録音に忠実なことを目指しながらも読みやすく親しみのもてる文体で訳されている。そしてさらに、萱野氏自身が一話ごとに付した、それぞれの物語に関連する民具や習慣についての解説によって、かつてのアイヌ文化そのものを理解するための大変良い教科書ともなっている。

これだけの物語の数々を文庫として手軽に読めるようになるのは大変喜ばしい。この文庫版でウエペケㇾの世界を味わっていただきたい。そして、願わくば今回割愛された後半部についても、続編としてぜひ刊行していただきたいと思う。

アイヌと神々の物語

炉端で聞いたウウェペケレ

もくじ

本書は、1988年5月に発刊された『カムイユカㇻと昔話』（小学館）から、
「昔話」を抄録し、改題のうえ文庫化したものです。

アイヌと神々の世界

炉端《ろばた》で聞いたウウェペケレ（昔話）

人間、物心つく年といったらどのくらいなのか、よほど印象に残るようなうれしいこと、あるいはその反対のことでもない限《かぎ》り、子どもの時の記憶《きおく》というのは案外あいまいなものらしい。

昭和八年（一九三三）ごろ二風谷《にぶたに》で行われたイヨマンテ（クマ送り）をかなり鮮明《せんめい》に覚えているので、「八年ごろ」といろいろな文に書いていましたが、貝沢正さんが見せてくれた古い記録を見たら、イヨマンテは昭和五年十二月二十五日と書いてありました。してみると、そこに三年のずれが出てきたわけです。

それを見てから後は、私の記憶のいちばん古いのは、昭和五年十二月ということにしています。したがって、ここへ記そうとしているウウェペケレ（昔話）を聞いた始まりは、昭和五年からとします。

昭和五年から十年ごろのわが家の家族は、祖母《そぼ》てかって（八十五歳）を中心に、両親、それに兄と姉、小さい弟たちを含《ふく》めて十人近い大家族でした。家の中の様子といえば、昼の間父や母が外へ仕事に出た時は別として、夜になるとあまり広くもない囲炉裏《いろり》を囲むように家族がひしめきあって座《すわ》ります。灯《あかり》といえば、三分芯《しん》の石油ランプが火屋《ほや》の片方《かたほう》を黒くして下がっていたぐらいなものでした。そのランプも、必ず灯がともされているとは限らず、石油を買う銭《ぜに》がなかったり、子どもたちがランプにぶつかり火屋を割《わ》ったら、その夜は暗闇《くらやみ》になってしまいます。暗闇といってもまったくの暗闇ではなしに、囲炉裏での焚火《たきび》の炎《ほのお》があるので、それぞれの顔ぐらいは見えるものです。文字どおり暗い生活の中でのただ一つの安らぎは、祖母が聞かせてくれる昔話であったような気がします。

祖母が座る目の前では、カニッという糸を巻《ま》く棒《ぼう》が炉縁《ろぶち》の内側の灰《はい》の中に立ててあり、祖母は座っている時いつも指先を上下させながら糸をよっていたものでした。糸をよりながら口だけは休めることなく、昔話を語り、語ること自体が、そこで自分が家族とともに暮《く》らしている証《あかし》を示し、存在《そんざい》を誇示《こじ》しているかに見えたものです。事実祖母《そぼ》が座《すわ》っているのといないのでは、炉端《ろばた》のしまりが違《ちが》ったような気持ちを子どもながら抱《いだ》いていたものです。

昔話を語るのが上手《じょうず》なフチ（おばあさん）と一緒《いっしょ》に暮らせるということは、年がら年中第一級の家庭教師《きょうし》といるようなものでした。男の子が知らなければならないこと、女の子が覚えなければならないことを、必要に応《おう》じて手を取って教えてくれたものです。語る方も楽しみながら、そして子どもの年に合わせて理解《りかい》できるようにしゃべってくれるので、何回聞いても飽《あ》きることもなかったし、飽きさせませんでした。

とにかく祖母は教えるこつとか覚えるこつなどはまったく考えず、ただひたすら聞かせ聞かせの一点張《ば》りで、私は何回も何十回も聞かされているうちに言葉は覚えるし、筋書《すじが》きをも飲みこんでしまうというものでした。いちばん多く聞かせてもらった時間は、夕食後から家族が寝《ね》るまでの間でした。

あれから五十数年の歳月《さいげつ》が流れ、いい意味での生活教典であったアイヌ民族の昔話は、今はもう語れる人も少なく、聞いて理解できるアイヌもそう多くはいません。民族固有の文化とは、着る物や食べる物や住居《じゅうきょ》ではなく、言葉であろうし、アイヌ語の大事さは、日を追い、年を追うごとに、ひしひしと感じています。

本書に収録《しゅうろく》した散文の分野の昔話・ウパシクマ（言伝え）、韻文《いんぶん》の分野のカムイユカラ（神謡《しんよう》）・メノコユカラ（女が語る叙事《じょじ》詩）・イヨンノッカ（子守歌）は、すべて昭和三十五年以降《いこう》、私が直接《ちょくせつ》アイヌのエカシ（おじいさん）やフチたちから採録《さいろく》し、和訳《わやく》をしたものです。

以下、本書収録作品の理解の助けとするべく、アイヌと神々の世界、および口承《こうしょう》文芸の各分野について、若干《じゃっかん》述《の》べてみたいと思います。

アイヌと神は対等

アイヌの昔話やカムイユカラには、いろいろな神々が登場します。神の国からアイヌモシリ（アイヌは人間、モは静か、シリは大地）へ降《お》りてきて、さまざまな活躍《かつやく》をします。ピリカメノコ（美しい娘《むすめ》）に恋《こい》をする神もいます。

アイヌ民族は神をどのように考えていたのでしょうか。どのように神とつき合ってきたのでしょうか。それを理解していただくと、昔話やカムイユカラがいっそう楽しく味わえることと思います。

アイヌ民族が神と考えた対象のものに、どんなものがあったのでしょうか。アイヌ民族出身者の一人として、内側からあるいは外側からの目で神とアイヌの関係を冷静に見てみたいと思います。最初に思いのままいわせてもらえば、アイヌ側から神を見る、あるいはつくるその心のうちには、打算的なものがかなり含《ふく》まれていると思っていいでしょう。

ここで一言だけ、スウェーデンの狩猟《しゅりょう》民族サミー族を訪問《ほうもん》した時のことを述べておきます。サミー族が神と信じ祭っているものは、その辺にある石ころでした。石ころを神棚《かみだな》に上げて祭るサミー族。なぜそのようなご神体《しんたい》を選んだのか、狩猟民族の末《まっ》裔《えい》である私には、地形を見てすぐ理解できました。

スウェーデンでは、サミー族が遊牧民として暮らしているのは山岳《さんがく》地帯です。ご神体の石が大小さまざまな形で山肌《やまはだ》にちりばめられ、石の色はシカやトナカイの色とまったく同じ色です。

トナカイやシカにすれば、体が石と同じ色なのは保護《ほご》色でしょうが、サミー族にすれば、石の陰《かげ》から陰へ移《うつ》り、獲物《えもの》に接近させてくれるその石は、食料を供給《きょうきゅう》してくれる神とさえ思えたわけであったのでしょう。してみれば、神として祭りたくなったのは自然の成り行きであったと思います。たった一つの例ではありましたが、人類それぞれがおかれている環境《かんきょう》によって、神としての対象物が違《ちが》うものだということを見てきたものです。

そこでアイヌ民族のことですが、最初に打算的といった言葉が全部には当てはまらないかもしれませんが、その実例を並《なら》べてみることにしましょう。

アイヌがいちばん位の高い神と考えているのは火の神ですが、その火に対する呼《こ》称《しょう》は幾《いく》通りかあって、お祈《いの》りを行う人、あるいは雰囲気《ふんいき》によって違うものです。アペフチカムイ（火のおばあさん神）、イレスカムイ（人間を育てる神）、モシリコロカムイ（国土をもつ神）、チランケピト（天から降ろされた神）など。そして、火の神様の下になる神として、同じ火であっても、ウサルンカムイ（下座《しもざ》の神）、ウワリカムイ（お産をつかさどる神）などがいます。

火を大事な神とした理由は、火がなければ寒くて生きていられない、煮炊《にた》きができないなど、火に命の根幹《こんかん》を握《にぎ》られていたようなものだからです。その神を粗末《そまつ》にすると、家財産《ざいさん》も人の命も灰にする恐《おそ》ろしい神と、畏敬《いけい》の念をもって接しつつも、もしも火事で人が焼け死んだりしたら、「神であるあなたが油断《ゆだん》していたからであろう」と火の神もアイヌからしかられます。

次に位の高い神は水の神様です。水のことをワッカウㇱカムイ（水の神）、あるいはルウェンサンカシ コパセピト（流れの道に鎮座《ちんざ》する神）、それとヌプルサントペ アエウレㇱパカムイ（霊力《れいりょく》のある乳汁《にゅうじゅう》、それによって子育てできる神）、チューラッペマッカムイカッケマッ（流れをつかさどる神の淑女《しゅくじょ》）などともいいます。

水がなければ困《こま》るし、それは火と同じか、それ以上でしたが、川で子どもがおぼれ死んだら、川の神が油断《ゆだん》していたからであろうと、川の神もアイヌたちにうんとしかられます。しかし、川はアイヌに魚という新鮮《しんせん》な食料を供給《きょうきゅう》してくれる道であり、その道を神とあがめ、汚《けが》さないように細心の注意をはらったことはいうまでもありません。

三番目に位の高い神は、シリコロカムイ（大地をつかさどる神）。これは樹木《じゅもく》の神ですが、木の種類によって、アイヌは精神《せいしん》のいい木とか悪い木とかに分類していますが、その分け方は生活に対しての貢献《こうけん》の度合いによって分けます。

カツラの木へはランコトノマッ カムイカッケマッ（カツラの木の女神《めがみ》 神の淑女）といい、エゾマツにはスンクトノマッ カムイカッケマッ（エゾマツの女神 神の淑女）などとありったけの敬称《けいしょう》をつけます。それでいて、木登りした子どもが木から落ちてけがをしたとか死んだりしたら、「大地をつかさどる樹木の神、あなたの庭先での事故《じこ》は、神として子どもらを守る義務《ぎむ》を怠《おこた》っていたからだ」としかります。それぞれの神がつねにアイヌのために役立って初めてイナウ（ヤナギやミズキを削《けず》って作った御幣《ごへい》に似た形のもの）や酒を贈《おく》ってもらい、神としての威厳《いげん》を保つことができるのですから、アイヌのために働きなさいというわけです。イウォㇿコロカムイ（狩場《かりば》をつかさどる神）、つまり森林はシカとかクマ、あるいはキツネやウサギを養ってくれていて、必要に応《おう》じていつでも食料として提供《ていきょう》してくれる神、山は食料貯蔵庫《ちょぞうこ》であったのです。アイヌが自然を神として敬《うやま》い、自然を壊《こわ》さないように心がけた理由もそこにあって、アイヌと神、すなわち自然との間に不文律《ふぶんりつ》であっても、相互信頼《そうごしんらい》が確立《かくりつ》されていたのです。

狩猟《しゅりょう》民族にとって、いちばん力になってくれたのはスルクトノマッ（トリカブト姫《ひめ》）で、トリカブトの根にある毒を小指の先ほどの矢尻《やじり》にわずかつけてあるだけで、どんな大グマも一矢《ひとや》で殺してくれました。

そのようなわけで、アイヌがなんらかの形で恩恵《おんけい》を受けているものに対し、お礼の意味で神として祭っていましたが、こういうたぐいの神はまだまだたくさんあるわけです。しかし、神だからといって絶対《ぜったい》の権力《けんりょく》をもっているのではなく、神とアイヌは対等な立場か、ひょっとするとアイヌ側が主導権《しゅどうけん》を握《にぎ》っているように思います。しかしそれは、一方的に必要に応じて神をつくり、あるいは解任《かいにん》できる神、それは自分の手でつくる神に対してのことであって、自然神、山や川や森の樹木の神などには、対等であると思いながらも、一歩下がった心を忘《わす》れません。それが不文律であっても神とアイヌの相互信頼につながり、アイヌ精神の根幹《こんかん》になっていると思います。

クマは神の国からアイヌの所へ、毛皮という広い風呂敷《ふろしき》に、肉とくすりを包み、背《せ》負《お》って来てくださる神とアイヌは考えていたのです。子グマを神の国へ送り返す前の数日間は絶食させます。絶食させる理由をクマ神へ次のように説明します。「アイヌの国から神の国へ帰って、急に神の国の食べ物になじめなければ困るでありましょう」。しかし、絶食させることによって胆汁《たんじゅう》を分泌《ぶんぴつ》させないので、大きいくすり（胆のう）を手に入れるための手段《しゅだん》ではなかったでしょうか。

家の守護神《しゅごしん》として、あるいは体の弱い人を守るためにつくる神のご神体《しんたい》は、エンジュまたはハシドイですが、この二種類の木は家を建てる時の掘《ほ》っ建て柱にしても、数十年はもつ木です。土に埋《う》めてもこれほど長い間腐《くさ》らない木、それにアイヌは何らかの霊力を感じ、それらの木をご神体として魂《たましい》を与《あた》え、願いごとを念じたのです。

アイヌの考え方の中では、神の国から神が来てアイヌモシリ（人間の大地）を造《つく》り、その神はまた神の国へ帰っていくと信じていたものです。したがって神というものは、神の国とアイヌの国の間は行き来が自由です。昔話の中で、神はしばしば人間界に降《お》りてきて、人間へ恋《こい》をしたりしますが、恋する人のカイセイトゥラノ（体そのまま）を神の国へ連れていくことはできません。そこで、人間に死という形をとらせ、その魂を神の国へもっていき、神の国で体を復活《ふっかつ》させ、結婚《けっこん》するという筋書《すじが》きになります。

このような神とアイヌのつき合いのかけ橋は何であったかといえば、それはイナウで、物語の中でもイナウという言葉は随所《ずいしょ》に出ています。

イナウを削って神にささげる時にいう言葉は、「エカシテケトッ　テケトッカシ　アオランケ、トゥルサッイナウ　コエトゥレンノ……（祖父《そふ》の手もと、手もとの上へ、降ろされた、垢《あか》のつかないイナウ、それと併《あわ》せて……）」といいます。この場合の「併せて」は酒であったり、ヒエとかアワなど、ささげる神によっては干《ほ》し魚などのことをいいます。

アイヌからイナウをもらえる神は、アイヌのために役に立ったという証《あかし》なのです。

昔話には神の国で、イナウをもらってきた神から別の神々がおすそ分けにイナウをもらう場面があります。イナウをもらった神は、力が倍になり三倍になって、なおいっそうアイヌのために役立つよう心がけるものと考えられています。

そのようなわけで、アイヌは神々から受けた恩恵に対しての感謝《かんしゃ》の心を、イナウという贈り物に込《こ》めて神にささげたのです。こうしてアイヌと神々は相互に信頼し、美しく豊《ゆた》かな自然の中で生きてきたのです。

ウウェペケレ（昔話）の世界

百年昔、いや五十年昔でもアイヌのコタン（村）の二風谷《にぶたに》には電気がついておらず、昔話は単なる話だけではなしに、現実《げんじつ》のものとして、私の心の中で生きていました。

私が六、七歳《さい》ぐらいの時、母方の実家門別《もんべつ》村山門別《やまもんべつ》へ遊びに行った時も、家の東側の窓《まど》から外を見て、「あれっ、あそこに昔がある、来てごらん」と、一緒《いっしょ》に行っていた姉を呼《よ》んで笑《わら》われたことを記憶《きおく》しています。その窓から見て、山の方へ登っている細道の両側に並《なら》んでいた数軒《すうけん》のカヤ葺《ぶ》きの家を見て、日ごろ聞いている昔話の世界を、私は目の当たりにしたと錯覚《さっかく》したのです。

聞く方にとっては、毎日聞かされている話が架空《かくう》のものではなしに、今でもどこかで、話に出てくるような生活をしているコタンがあり、人がいると信じていたものです。アイヌの昔話というのは、それほど身近にあったものでした。

そして、語り手は話の中へ、世の中の事の善悪《ぜんあく》や、聞き手の子どもたちへの道徳《どうとく》教育をきちんと織《お》りこんでいたものです。一緒に暮《く》らしている孫たちに聞かせる話の中へは、とくに年寄《としよ》りを大事にした子どもは、かくかくしかじかで神様に助けられ、一生の間食うにも困《こま》らず幸せに暮らせました、と。そして、年寄りに不孝《ふこう》をした子どもは、このように神から罰《ばつ》を受けて惨《みじ》めな死に方をしました、などと聞かされます。それが、一回や二回ではなく、同じ話を何十回も、あるいはもっと多くの回数を聞かされるので、子どもたちは自然に年寄りを大事にする心が養われていったものです。

今にして思うと、アイヌの年寄りは子どもを褒《ほ》めるのがとても上手《じょうず》で、どんな小さいことでも、いいことをしたら、うんと褒めてくれたものです。それがほんのわずかのことでも、褒められると悪い気持ちはしないので、次にもっといいことをしようと、子どもなりに心がけていたものでした。それと、昔話を聞かせてくれては、その話を隣《となり》の家のばあちゃへ聞かせてこいというのです。おだてに乗りやすい私など、隣へ走っていって聞かせると、初めて聞いたような顔をして面白い話だったよなどと、ここでもまた褒められます。いうまでもありませんが、フチにとっては聞いたことのある話であっても、そのように仕向けてくれたのでしょう。

アイヌの昔話の大方がそうなのですが、話のおしまいの方で、だからそうしてはいけませんとか、そうしなさいと教訓《きょうくん》めいた言葉で締《し》めくくられています。話の内容《ないよう》も、聞き手の誰《だれ》でもがその話の主役になれるようなものなので、なおさらのこと親しみをもてたのです。

私の祖母《そば》のてかっての場合は、孫の私が話相手にちょうどよかったらしく、夕食後などよく私の名を呼び、私が返事をすると、昔話の題めいた粗筋《あらすじ》を聞かせてくれて、今までに聞いたことがあるかないかの返事を待ちます。聞いたことがないというと、うれしそうに語りはじめる、という具合でした。

聞き終わったら必ずお礼の言葉として、「ヒオーイオイ（ありがとうございます、という意味の言葉）」といわなければしかられました。ここで、「……という意味の言葉」と書いたのは、「ありがとう」というのは、「イヤイライケレー」というので、この言葉よりも、もっとくだけたいい方で親近感のある褒め言葉に聞こえるのがこの「ヒオーイオイ」です。

本書に収録《しゅうろく》された昔話が世に出ると、すでに出版《しゅっぱん》された私の本の昔話を含《ふく》めて、私は二百話近くを和訳《わやく》したことになります。昔話の内容は、やはりアイヌ自身が自分の話を語るというものが圧倒的《あっとう》に多いようです。昔話は、その内容から、次の三つに分けられます。

⑴神々と人間の昔話　人間だけの話や、人間が神様を相手にいろいろと話が展開《てんかい》して、聞いてくれる人を飽《あ》きさせないような話になっています。

⑵川下の者と川上の者の昔話　「パナンペアン（川下の者）がいて、ペナンペアン（川上の者）がいて……」という短い昔話ですが、多くは、どちらかが善玉《ぜんだま》になり、片方《かたほう》が悪玉になることになっています。

このたぐいの話は笑い話的なものと、いい方は悪いのですが、子どもだましのような話もあって、フチたちにせがむとすぐに聞かせてくれたのが、これらの昔話でした。

⑶和人《わじん》の昔話　これは、「シネポンウェンシサムアネヒーネ……（私は一人の貧乏《びんぼう》な和人で……）」と話が進んでいくものです。多くの場合は前途《ぜんと》に希望をもたせる出世《しゅっせ》話でした。それがまたアイヌの生活と違《ちが》う話が出てきて面白かったのですが、現在《げんざい》の語り手（伝承《でんしょう》者）たちはアイヌ物でなければ本物でないような気がしているらしく、あまり語ってくれようとはしませんでした。

ウパシクマ（言伝え）

ウパシクマというのは、年寄りが若者《わかもの》に聞かせる話で、コタンの歴史、本人の家系《かけい》、お祈《いの》りの時の神々の名などや、その他大事なことを教えます。これは若者からせがまれていうものではなしに、老人たちは積極的に語りかけ、それをまじめに聞くことによって、先祖《せんぞ》のことなどを知ることができます。

どのような時間に聞かせるかというと、雨降《ふ》りの日など、ふらっと若者《わかもの》がいる家を訪《おとず》れて、強制《きょうせい》するのではなく、ゆっくりとした調子で若者に語りかけます。私が聞かせてもらったウパシクマの中で、忘《わす》れることのできないことの一つに、アイシロシ（矢《や》の持ち主の印）があります。この印は仕掛《しか》け弓《ゆみ》の矢尻《やじり》に刻むもので、矢が刺《さ》さったクマが、仕掛けから遠くまで行って死んでも、矢尻の印によって持ち主がわかることになっています。

ある日わが家へ来てくれたニスッレックル老人が、父との会話の中で、そういえばこの家のアイシロシはこうであったと思うが、と父に確《たし》かめ、父も納得《なっとく》して私に教えてくれました。それは三本の横棒《ぼう》の上にシャチの背《せ》びれです。私の先祖は海岸のアイヌで、三人兄弟の三番目。だによって三本横棒に背びれ、これが私の家の印で、家《か》紋《もん》に相当するものなので、墓石《はかいし》の紋にもこれを刻んであります。

このアイシロシの話などはウパシクマの典型的なものであったし、あの時にあの老人が来てくれなかったら、私の家のアイシロシなど知らずに終わったかもしれず、ウパシクマとはそのように大切なものなのです。

神々と人間の昔話

身代わりの美女

私には父がいて母がいて、何不自由のない暮《く》らしをしていた一人の若者《わかもの》でした。

　ある日のこと父が、

「私は若い時に、石狩川《いしかりがわ》の中ほどにいる仲《なか》よしの物持ちに私の宝物《たからもの》を貸《か》したが、お前にそれを取りにいってきてほしいものだ。あの宝が息子《むすこ》であるお前の手もとに戻《もど》ると、お前は国中で並《なら》ぶ者がない物持ちになることができるであろう」

　と私に言いました。このように父が一人息子の私に何回も何回もいうので、私はある日そこへ行くことに決めました。

するとと父は、

「石狩川の中ほどへ行くのには、このように行くと近いものだ」

と丁寧《ていねい》に道順を教えてくれましたが、途中《とちゅう》で一晩《ひとばん》だけどこかに泊《と》まらなければならないということです。

私は父に教えられたとおりに、自分たちが暮らしているコタン（村）に流れている川を、上流の方へ向かってどんどんと歩いていきました。いつも狩《か》りに来る場所も通りすぎ、川が沢《さわ》になり、沢を登りつめて別の川が見える峰《みね》の上まで来ました。私は山の上から方角を確《たし》かめて、やや広い小さな沢まで下っていき、そこで泊まることにしました。そこには父が教えてくれたとおり、昔、父が泊まったらしい木の皮で屋根をふいた小屋がありました。私はずり落ちかかった木の皮を重ねなおし、一晩ぐらいは泊まれるようにしました。

夕食が終わるころにはすっかり日が暮れてしまい、さて寝《ね》ようかなと思っていると、外で人間らしい足音が聞こえました。そして、入口の方から人間の声で、「エヘン、エヘン」とせきばらいの声がしたので、私は、

「誰《だれ》だか知らないけど、どうぞお入りください」

と返事をしました。すると一人の女が、それも美しい娘《むすめ》が入ってきたのです。

その娘の顔を見て私は驚《おどろ》きました。コタンでも大勢の娘がいて、美人もたくさんいると思ってはいたのですが、見たことも聞いたこともないような美しさです。私はそ

の美しい顔を見て、この娘はきっと神様に違《ちが》いないと思いました。小さい囲炉裏《いろり》の向かい側へ娘は遠慮《えんりょ》がちに座《すわ》り、しばらくしてから娘は次のような話をしました。

「私は、先ほどあなたが登ってきた小さい沢の両側に天国から降《お》ろされて暮らしている、ケレプノイェ（触《さわ》るとねじる）とケレプトゥルセ（触ると落とす）という、トリカブト姫《ひめ》の姉妹の一人です。私はその妹の方ですが、日ごろ私たち姉妹は、狩りの時に役立っているということで、あなたの父からイナウ（木を削《けず》って作った御幣《ごへい》）やお酒を贈《おく》ってもらい感謝《かんしゃ》しています。

見たところあなたは本当に精神《せいしん》のいい若者ですが、これからあなたが行こうとしている所に大変心配なことがあるのです。

というのは、あなたが行こうとしているコタンの川向こうにすんでいる大蛇《だいじゃ》、大蛇といっても、ちょっとやそっとのものではなく、アイヌが造《つく》るどんな大きい丸木舟《まるきぶね》の材料よりも太い大蛇が、一年に一回コタンへ来るのです。ただ来るだけならいいのですが、川の向こうからこちらへ大蛇の体は届《とど》いてしまい、大口を開けて人間を一人、口の中へ入れてもらうまで動かないのです。それも、初めはいい娘とか、いい若者とか、美しい若妻《わかづま》がねらわれ、今ではコタンが全滅《ぜんめつ》しそうになっています。このままでいたなら、あのコタンの人たちは一人残らず大蛇の餌食《えじき》になってしまうことでしょう。

それと、あなたが明日《あす》行くことになっている家にも、若者が二人、娘が二人いますが、コタンの人たちの間で相談してその娘のうちの妹の方を、大蛇の口に投げこむことが決まっているのです。それを神の力で見た私は、あなたの父の友人であった家の不幸を、見知らぬふりはできないと思い、ここへ来たのです。

大蛇《だいじゃ》の口へ投げこまれようとしている娘《むすめ》の器量は、神である私もかなわないぐらいの美しさです。明日《あす》は、あなたと一緒《いっしょ》にコタンへ行きます。そこで、私を大蛇の口の中へ投げこんでください。そうしたならばどうなるのか、あとはじっと見ていてください」

と、触《さわ》ると落ちる、猛毒《もうどく》の神である妹のトリカブト姫《ひめ》が、私に聞かせてくれました。私は丁寧《ていねい》にトリカブト姫に、何回も何回もオンカミ（礼拝《らいはい》）をしました。そしてその夜はトリカブト姫も小屋に泊《と》まりました。

次の朝早く、まだ行ったことのないコタンを目ざして私はトリカブト姫と二人で歩きました。しばらく行くと、大勢のコタン、広いコタンがありました。コタンの中を下っていくと、その中ほどに村おさの家と思われる、島ほどもある大きい家がありました。その家の前へ行き、「エヘン、エヘン」とせきばらいをすると、家の中から一人の美しい女が出てきて、私たちに、

「どうぞお入りください」

と言いました。

私とトリカブト姫の二人が中へ入ってみると、二人の若者《わかもの》と、二人の娘がおり、その家の主《あるじ》である父の友人の村おさもおりましたので、丁寧に礼拝をしました。

そのあとで私は、父にいわれたとおりに、

「以前父があなたに貸《か》してある宝物《たからもの》を受け取りに来たのです」

と言いました。すると、その家の主である村おさは、

「まったくあなたのいわれたとおりで、宝物はすぐにお返ししますが、実をいうと、私たちはコタンの中で大きな悩《なや》みをもっているのです。

というのは、私の小さい方の娘を、明日になったら一年に一回来る大蛇の口の中へ投げこまなければならないのです。それを思うと、悲しくて悲しくて、どうにもならず、泣《な》いてばかりいます」

と語りました。また、

「コタンの中でも評判《ひょうばん》の美男や美女、それに若い人妻《ひとづま》などが選ばれ、このままゆくと、コタンには人が一人もいなくなるでしょう」

と村おさは涙《なみだ》ながらに言いました。

大蛇は川を横切って頭だけをこちら側に置き、大きく口を開けていて、口の中へ娘を投げこむと、バクリと口を閉《し》めて川向こうへ戻《もど》ってしまうということです。

話を聞いたその夜、私は神であるトリカブト姫が、下の娘の身代わりになってくれることを一言もいわず、村おさの家へ泊めてもらいました。

次の朝、まだ夜が明けきらないうちから家の人々は起き出して、あの美しい妹娘に死装束《しにしょうぞく》を着せ、外へ連れていきました。娘は死ぬほど泣き叫《さけ》び、別の若者たちが手を取り、後から押《お》すやら引っぱるやらして川の方へ下っていくうち、夜が白々と明けてきました。

コタンの人が河原近くへ行くと、うわさの大蛇が川を渡《わた》ってきて、頭は川のこちら側にあり、しっぽは川の向こう側にあって、丸太《まるた》のような体で流れを止められた川は、大蛇の体の上にあふれ、まるで滝《たき》のように流れ落ちています。そして話に聞いたように、大きな口を開けて娘が投げこまれるのを待っていました。その口へ、今、まさに娘が投げ入れられそうになりました。そこへ走りよった私は、高い声で、

「待ってくれ。娘の身代わりに、私の妹を差し上げます」

と言いながら、トリカブト姫を、さっとばかりに大蛇の口の中へ投げ入れました。

大蛇は、バクリと音をたてながら口を閉《と》じ、すうっと体を引きちぢめて、川の中ほど

まで戻ったかと思うと、その頭が流れの中へ吸《す》いこまれるようにして流れはじめました。流れながら大蛇の身が溶《と》けて骨《ほね》がばらばらになり、白くなった骨だけが大洪水《だいこうずい》の時に流れる流木のように、ごろん、ごろんと重なり合いながら流れていきました。

それを見たコタンの人たちは、抱《だ》き合って喜びました。そこへ、大蛇の口の中へ投げこまれたと思ったトリカブト姫が笑顔《えがお》で戻ってきたのを見て、コタンの人たちは二度びっくりです。村おさの娘も、うれし涙で顔をぐしゃぐしゃにして家へ戻《もど》ってきました。

死んだと思った娘《むすめ》の顔を見た村おさも、涙《なみだ》を流して喜び、何度も何度も私にお礼をいいながら、父が貸《か》してたあった宝物《たからもの》を何倍にもして返してくれました。そこへコタンの人たちも、コタンの危難《きなん》を救ってくれたお礼にと、たくさんの宝物を持って集まってきましたが、私は一つも受け取りませんでした。

そうして、もう一晩《ひとばん》泊《と》まった翌日《よくじつ》に私たちが帰ろうとすると、昨日《きのう》助けたあの娘が、母親に何やら低い声で耳打ちしました。娘に代わって母親がいうことには、

「あなたのおかげで助かった娘なので、いたらない者ではありますが、連れて帰り、せめて水くみ女にでも、薪《まき》取り女にでも、おそばへ置いてください」

と泣《な》いて私に頼《たの》むのです。それを聞いた私は、

「さっそく一緒《いっしょ》に連れて帰ってもいいけれど、今日《きょう》は神の女も一緒なので、のちほど迎《むか》えに来ます」

と約束《やくそく》をして神の女のトリカブト姫《ひめ》と二人で帰りました。

最初にトリカブト姫と会ったあの仮小屋《かりごや》まで戻《もど》り、二人でそこに泊まると、トリカブト姫のいうのには、

「アイヌであるあなたの精神《せいしん》がいいので、助けたのでした。今になってみると、あなたと結婚《けっこん》したくなりましたので、結婚することにしましょう。

しかし私は神ですので、アイヌのコタンに死ぬまでいることはできませんが、二人の間に子どもが生まれ、孫が生まれてから、あなたに神の国へ来てもらい、本当の結婚をしましょう。

それと、助けたあの村おさの娘も精神のいい人ですので、妻《つま》にしなさい。そうすれば私たち二人の妻は仲《なか》よく暮《く》らし、あなたは国中で比《くら》べる者もないほどの物持ちになるでしょう」

と言ってくれました。そしてトリカブト姫は、

「後で、家とともにあなたの所へ行きます」

と言いながら、あの晩に来た時と同じ足音をさせて、闇《やみ》の中へ消えていきました。

次の朝、私は早く起きて自分の家へ帰ってきましたが、父へは受け取ってきた宝物を渡《わた》しただけで、神の女のトリカブト姫に出会ったことや、向こうのコタンでの出来事を一言も話しませんでした。

何日か過《す》ぎてから、あの助けた娘と二人の兄やコタンの若者《わかもの》たちが、まるで薪でも縛《しば》るようにたくさんの宝物を縛り、それを背負《せお》ってやって来ました。それを見た父は事情《じじょう》を聞き、喜んだり、事の次第を報告《ほうこく》しない私をしかりながら、

「よかったよかった。精神さえよければ、そのように思いもしない所で、神が助けてくれるものだ」

と泣いて喜んでくれました。

そうして数日が過ぎたある朝のこと、家の外の祭壇《さいだん》の向こう側で囲炉裏《いろり》の火のはぜる音が聞こえました。窓《まど》の簾《すだれ》を巻《ま》き上げてみると、神の女のトリカブト姫が家とともに来ていたので、私はさっそく外へ出て、その家へ入ると、右座《みぎざ》の方に姫が座《すわ》っています。私が入ったのを見ると、姫が後ずさりしましたので、私はその前を通って横座へ座り、姫に向かい丁寧《ていねい》に礼拝《らいはい》しました。

そこへ父と母は、持っている着物の中でいちばん上等なものを着て、二人そろって静かに入ってきて、神の女である私の妻を、アイヌ風の礼拝で丁寧に迎えてくれまし

た。父や母に、私は改めてトリカブト姫を詳《くわ》しく紹介《しょうかい》したのです。

その後、人間である妻の方は父たちと暮らさせ、私は神の女のトリカブト姫の家にいました。妻たちが仕事をする様子を見ると、二人は本当に仲よく、いつも笑《わら》い声をたてながら働いています。神の女との間には男の子一人と、女の子一人が生まれ、人間の女との間にも同じように子どもが生まれました。

やがて二人の妻の息子《むすこ》たちも成長し、妻を迎えて、孫も生まれたある日のこと、神である私の妻は、自分の女の子に手を引かせて神の国へ帰ってしまいました。

その後、私も年を取り、まだまだ死ぬ年でもないのに病気になったのは、トリカブト姫であった私の妻が、私を呼《よ》びに来たのでしょう。私が死んでも、普通《ふつう》のアイヌが死後に行く裏側《うらがわ》の世界へ行くのではなしに、トリカブト姫《ひめ》のもとへ行くことになっているのです。

したがって、私を供養《くよう》するには、トリカブト姫へ供物《くもつ》を贈《おく》ります、といってほしい。そうすると、子どもであるお前たちが作ったものを受け取ることができるでありましょう、と一人の男が語りながら世を去りました。

語り手　平取町《びらとり》荷負本村《におい ほんそん》　黒川てしめ
（昭和44年4月15日採録）

解説

『身代わりの美女』から『妻《つま》が私に筋子《すじこ》をかけた』（485ページ）までの各話は、「神々と人間の昔話」です。たいていのウウェペケレ（昔話）は、「私は狩《か》りの名人で……」と話が始まりますが、この昔話にはそれが一言も出ていません。

　父が古い時代に貸《か》してあった宝物《たからもの》を返してもらいにいくという、何らかの形で行き来する理由になるように、宝物を貸したり借りたりしたという話はしばしば昔話に出てきます。この場合の宝物というのは、本州から渡《わた》ってきた、作りだけ美しく見せたイコロ（宝刀《ほうとう》）です。

　一本あれば結納《ゆいのう》に持っていき、お嫁《よめ》さんをもらえる宝刀を、薪《まき》を背負《せお》うように束《たば》にして持ってきてくれたという話は、それほどたくさんお礼を持ってきたということです。

　一枚《いちまい》の葉で人間も死ぬ猛毒《もうどく》をもつトリカブト姫《ひめ》にかかっては、丸木舟《まるきぶね》を造《つく》る材料のような太い大蛇《だいじゃ》も、簡単《かんたん》に死んでしまいます。

　たいていの話の中で、助けられた娘《むすめ》は助けてくれた若者《わかもの》の妻になりますが、これは一夫《いっぷ》多妻《たさい》とかの風習ではなしに、命の恩人《おんじん》に対する最高のお礼になったのでしょう。それと、このように合法的な形で美人を妻に迎《むか》えられることは、一種のあこがれであり、願望であったと思います。

神との結婚《けっこん》は、神は中年を過《す》ぎると一足先に神の国へ帰り、後から人間である夫や妻に、死という方法で神の国へ来てもらいます。それは、神の国で新たな命が復活《ふっかつ》した時、相手がよぼよぼではいけません。それで、まだまだ元気のあるうちに神の国で、「ソンノウコロ　シノウコロ（本当の結婚、真実の結婚をしよう）」ということになっているのです。

アイヌが死んだ場合に「ポクナモシㇼ」といって、この国土とまったく同じ国土が、現在《げんざい》の国が表側とすれば、裏側《うらがわ》にあると信じています。普通《ふつう》は、死後その国の裏側の国へ行きますが、神と結婚したらそこへは行かずに、神の国へ行くものと考えているのです。

■アイヌの民具■イコロ（宝刀）　イ（それ）、コロ（持）。アイヌ自身の手で作れない刀の類（時には笄《こうがい》なども）をイコロとして大切にしていました。刀身はシサム（和人《わじん》）との戦いが激《はげ》しくなると、交易《こうえき》の際《さい》、和人が竹光《たけみつ》にしました。結婚の時、結納の品にも使われました。

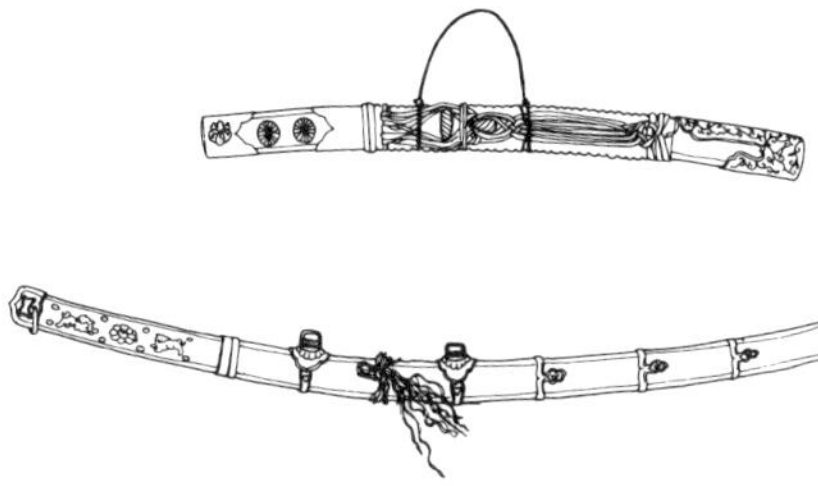

怪鳥《かいちょう》とくすり水

大きい沢《さわ》をたどって　ウバユリ掘《ほ》りに　わたしは行って　ウバユリを掘りながら　空を見ていると　国土の端《はし》から　鳥といっても　特別《とくべつ》大きい怪鳥《かいちょう》が飛んできた　それを見ながら　仕事をしていると　その怪鳥が　まったく急に　わたしをさらい　大空高く　舞《ま》い上がった　ばたばたと　もがいてみてもどうにもならない。

しばらく飛んで　太いエゾマツ　その上の巣《す》へ　わたしは置かれた　同じような顔の　ひな鳥が　巣の中には　二羽《にわ》だけいて　そのひなたちは　わたしを食いたいらしく　大口を開けて　くちばしで

わたしを引っぱり　わたしをつつき親鳥まで　そのように　しようとした

わたしは　大声で　ここでわたしを殺したら　神である　鳥であっても　神の仲間《なかま》に
なれないぞ　そのように　わたしがいうと　親鳥はまねだけ　わたしをつつき　形
だけわたしをつついた　そうされながら　巣の縁《ふち》から　顔を出して　下を見ると　何
の骨《ほね》やら　わからないけれど　これほど高い　エゾマツの　中ほどまでも　白骨《はっこつ》が積
もり　それを見て　わたしは　わなわなと　震《ふる》えながら　朝になった。
夜が明けると　親鳥は　飛んでどこかへ　行ってしまった　そのあとで　二羽のひ
な鳥　それらの首　ぐいっとひねって　巣から落として　殺してしまった　高いエゾ
マツ　その巣の上から　枝《えだ》をつたい　白骨の上　白骨に　つかまりながら　深い谷底
小さな沢の縁まで　下りて来た。
そうしているうち　あの親鳥が　どこからか飛んできて　ひなたちが　死んでいる
のを　見たかと思うと　谷川の水を　くちばしに含《ふく》んで　飛び上がり　ひな鳥たちへ
かけると同時に　二羽のひなは　あっという間に　生き返った　生き返ったひなを
あの親鳥は　巣の上へ　くわえ上げた　それを見た　わたしは　持っていた小さい
瓶《びん》に　そのくすり水を入れ　どこへ行くのか　わからないけれど　川下目ざし　歩き
はじめた。
しばらく歩くと　シサム（和人《わじん》）がいて　今日《きょう》という日は　遠い所の　殿様《とのさま》の　一

人娘《むすめ》が　急病で死に　その葬式《そうしき》の　ある日なので　普通《ふつう》の人は歩けない　そのようにいわれ　止められた　わたしは　ぜひその家へ　案内をしてくれ　そうわたしがいうと　行っても　その家へは　入れない　といわれたが　やっとの思いで　殿様の　家の前へ　たどりついた。

わたしの話を　聞いた殿様　外へ出てきて　誰《だれ》でもいい　娘のことを　聞いてきたなら　入ってくれと　いってくれた　そういわれた　わたしは　家の中へ　急いで入り　棺桶《かんおけ》の中の　死んだ娘へ　小さな瓶の　くすり水をかけると　娘はあっという間に　生き返った　それを見た殿様は　涙《なみだ》を流して喜んだ。

どこからか来た者　お前は何者なのかとわたしに　聞いたので　わたしは　ポロナイ（大きな沢）と　いう所に　貧乏《びんぼう》な父　貧乏な母と　暮《く》らしていた　ある日のこと　ウバユリ　掘りに　山へ行き　ウバユリを掘っていると　怪鳥がわたしをさらい危《あぶ》なく殺されかかったが　どうやら死なずに　ここへ来た。

そのように　わたしがいうと　何やらを　紙に書いて　わたしの　前と後ろへ下げてくれ　たくさんの銭《ぜに》を　わたしの懐《ふところ》へ　入れてくれた。

それからのちは　あちこちへ　泊《と》まりながら　わたしのコタン（村）　ポロナイ目ざし　歩きはじめた　あちらこちらを　歩いていると　紙を見た人々は　わたしを

哀《あわ》れに思い　泊めてくれた。
ようやくの思いで　わたしのコタンへ帰ってみると　わたしの母も　わたしの父も
死んでしまい　わたしは　泣《な》いてばかり　暮らしていた。
そのうちに　わたしは立派《りっぱ》な若者《わかもの》と結婚《けっこん》して　何不自由なく　暮らしているが　と
きおり父や母を思い出し　泣《な》きながら　暮《く》らしている、とポロナイの女が語りながら
世を去りました。

語り手　平取《びらとり》町荷負本村《におい　ほんそん》　黒川てしめ
（昭和36年10月28日採録）

解説

この話は、一人の貧乏《びんぼう》な家の娘《むすめ》がウバユリ掘《ほ》りに山へ行き、怪鳥《かいちょう》にさらわれて、思いもしない遠い国まで運ばれながら、生きて帰ってくるというものです。また、死んだひな鳥が谷川の水によって生き返ったのを見て、小さな瓶《びん》にその水をくみ、それで殿様《とのさま》の娘を生き返らすなど、思いもよらないうれしい話になります。

この話をしてくださった黒川てしめフチ（おばあさん）の語りは、一言一言句切《くぎ》ってあり、そのままのとおりに句切りの所を一字分空けて書いてみました。

この話の場合、サケヘ（繰《く》り返しの言葉）が入っていると、カムイユカㇻ（神謡《しんよう》）になりますが、サケヘがないし、主役が神ではないのでカムイユカㇻといいきれませんが、語りはカムイユカㇻの口調になっています。

けれども、怪鳥の巣《す》があるエゾマツの大木の中ほどの高さまで白骨《はっこつ》が積み重なっている、という描写《びょうしゃ》などは、人間一人を軽々と持って飛ぶにふさわしい怪鳥に思えます。また、銭《ぜに》が出てきたり、瓶が出てきたり、紙に字を書いて、この女のコタン、ポロナイまで送りとどけてほしいと前後に下げられる様子は、シサム（和人《わじん》）との接触《せっしょく》の始まりを表しているような気がします。

ウウェペケレ（昔話）の中には、シサムが主役のシサムウウェペケレ（和人の昔話）などもありますので、この話は、シサム・アイヌの折衷《せっちゅう》というところでしょうか。

ちなみに薬はアイヌ語もクスリといい、ユカラ（英雄叙事《じょじ》詩）やカムイユカラにもしばしばクスリという言葉は出てきます。

■アイヌの民具■メノコマキリ（女用小刀） 狩《か》りでシカの皮はぎ、山菜《さんさい》や木の皮とり、また護身《ごしん》用にも使いました。長さ二六センチくらい。男性用のマキリの三分の二の大きさ。古いメノコマキリのさやには、シカやクジラの骨《ほね》を削《けず》って作ったポネサヤ（骨製《せい》のさや）のものが多く、木製はトペニ（イタヤの木）が多く用いられています。若《わか》い男性が好きな女性に自分で彫刻《ちょうこく》した美しいさやのメノコマキリを贈《おく》る風習があり、女性がそれを腰に下げると、男性の求愛を受けたことになります。

クマと狂《くる》ったサル

わたしは、夫とともに暮《く》らしていた。わたしは、毎日のように、針《はり》仕事をしているけれど、わたしの夫は、仕事もせずに寝《ね》てばかりいる者だった。

そのように暮らしていたある日のこと、戸の簾《すだれ》が静かに開けられ、誰《だれ》かが入ってきたので見てみると、それはわたしの兄であるクマ神であった。兄のいうことには、

「妹よ聞いてくれ。わたしはクマ神として、アイヌの所へ客として招待《しょうたい》され、飲みの宴《うたげ》・食いの宴、そのうえ、たくさんのイナウ（木を削《けず》って作った御幣《ごへい》）とか酒などを、お土産《みやげ》としてもらってきた。その中から、一つの団子《だんご》と、一つのイナウを隠《かく》して、ここへ持ってきた」

と言いながら、わたしの方へイナウと団子を差しのべてくれた。戸の所で、わたしはそれを受け取り、こっそりと懐《ふところ》に入れた。

兄が出ていったあと、それを聞いていたわたしの夫は、

「先ほどお前たちは、何をいっていた。あと二回、あと三回、聞かせてくれ」

と言ったけれど、わたしが、

「何をわたしたちがいったというの」

と言うと、

「うそをいうな。お前がわたしに聞かせなくとも、わたしはちゃんと聞いていた」

夫はそう言いながら、さっと起き上がると、美しい毛皮を脱《ぬ》ぎすて、悪い毛皮を上から着て、エカイタシロ（折れた山刀《やまがたな》）を腰《こし》に差し、さっとばかりに飛び出した。

このままでは、わたしが兄のもとへ行く前に、わたしの兄が殺される。そう思うと、わたしはいてもたってもいられない。夫がしたように、美しい方の毛皮を脱ぎすてて、悪い方の毛皮を上から着て、エカイタシロを腰に差し、兄が走っていった方へ、宙《ちゅう》を飛ぶように走っていくと、時すでに遅《おそ》くわたしの兄は、首の所をぽきりと折られ、道《みち》端《ばた》へ捨《す》てられて死んでいた。

それより先に、わたしの夫が走っていったと思われる足跡《あしあと》があった。もしかすると、

わたしが母の家に着く前に、わたしの母は殺されるかもしれず、そう思うと気が気ではなく、わたしは母の家へ向かって走っていった。

母の家の近くまで来ると、家の中から母の泣《な》き声が聞こえてきた。母は死ぬほどの声を出して、逃《に》げ回っている様子。わたしはさっとばかり、家へ飛びこんだ。すると、夫はわたしの母を、囲炉裏《いろり》の回りに追いかけていた。

「くさった夫、何をしている。わたしの方を先に殺せ、わたしの方を先に斬《き》れ」

そうわたしが言うと、サルであった夫はにっこりと笑《わら》った顔で、わたしの方へ向かってきた。もしかすると、この家がめちゃめちゃに壊《こわ》される、と思ったわたしは、さっとばかりに外へ飛び出た。わたしの夫であるサルも、わたしを追って同じように飛んで出た。

それからは、互《たが》いにエカイタシロを抜《ぬ》いて斬り合った。わたしは知らなかったが、夫であるサルは、金の心臓《しんぞう》の緒《お》六本、普通《ふつう》の心臓の緒を六本持っていた。それらの心臓の緒を、わたしは一本ずつ斬っていった。わたし自身も、サルと同じように金の心臓の緒六本と、普通の心臓の緒を六本持って生まれていた。

わたしが夫であるサルの緒を斬るたびに、わたしの緒も同じように斬られていった。

わたしは、かろうじてサルの金の心臓の緒六本と、普通の心臓の緒六本全部を先に斬り、クマ神であった兄の敵《かたき》を討《う》つことができた。

わたしに残った心臓の緒は、普通の緒がたった一本だけであった。ようやくのことで、わたしは母の所へ戻《もど》ってきた。母は丁寧《ていねい》に手当てをしてくれて、わたしの傷《きず》を治してくれた。

わたしは自分の夫が狂《くる》ったサルだとも、くさったサルだとも気づかずに結婚《けっこん》して、そのために兄は殺されてしまった。また、母も危《あぶ》なく殺されかかり、兄の敵《かたき》は結局討《う》ったけれど、わたしはようやくのことで生き残ることができた、と位の高いクマ神の娘《むすめ》が、サルの嫁《よめ》になって、危なく死ぬところであった話をしてくれました。

語り手　平取《びらとり》町荷負本村《においほんそん》　黒川てしめ
（昭和44年4月15日採録）

解説

ウウェペケレ（昔話）に出てくるサルらしきものは、アラサルシ（アラは一つあるいはいっぱいとある、サラは尾《お》あるいはしっぽのこと、ウシは生えている）、つまり、ちょぼいんとしたしっぽの生えたやつという意味で、サルというよりゴリラのような姿《すがた》が想像《そうぞう》されます。

アイヌ社会では手余《てあま》され者とか乱暴《らんぼう》者のことを、アラサルシといい、鼻摘《つまみ》者とされています。

この話は、位の高いクマ神の娘《むすめ》がサルの嫁《よめ》になり、苦労をした話で、アイヌのコタン（村）へ行ってもらってきたクマ神の土産《みやげ》物のお裾《すそ》分けを、妻《つま》がもらったのに腹《はら》を立てた夫のサルが、妻の兄や母を殺そうとした話です。

またエカイタシロ（折れた山刀《やまがたな》）は、あまりいいことでない時に用います。例えばクマ神がアイヌの所へ客として来る時は、普段着《ふだんぎ》を脱《ぬ》ぎ、上等の着物に着替《きが》えるといいますが、この場合は最初からけんかというか、相手を殺しに行くので、悪い方の着物に着替えています。

エカイタシロ（エはそれ、カイは折れた、タシロは山刀）、実際にこのようなものがあったのではなく、悪い方の刃物《はもの》という程度《ていど》の意味合いであろうと思います。

■アイヌの民具■タシロ（山刀）　昔、狩《か》り・漁・遠出のときなど、左腰《こし》にタシロ、右腰にマキリ（小刀《こがたな》）をつけて歩きました。クマと戦う武器《ぶき》となり、クマやシカの解体《かいたい》、木の枝《えだ》を切るなど、日常《にちじょう》の生活用具として大切なものでした。タシロの柄《え》はトペニ（イタヤの木）などを使い、鞘《さや》にはプシニ（ホウの木）を使います。鞘の直径《ちょっけい》は一〇～一五センチ。長さ五〇センチくらいのプシニを二つ割《わ》りにして、刃を当てて形をとり、マキリでくりぬきます。鞘の下端は、水やほこりで刃身がさびるのを防《ふせ》ぐため、穴《あな》を開けます。鞘を張《は》り合わせる部分には、サケの皮を干《ほ》したのを、歯でよくかんで塗《ぬ》り、細紐《ほそひも》でぐるぐる巻《ま》いて、二、三日火棚《ひだな》の上で乾燥《かんそう》させます。その後、所々にサクラの皮を巻きつけ、そこを火であぶると、きりっと締《し》まります。柄や鞘には、好きな彫刻《ちょうこく》を施《ほどこ》し、でき上がります。写真は私が彫刻した愛用のものです。

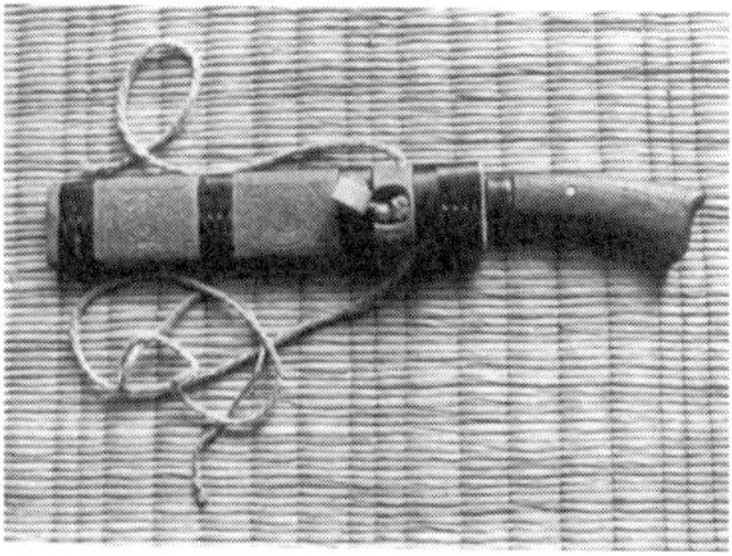

カラスと赤ん坊《ぼう》

私は母に育てられていた一人の少年でありました。二人が暮《く》らしている家は小さな家で、少し動くと、体が家からはみ出るぐらいの広さです。

そのような小さな家に暮らしていながら、母は私を本当に大事に育ててくれて、私は何不自由なく大きくなり、今では一人前の若者《わかもの》になりました。

小さな時から母は私に、ウサギの捕《と》り方やキツネの捕り方などをいろいろと教えてくれていたので、今では、シカやクマも、たくさん捕ってくることができて、食べることにはまったく困《こま》らないで暮らしていました。

子どもの時から私を大切に育ててくれた母なので、母へは特別《とくべつ》おいしい肉などを食べさせ、不自由をさせないようにしていましたが、私たちの家のほかには、家が一軒《いっけん》もありません。したがって、母のほかには人間を見たこともないので、それだけは寂《さび》しく思いながら暮らしていました。

母とたった二人きりの暮らしでしたが、毎日毎日狩《か》りのために山へ行っていたある日のこと、いつもと同じように狩りに行き、家へ帰ってきました。そのようなことをしたことのない私であったのに、その日に限《かぎ》り、足音を忍《しの》ばせ、そっと家に近づきました。

家の中から母の声が聞こえているので、背中《せなか》の荷物を音のしないようにそっと下ろし、こっそり立ち聞きをしました。声の様子では、母は囲炉裏《いろり》に向かって火をたきつけようとしても、火が思うように燃《も》えないので、胸《むね》いっぱいに息を吸《す》い、火を吹《ふ》いているらしいのです。やがて母が、

「パシクルタサプ　プー、イソンカシパ　プー、チナナイネ　プー、チテケカ　プー、オケムヤラケ　プー(カラスと取り替《か》えた者　プー、狩りが上手《じょうず》すぎて　プー、私は皮張《は》りばかりプー、私の手が　プー、針《はり》で破《やぶ》れ　プー)」

と言いながら火を吹いているのが聞こえました。

それを聞いた私は、驚《おどろ》きのあまり声も出ませんでした。今が今まで人間が私を育て

てくれていたと思ったのに、母は人間ではなく、カラスであったらしいのです。腹《はら》を立てた私は家の中へ飛びこみ、母と思っていた女の髪《かみ》の毛を手に巻《ま》きつけて、「今何をいった。もう一度いって聞かせろ」

と言いながら、大地へたたきつけました。

そうすると女がいったのは、

「いってはならないと思っていましたが、神が私に罰《ばつ》を与《あた》え、自分の口から出てしまいました。ずうっと昔に、ウバユリを掘《ほ》る季節に山へ行くと、あなたは生まれて間もない赤ん坊《ぼう》で、子守用のシンタ（揺《ゆ》すり台）に入れられ、三脚《さんきゃく》から下げられていました。

あなたの母はウバユリを引き抜いては、葉のついたまま、あなたを入れてあるシンタの前へ運び集めていました。あなたの母の考えは、たくさん集めてから、一か所に座《すわ》って、子どもを見ながら葉を切るつもりであったのでしょう。

その様子を見ていた私は、あなたの顔があまりにも美しいので、急に欲《ほ》しくなり、私の子ガラスをシンタへ入れてあなたを盗《ぬす》み、ここへ連れてきて、今まで育てていたのです。アイヌの神があなたを守ってくれたらしく、こんなに立派《りっぱ》な男に成長されて、私を大事にしてくれていたのです。

しかし、私の悪事を神が許《ゆる》すはずはなく、自分の口から白状《はくじょう》してしまったわけですが、こうなったら、殺されようがどうされようが、仕方ありません」

と言ったかと思うと、一羽《いちわ》のカラスになりました。その姿《すがた》を見ると、毛は抜《ぬ》け落ち、あちこちがはげてしまい、自分の力で飛べるような姿ではない、哀《あわ》れな年寄《としよ》りカラスです。それも、くちばしの太い、シエパシクル（くそ食いカラス）でした。

それを見た私は、人間として生まれながらこんなものに育てられていたかと思うと、腹《はら》が立って、二度三度と大地へたたきつけると、カラスは声も出さずに死んでしまいました。

急に一人になり、寂《さび》しくなった私は泣《な》きながら早々と寝《ね》ましたが、目がさえてなかなか眠《ねむ》れませんでした。眠ろうとも思わなかったのに、いつの間にやら眠ってしまうと、今日《きょう》まで母と思っていたあの女が夢《ゆめ》に出てきていうことには、

「あなたを盗《ぬす》み育てたことは本当に悪かった。神でも人間でも、死んでから神の国へ帰るのには、お土産物《みやげ》がなければ神の国へ帰れないのです。悪さをしたあと勝手なことをいって申しわけないけれど、明日《あす》になったら一つまみのヒエと、粗末《そまつ》なイナウ（木を削《けず》って作った御幣《ごへい》）でいいから私にください。それを持って神の国へ帰り、神の国からあなたを守って一生幸せな人間にしてあげます。

それと、これからあとも、何かの祝《いわ》いごとがあったあとで、いちばんおしまいに粗末なイナウと酒の搾《しぼ》りかすを私に贈《おく》ってください。それだけでも育てた息子《むすこ》からの贈り物として、私は食べたり飲んだりしたいものです。どんな悪い神でも扱《あつか》い方で役に立つものですから」

という夢を見ました。次の朝早く起きた私は、夢のことを思い出し、私を盗み育てた悪い神であっても仕方ないと思い、半分は悪口をいいながらではありましたが、カラスの死体に粗末なイナウと一つまみのヒエを添《そ》えて外の祭壇《さいだん》のかたわらへ置き、これらをお土産に神の国へ帰るようにといいました。

それともう一つ夢で教えられたとおりに、本当の父や母がいるコタン（村）を目ざして川を下りました。しばらく行くと、大勢の人がいるコタンへ着き、コタンの中ほどに島ほどもある大きい家があったので、その家の前に立って、「エヘン、エヘン」とせきばらいをしました。

私の声を聞いて、一人の女が家の中から出てきて、

「どうぞお入りください」

と言ってくれました。私は静かに家に入っていき、左座《ひだりざ》の方へ座《すわ》り辺りを見ると、家の中では老人夫婦《ふうふ》にその息子や娘《むすめ》らしい人たちと、小さい子どもも大勢います。私

はその家の主《あるじ》らしい老人に丁寧《ていねい》にあいさつをすると、老人も私にあいさつを返してくれながら、

「あなたはどちらから来られた若者《わかもの》ですか」

と私に聞きました。そこで私は、昨日《きのう》までの出来事を事細かにいいはじめると、全部聞き終わらないうちに、

「それなら私たちの子どもだ」

と泣きながら私に飛びついてきました。そして、代わる代わるいうことには、

「その昔にウバユリを掘《ほ》りに行き、お前をシンタへ入れて三脚《さんきゃく》から下げ、夕方までにたくさんのウバユリを掘って家へ帰ってきました。

家へ帰ってきてシンタをほどいてみると、そこから一羽《いちわ》のカラスが出てきて、初めてすり替《か》えられたことに気づき、カラスはたたき殺してしまいました。次の日から毎日毎日、何か月も何年もの間お前を捜《さが》したが、とうとう見つけることができず、今になってしまったのです」

父や母は同じ言葉を奪《うば》い合うようにして聞かせてくれながら、私を抱《だ》きしめ涙《なみだ》を流します。化け物カラスが隠《かく》したので、人間の目では見えなかったのでしょうと、何度も何度も泣きながら喜んでくれました。

「どこかで生きていてくれるようにと、山の神々にお願いしていたが、こうして息子が生きて帰ったのを見ると、私どもの願いを神が聞きとどけてくださったのだろう。改めて神々に感謝《かんしゃ》の祈《いの》りをしよう」

と父は言いました。

聞くと私がいちばん最初の子どもで、それが盗まれてしまい、あとから生まれてきた弟や妹たちも一人前の若者になり、父たちと一緒《いっしょ》に暮《く》らしていたのです。私が来てから、普通《ふつう》の人より狩《か》りが上手《じょうず》な私は、毎日毎日山へ行き、シカやクマをたくさん捕《と》ってきては、父たちに食べさせていました。

父は私を長男として迎《むか》えてくれ、神々への祈りの言葉や大事なことを次々と教えてくれましたので、私は本物の人間の男として一人前になりました。そこで、コタンのいちばんのいい娘《むすめ》をお嫁《よめ》にもらい、たくさんの子どもも生まれ、家族中本当に幸せに暮《く》らしていました。そのうちに父や母も年を取って亡《な》くなり、弟や妹たちも、それぞれ嫁をもらい、あるいは嫁に行き、仲《なか》よく暮らしています。

と、いうわけで、私は子どもの時にカラスに盗《ぬす》まれて育ちましたが、それによって運が悪くもならず、このように何不自由なく、何を欲《ほ》しいとも何を食べたいとも思わないほどの物持ちになりました。

けれども、今いるアイヌよ、子どもを山へ連れていっても、うかうか目を離《はな》すといろいろな化け物がいて、さらわれることがあるものだから、油断《ゆだん》してはいけません、と一人のアイヌが語りながら世を去りました。

語り手　平取《びらとり》町去場《さるば》　鍋沢さだ
（昭和36年9月30日採録）

解説

ここでの教えは、山へ行って子どもをシンタ（揺《ゆ》すり台）へ入れておく場合に、その子どもから目を離《はな》さないように、ということです。

シンタは大変便利な育児《いくじ》用具で、アイヌの風習を大事にする父が孫たちのために作ってくれたのを、昭和三十五年ころまで使っていたものでした。赤ん坊《ぼう》をシンタに寝《ね》かせたら、落ちないように紐《ひも》でよく縛《しば》り、シンタの端《はし》に別の紐をつけ、それを引いて揺すってあげると、赤ん坊はすやすやと眠《ねむ》ります。そして母親はそのそばで手仕事をしたものです。

畑仕事に行き、外でこれを掛《か》ける場合は、必ず棒《ぼう》でケトゥンニ（三脚《さんきゃく》）を作ってつり下げ、木の枝《えだ》などには絶対《ぜったい》に掛けてはならないことになっています。ケトゥンニのことをスクシチセ（日よけの家）ともいいます。家の中では梁《はり》から梁に渡《わた》した棒にかぎを掛け、つり下げます。

話の中の子どもを盗《ぬす》んだカラスのことですが、悪役のカラスはアイヌ語でシエパㇱクㇽ（くそ食いカラス）といって、ハシブトガラスのことです。いい役目で登場するカラスはカララッといい、ハシボソガラスのことで、人間を助けたりします。

それと、子どもを育てたのはよかったが、あまりにも狩《か》りが上手《じょうず》で、毎日シカやクマを捕《と》ってくるので、その皮張《は》りをしなければならない母親（カラス）が、思わず愚痴《ぐち》をこぼしたわけです。その愚痴の中で、皮張りばかりを仕事にして、私の指先は針傷《はりきず》だらけといっています。シカの皮などは厚《あつ》いので、針に糸を通して皮を張る場合、指先で針を押《お》すと、針の尻《しり》で指先や手によく傷がつくものです。その描写《びょうしゃ》が現実的《げんじつ》で、アイヌが聞くと生々しく聞こえます。

　この話の語り手、鍋沢さだフチ（おばあさん）は、私の父の遠戚《えんせき》にあたり、父が病気で亡《な》くなる時も、最期《さいご》までみとってくれた上品なフチでした。

■アイヌの民具■シンタ（揺すり台）　シンタの材料はシケレペニ（キハダ。北海道方言ではシコロ）が多く使われました。幅《はば》約三〇センチ、長さ七三〜七五センチ。はしご型に作った上に、オニガヤを編《あ》んだ簀《す》をのせて完成します。このシンタのことをその形からホーチプ（舟《ふね》）ともいいます。下が簀になっているので通気性がよく、おむつカバーがない昔は、とても便利でした。

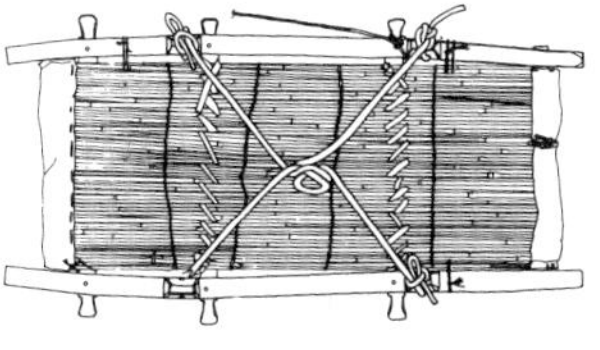

子どもと遊んだ神

私は、広い広い砂利《じゃり》原の中ほどを守るために天国から降《お》ろされている、ヘビの神でありました。私が守っている砂利原は広いので、近くにあるアイヌのコタン（村）から毎日のように大勢の子どもたちが遊びに来ます。

大勢来る子どもたちに交じって、身形《みなり》の貧《まず》しそうな男の子が一人います。みんなが来たあと、その子が一足おくれで来ると、先に来ていた子どもたちが、その子を目がけていっせいに石を投げたり、流木の端《はし》をぶつけるなどしていじめます。

その子の着ているものは、破《やぶ》れたり裂《さ》けたりした刺《さ》し子《こ》で、それも垢《あか》だらけのうえに、さらに垢びかりしているような着物です。子どもたちは石や木端《こっぱ》を投げつけるばかりでなく、しまいにはその子をめちゃくちゃに殴《なぐ》ります。殴られた男の子は、大声をあげて泣《な》きながら神である私の近くまで来ては、一人でしょんぼりとし、夕方近くなるとどこかへ帰っていきます。

それを見ていたヘビの神の私は、次の日から毎日その子の来るのを待っては、一緒《いっしょ》に遊んでやりました。私と一緒に遊ぶようになってからは、その子はコタンの子どもたちにいじめられることもなく、毎日毎日楽しく過《す》ごしては、日暮《ひぐ》れ近くなるとどこかへ帰っていきました。

そうしていたある日のこと、その子が赤いお膳《ぜん》に薄《うす》いお椀《わん》を二つ並《なら》べ、一つのお椀にはおいしそうな団子《だんご》を山盛《も》りに入れ、もう一つのお椀にはおいしい肉、それも脂身《あぶらみ》のものを山盛りに入れて持ってきてくれました。

いや、その団子や肉のおいしかったこと。神である私も初めて食べるようないい味で、二つのお椀に入っていたものを一度に全部食べてしまいました。持ってきたものを食べ終わった私は、その子をうんと褒《ほ》めたりお礼をいいながら、赤いお膳に、私が持っていたカムイイコロ（宝刀《ほうとう》）を一本入れてあげました。それを受け取った男の子は本当にうれしそうに、何度も何度も、上へ下へと押《お》しいただき、オンカミ（礼拝《らいはい》）を重ね、カムイイコロを持って帰りました。

それから二、三日過ぎたある日のこと、人声がするので見てみると、立派《りっぱ》な風采《ふうさい》をした二人の男が私の方へ近づいてきます。一人は何やら大きいトックリ（瓶《びん》）のようなものを背負《せお》っています。もう一人の方はイナウ（木を削《けず》って作った御幣《ごへい》）を削る材料などを背負い、私の前まで来て、それらを背中から下ろしました。二人は私の前にどっかと座《すわ》り、いろいろなイナウをたくさん削り、私のためにと一そろいの祭壇《さいだん》をこしらえました。

祭壇の前には、先ほど背負ってきたトックリの中から酒を出して供《そな》えるなど、荷物の中から次々とおいしい団子や肉や魚を出して並べました。それらを並べ終わってから、初めて年上らしい男が私の方へ向き、次のようにいいました。

「ヘビの神よ、お聞きください。私はオキクㇽミという者で、ここにいる者は私の弟のサマユンクㇽという者です。毎日あなたが一緒に遊んでくれていた子どもは、私の子であったのです。

兄弟がいないためか遊び相手を欲《ほ》しがるので、毎日アイヌの子どもらと遊ばせましたが、昼間は遊びに来ていても、夜になるとどこかへ行って見えなくなるので、子どもたちにいじめられてばかりいました。

それと着ている着物も、実はいいものを着せてあるのですが、それをそのまま見られると、神の子どもであることがわかり遊んでもらえません。それで、わざとあのように垢だらけの破れたり裂けたりした刺し子に見せてあったのです。

そのため、なおさらアイヌの子どもたちに嫌《きら》われ、遊んでもらえなかったのです。それを神であるあなたが、汚《きたな》がりもせずに一緒に遊んでくださり、本当にありがとうございました。遊んでくださっただけでもありがたいのに、そのうえあの子に宝物《たからもの》まででくださいました。あの宝物は神の国でもめったに見ることのできない珍《めずら》しいものでした。

今日《きょう》は神であるあなたに、私の子どもと遊んでくれたお礼と、宝物をくださったお礼に、私ども二人でここへやって来たのです。ここへそろえたイナウ、それと酒や食べ物をお受け取りください」

と言いながら、私にそれらのものをくれました。私は丁寧《ていねい》に礼拝《らいはい》をしながらそれを受け取ると、オキクㇽミとサマユンクルの二人も礼拝して帰っていきました。

二人が帰ったあとで考えてみると、この砂利《じゃり》原を守るために天国から降《お》りてきてから、長い時間がたったことに気づきました。そこで、アイヌの国の神々からもらったものを土産《みやげ》に、神の国へ帰ることにしました。

私は、仲間《なかま》を集めてそのことを話して聞かせ、次にこの砂利原を守る者を決め、私がしたのと同じように、その者にこの広い砂利原の上端から下端までを守るようにい い聞かせました。

そして、私はオキクㇽミとサマユンクルがくれたイナウや酒、それに肉や魚、たくさんの土産を持って、天の上、神の国へ帰ってきました。

神の国へ帰ってきた私は、大勢の神々を招待《しょうたい》し、土産にもらってきたものを神々にも分けあたえました。それらは大変に喜ばれ、私はもう一段《いちだん》高い位の神になることができました。

だから、今アイヌの国土にいるヘビたちよ、どんなやり方でもいいから、アイヌたち、そしてアイヌの国にいる神たちの役に立つようなことをしなさい、と位の高いヘビの神が語りました。

語り手　平取町《びらとりちょう》荷負本村《におおいほんそん》　木村こぬまたん

（昭和36年10月29日採録）

解説

ヘビはたいていの場合嫌《きら》われますが、この話では子どもと遊んでいます。それもオキクㇽミという、アイヌに生活や文化を教えてくれた神様の子どもとです。オキクㇽミは、天国から沙流川《さるがわ》のほとりに荷負《におい》へ降臨《こうりん》し、アイヌたちに魚の捕《と》り方、家の建て方、毒矢《どくや》の作り方などを教えてくれた神として尊敬《そんけい》されている伝説上の神です。ヘビはその神の子どもと遊んでイナウをもらい、酒をもらって神の国へ帰ることができたわけです。

アイヌの社会では、人間が死んだ場合でも、神の国へ持ち帰る土産《みやげ》物がなければ先祖《せんぞ》の所へ帰れないと信じられています。

神はアイヌの所へ何回も来て、酒やイナウをもらって帰り、それらを神の国にいる別の神々に分けあたえるたびに、仲間《なかま》うちで神としての位が上がるものだといいます。オキクㇽミは神の国からアイヌの所へ来て生活に必要なことを教えてから、もう一度神の国へ戻《もど》った神で、別名アイヌラックル（人間の味がする神）ともいわれます。

語り手の木村こぬまたんフチ（おばあさん）は荷負本村《ほんそん》に生まれ、手の甲《こう》から肘《ひじ》まで入《いれ》墨《ずみ》をした上品なフチでした。トゥス（呪術《じゅじゅつ》）のできる方で、よく当たると評判《ひょうばん》でしたが、私の持っている録音テープには、そのトゥスの声もあります。この方の託宣《たくせん》に従《したが》ってつくったアユシニカムイ（とげのある神）が、二風谷《にぶたに》アイヌ文化資料《しりょう》館に保存《ほぞん》・展示《てんじ》してあります。

トゥスは、それぞれの人にはトゥレンパ（憑《つ》き神）がついていて、その憑き神が人間の口を通して託宣を出し、それにしたがって、いろいろまじないをします。憑き神はヘビであったり、キツネあるいは海の精《せい》であるルルコシンプというものなど、その人によってすべて違《ちが》う憑き神がついているということです。

■アイヌの民具■ニエシケ（背負子《しょいこ》）　枝《えだ》つきの自然木二本に長さ約三五センチのサキリ（横棒《よこぼう》）をつけ、フニペシ（シナの生皮《なまかわ》）の縄《なわ》を巻《ま》きつけます。背負《しょい》縄は額《ひたい》にかけて背負《せお》います。山中で不意にクマに出会った時、首を振《ふ》るだけで荷物が落ち、クマに立ち向かえるからです。

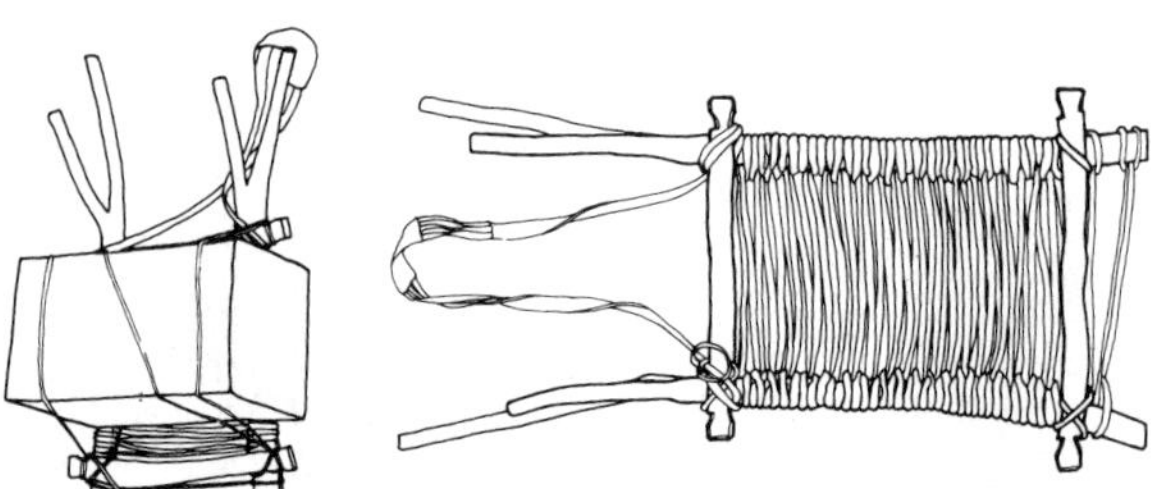

村おさは化け物

私は、石狩川《いしかりがわ》の中ほどにある、広い大勢の人の住むコタン（村）で、父に育てられている一人の少年です。父は大変に狩《か》りの上手《じょうず》な人なので、冬の間に捕《と》ったシカやクマの皮を、春になって川の氷がとけると、それらを舟《ふね》に積んで石狩川を下ります。舟に積んでいった毛皮を、いろいろなもの、食べたいもの、あるいは着物などと交換《こうかん》して、それをまた舟に積んで帰ってくるので、私は何を欲《ほ》しいとも何を食べたいとも思わずに育ちました。

私が少し大きくなって、父のあとへ小走りについて歩けるぐらいになると、父は狩りに行く時も一緒《いっしょ》に連

れていってくれました。そして、クワリ（仕掛《しか》け弓《ゆみ》）を仕掛ける時に、

「これはお前の仕掛けだよ」

と言いながら、私の持ち弓を別に仕掛けてくれます。そうすると、私の持ち弓に特《とく》別《べつ》多く獲物《えもの》が掛かるので、父は、「やっぱり私の子どもだ。ゆくゆくは狩りの名人になるであろう」と喜んでくれました。

そのうち本当に自分でシカやクマを捕れるようになると、なおさら父は大喜びをしてくれて、それらの皮も舟に積んで石狩川の河口《かこう》へ行きます。そうして、たくさんの食べ物や着物を積んできては、私に食べさせたり、あるいは着せたりしてくれるので、私は本当に幸せに暮《く》らしていました。

そのように暮らしているうちに、私もすっかり一人前の若者《わかもの》に成長し、今では父と同じかそれ以上に狩りが上手になりました。狩りが一人前になった私を見た父は、

「狩りの腕《うで》はこれでいいが、次は神々を祭る時の言葉を教えよう」

と言いながら、山を歩きながらでも、狩小屋《かりごや》にいる時でも、口を休ませずにいろいろな話を教え聞かせてくれます。それを覚えるとまた次の話というふうに、次から次へといろいろなことを教えてくれました。

「狩りもよし、言葉、雄弁《ゆうべん》これもよし。度胸《どきょう》は教えるものではなしに自分で身につけ

るもの。この三つがお前に備《そな》わったので、あとはもう教えるものがない」

と、父が言ってくれました。

そういうふうに父にいわれてからは、私は狩りに行くにも一人で行き、毎日毎日たくさんのシカを捕りクマを捕って、隣《となり》の家へも肉を配れるぐらいになりました。私が一人前になったのを見た父は、

「これからは狩りに行くのはよして、捕ってきたシカやクマの皮を乾《かわ》かすために、広げて張《は》る仕事をしよう」

そう言いながら、皮張りだけを仕事にするようになりました。

そのように楽しく暮らしている私たちの耳に、隣のコタンから心配なうわさが流れてきました。隣のコタンというのは、歩いていくと足の速い者なら日の高いうちに着けるというぐらいの距離《きょり》にあります。

そのコタンの村おさが狩りに行ったきりまだ帰ってこないのに、見知らぬ大男が昔からの村おさであったような顔をして帰ってきて、村おさの家に住みついているということです。住みついているばかりでなく、コタンの人をいじめ、搾取《さくしゅ》して困《こま》らせているという話です。

それと、もう一つの悪事は、子グマを養って神の国へ送り帰す時に、雌《めす》グマであれ

ば男を一緒に行かせると称《しょう》して若者を殺し、雄《おす》グマであれば女を一緒に送るといって娘《むすめ》を一人殺すというわさです。

そのうわさを聞いた父は、私に、

「お前がいくら雄弁であり、度胸があるからといっても、隣のコタンには絶対《ぜったい》に近づいてはいけない」

と日ごろから言われていました。けれども私は、内心ではいつの日か必ずそのコタンへ行ってみようと、心ひそかに考えていました。父にそのことをいうと反対されるに決まっているので、父にはそこへ行ってみたいと思っていることを、一言も話しませんでした。

ある日のこと、狩《か》りに山へ行くことになり、今度こそ行ってみようと心に決めて家を出ました。自分の狩小屋《かりごや》へ行き、きれいに小屋を掃除《そうじ》して、イナウ（木を削《けず》って作った御幣《ごへい》）を立てて、無事《ぶじ》にいろいろなことが進みますようにと、神々にお願いのお祈《いの》りをして、その夜は泊《と》まりました。

狩小屋へ行った時には、必ずそうするのが私のやり方であったので、次の日の朝から乾《かわ》いた薪《たきぎ》をたくさん集め、それを背中《せなか》に背負い、小屋の入口いっぱいに積み上げました。

狩小屋での準備《じゅんび》が全部整うと、私はすぐにうわさに聞こえたあのコタンへ行きたくなりました。コタンの方角は聞いて知っていたので、そのコタン目ざして走りはじめましたが、走るというより宙《ちゅう》を飛ぶようにして行きました。

しばらく行くと、うわさに聞いたそのコタンへ着きました。コタンの下端の方へ歩いていくと、外から見てもきれいな家が目に入りました。外側から見ただけでも働き者の住居《じゅうきょ》らしく、掃除も行きとどいて、家の屋根はぎゅっと締《し》まって、外側の壁《かべ》もきちんと締められています。外から見ても物持ちの家であることがわかったので、入口近くへ行き、「エヘン、エヘン」とせきばらいをして、私が外にいることを家の中の者へ知らせました。

私の声が聞こえたらしく、一人の女が出てきて、ちらっと私の顔を見てから引っこんでいき、家主に私が来ていることを告げたようです。すると、男の声で、

「いちいちいわなくとも、外へ来ている人は家の中へ入りたいから来ているのでしょう。早く入れてあげなさい」

と小声で女がしかられているのが聞こえました。女はもう一度入口まで出てきて、

「どうぞお入りください」

と私に言ったので、私はできるだけ遠慮《えんりょ》して、膝《ひざ》をするように、はうようにしてそ

の家へ入りました。

　家へ入ってよく見ると、若夫婦《わかふうふ》の住居であることがわかりました。最初に私が家主の若者に丁寧《ていねい》にオンカミ（礼拝《らいはい》）をすると、若者も私に丁寧に礼拝を返してくれました。そして、

「どちらから来られたお方でしょうか。初めてお会いするような気がしますが」

　と私に聞きました。私は、

「遠い所から来た者ですが、道に迷《まよ》って歩いているうちにこのコタンを見つけ、大喜びであなたの家のそばへ来たのです」

　とうそを言いました。それは今までの村おさを殺すかどうかして、村おさになりすましている大男に会うまでは、私の素性《すじょう》を知られたくなかったからです。

　私の話を聞いた若者は、「道に迷ったとは大変でした」と私をいたわってくれながら、妻《つま》に向かって、

「道に迷ったのならば、おなかが空いておられることでしょう。大急ぎで有り合わせの食べ物を」

　と言うと、その家の若妻は鍋《なべ》を出して、食べ残しの食べ物をあぶって食べさせてくれたので、私は腹《はら》いっぱいになるまで食べました。

私の腹がいっぱいになった様子を見た若者は、村おさが山へ行ったまま帰らずにいると、見知らぬ大男が来て、前の村おさの代わりになりすまし、コタンの人をいじめ、悪事の限《かぎ》りを尽《つ》くしていること、時も時、ちょうどいいのか悪いのかは知らないが、明日《あす》はイヨマンテ（クマ送り）があり、その熊は雄《おす》グマなので、女も一緒《いっしょ》に送るということで、いい娘《むすめ》が明日、クマと一緒に殺されることになっていることなどを聞かせてくれました。その話を聞いているうちに、若妻は夕食の用意をして、三人で夕食を終えると、若者はいいにくそうに、

「ほかから来た者を村おさに報告《ほうこく》せずに泊《と》めると、後になって、ひどくいじめられます。あなたが泊まっていることを報告してもいいでしょうか」

と改めて私に聞きました。私は、

「いいですよ。できれば明日のイヨマンテに、遠くから眺《なが》めるだけでも参加したいと、お願いをしてほしい」

と頼《たの》みました。私の返事を聞いた若者は、さっそく大男の村おさの所へ行きました。戻《もど》ってきた若者の話によれば、お客を大事にお泊《と》めして、明日《あす》のイヨマンテに参加してもよいとのことでした。そして、若者がつけ加えた話によると、明日、クマと一緒《いっしょ》に殺される娘《むすめ》の家には、コタンの人が集まり、嘆《なげ》き悲しみ、泣《な》く声が聞こえていたと

いうことです。

それを聞いた私は、明日になったらどうなるか見ていろ、と腹《はら》の中でそうは思ってみても、相手がどんな者かわからないので一抹《いちまつ》の不安はありました。

寝《ね》てからも、父が教えてくれた神々の名を心のうちで呼《よ》びならべながら、こうしてここへ来たのも神が私を呼んだのであろう。神々よ、私を守ってくださいと念じているうちに、ぐっすりと眠《ねむ》ってしまいました。

まだ夜の明けきらないうちに、家主の妻《つま》は起きて朝ご飯の仕度《したく》をし、私や夫を起こしました。私たちは大急ぎで朝食を食べ終わると、若者が私を誘《さそ》い、今日《きょう》イヨマンテが行われる大男の村おさの家へ歩きはじめました。

コタンの家々の前を歩くと、一軒《いっけん》の物持ちらしい家の中から、人間が死んだ時のような家の者の泣き声が聞こえてきました。私は、今日殺されることになっている娘の家であろう、と思いながらその前を通りすぎ、大男の村おさの家へ近づくと、クマを養っている檻《おり》が見えました。

檻の中のクマを見ると、雄《おす》グマとは聞いてはいましたが、その体の大きいのには驚《おどろ》きました。私が行く前は声も出さずにいたものが、私の顔を見たとたんに大声を出し、今にも檻を破《やぶ》って私に襲《おそ》いかかってきそうな勢いです。私は少したじろぎ、恐《おそ》ろしいという気持ちにもなりましたが、遠くの方から丁寧《ていねい》に礼拝《らいはい》を重ね、低い声でクマに語りかけました。

「クマの神様よお聞きください。神は神同士で結婚《けっこん》をして、人間は人間同士で結婚するのが本当なのに、ここの大男の村おさは、神の風習でもなければ人間の風習でもないことを、あなたにやらせようとしているのです。それに惑《まど》わされて、本当に人間の娘をお嫁《よめ》さんとして神の国へ連れて帰ろうと、もしも考えておられるとするなら大間《おおま》違《ちが》いです。今日は、神であるあなたを助けようと私はやって来たのですから、私のいうことをお聞きください」

低い声ですが力強く語りかけると、クマ神は少し落ち着きました。そこへつけ加えるように、

「もしもこのままイヨマンテが進行し、あの娘が一緒に殺され、あなたが神の国へ娘を連れていったとしたら、あなたは神の国では神として受け入れられません。

そればかりではなく、何も知らないあなたの父神や母神も、天の神々からあなたとともに罰《ばつ》を受け、この国土の裏側《うらがわ》の湿地《しっち》の国へ追放されるでありましょう」

私は礼拝を重ねながら、檻の中のクマ神に語りかけ、

「今日は私のいうことだけを聞きなさい」

と言うと、あれほど檻の中で荒《あ》れくるっていたのに、すっかりおとなしくなりました。クマ神の気持ちが静まったのを見定めて、さらにそばへ近づくと、クマ神も笑《わら》い顔で、舌《した》をだらりと出して、私のいった言葉を理解《りかい》したと態度《たいど》で示《しめ》してくれました。

もう一度念を押《お》すように、

「今日の祭りは私が責任《せきにん》をもつ。私の指示《しじ》に従《したが》いなさい」

私がそう言い終わるのを待っていたかのように、一緒に来た若者が家の中へ入ろうと、私をうながしました。

うながされた私が、若者と一緒に家の中へ入ってみると、うわさに聞いた大男の村おさが、わめくように若者たちへ指示をして、イヨマンテの準備《じゅんび》を進めています。私の方へも杯《さかずき》が回ってきたので、自分自身の憑《つ》き神に、今日こそは正念場《しょうねんば》ですので、私を守ってくださいと念じながら一口か二口ほど飲みました。そして、私はイヨマンテのうちでも最も大事な祭壇《さいだん》の組み立てを手伝い、上座の窓《まど》から出されるカムイイコロ(宝刀《ほうとう》)とかエムシ(刀)を、次々と祭壇へ運んで丁寧に飾《かざ》りました。

私は祭壇を飾りながら、手ごろな棒《ぼう》を一本手に取って祭壇の後ろへ隠《かく》しました。これは、カンニといって、いざという時には刀を振《ふ》り回すよりも役に立つ打《う》ち棒です。私は太さは大人《おとな》の手の一握《ひとにぎ》りよりもやや太く、長さは自分の背丈《せたけ》より短いものです。私はそれを隠しながら、イナウを飾《かざ》りつけるなどして、祭壇《さいだん》の準備《じゅんび》はきれいに済《す》みました。

クマ神をつなぐ棒《ぼう》も立てられ、その上へイナウを立て、あとはクマ神に縄《なわ》をかけるばかりになると、あの大男の村おさが若者《わかもの》たちに、

「用意はできた。クマ神に縄を」と言いました。

若者たちが手に縄を持って、檻《おり》の上へあがり、クマ神に縄をかけようとしましたが、クマ神は縄を嫌《きら》い、縄をかけることができません。若者たちがいろいろやっても、縄がかからないのを見た大男の村おさが、さっと飛び出てきて、若者たちから縄をひったくるように取って、自分でやってみましたが、うまく縄がかかりません。すると、大声でわめきながら、

「一緒《いっしょ》に送る女を先に縄をつけて、ここへ連れてこい。そうするとクマ神も安心して縄を受けるであろう。さあ行って、あの女に縄をつけて引っぱってこい」

そう言われた二、三人の若者たちが、嫌々《いやいや》ながら、ゆっくりと女の家へ行きました。

嫌がる娘《むすめ》に縄をつけて引っぱってきたのを見ると、それはそれは美しい娘で、死《し》に装束《しょうぞく》をしています。若者たちも娘がかわいそうなので、あまり力を入れず、少しずつ引っぱり、一人は娘の後ろから押《お》し、二人か三人で両方へ張《は》られた縄を引きます。本気で引っぱる者がいないので、さっぱり前へ進まないのを見た大男の村おさは、一

方の縄を手に取って、

「こうやって引っぱるものだ」

と言いながらぐいっと縄を引っぱると、力あまってよろよろとよろけたのです。

大男の村おさが、よろよろっと後ろへのけぞった一瞬《いっしゅん》のすきに、私は隠《かく》してあったカンニで、大男の村おさの首の後ろを力まかせに、パシッと殴《なぐ》りつけると、大男はドタッと倒《たお》れ、二、三回手足を動かしただけで死んでしまいました。私が大男を一気に殴り殺してしまうと、それを見てあぜんとしているコタンの人と、よかったよかった、これでこのあとの心配がなくなったと喜ぶコタンの人の両方に分かれました。

ややあって、コタンの人たちもわれに返ると、私の手を取って涙《なみだ》を流して喜んでくれました。

大男の死体を、コタンの入口の向こう側へ持っていかせ、生き返るのを防《ふせ》ぐために、大男のマキリ（小刀《こがたな》）を抜《ぬ》いてその喉《のど》を切り、その上へコタンの人が背負ってきた乾《かわ》いた薪《たきぎ》を、山のように積み上げました。その薪に火をつけ、薪が燃《も》え上がるのを見てから生の薪を重ねて火力を強め、大男の骨《ほね》のくずも残らないように、きれいに燃やし終わりました。

それを見た私はすっかり安心して、イヨマンテの場所であるあの家へ戻《もど》り、家へ入る前に自分自身をはらい清め、若者たちの体もはらい清めてあげました。

家の外で顔を洗《あら》い、手も洗ってからみんなで家へ入り、最初からやり直すために一同が座《すわ》り、そこで初めて、私は自分の氏《うじ》や素性《すじょう》をはっきりといいました。そして、大男が来てコタンの人を困《こま》らせていることを聞いて、助けに来たことなどを事細かに話し、改めてイヨマンテをすることをコタンの人に聞かせました。

「先ほどクマ神にもいい聞かせたように、クマと人間を一緒に送る話など、神の風習でもなければ人間の風習でもない。それをやろうとした者を、神の力を借りて罰《ばっ》したことを知ってほしいものです」

私はそう言い終わってから、酒を出させて、火の神や諸々《もろもろ》の神に酒をあげ、イヨマンテのためのお祈《いの》りをとくに丁寧《ていねい》にしました。なかでも火の神へは自分で杯《さかずき》を持って、隣《となり》のコタンから来た者であることや、私の行動が神の加護《かご》であることを念じて話をし、若者たちとたくさん酒を飲んでから外へ出ました。

私は縄を持ち、クマ神の檻の上へあがり縄を下ろすと、まるで待っていたかのようにクマ神は縄を受けました。縄をつけ終わり檻から出すと、クマ神も本当にうれしそうに走り回りました。大勢の人々は手に持っていたヘペレアイ（花矢《はなや》）を次々とクマ神へ放ちました。それはクマ神と人間が遊ぶ楽しい一時《ひととき》で、クマ神も人間も同じように笑顔《えがお》いっぱいです。それが終わると、私は本当にクマ神を殺すためのイソノレアイ（仕留《しと》め矢）という矢を射《い》ると、クマ神はドタッと倒れて動かなくなりました。

クマ神の皮をはぎ、肉を外して、頭だけを丁寧《ていねい》にイナウに包み、神の姿《すがた》にふさわしく飾《かざ》りつけ、お酒をあげ、食べ物を供《そな》えます。そのあとで、飾りつけたクマ神を神の国の方へ向け、その魂《たましい》を出発させて、その夜はそのまま置きます。次の朝に、魂が神の国へ帰った残りの頭の骨《ほね》を、コタンの方へ向けてイヨマンテが終わりますが、それまでの全部を私自身の手で行いました。

これらの行事をする間にも、私が最初に泊《と》まった家の若者《わかもの》が、終始私の手伝いをしてくれていたので、その若者に、

「あの大男が持っていた宝《たから》はどれですか」

と聞くと、若者はその宝を教えてくれました。私は教えられた宝のうちから、二、三点だけを取って、私の荷物の中へ入れました。こうした時に、まるっきり何ももらわないことは、アイヌの風習としてはよくないことなのです。それで、私は若者の目の前で大男の宝を取りましたが、欲《ほ》しくて取ったわけではないことはいうまでもありません。

帰る道すがら、私は昨日《きのう》危《あぶ》なく殺されかかった娘《むすめ》の家へ寄《よ》ろうと思いました。それ

は気だての優《やさ》しそうな娘なので、お嫁《よめ》にしたいと考えていましたし、酒を飲みながら何回も杯《さかずき》を渡《わた》すなどして、私はその娘に意思表示《ひょうじ》をしてあったからです。

娘の家へ寄ってみると、その父親は横座《よこざ》の所へたくさんの宝物を出して、私を待っていました。それらの品々を娘の命を助けてくれたお礼として差し上げるといい、いたらない娘ではあるけれど嫁として連れて帰ってほしいとのことです。私は、

「宝物は余《あま》るほどあるのでいりません」

と言って丁寧に断《ことわ》りました。娘を嫁にすることには不服はないのですが、狩《か》りに行くといって家を出たままなので、一度家へ帰って改めて迎《むか》えに来ることにしました。そのようにいうと、家族そろって大喜びで、必ず迎えに来てくださいと納得《なっとく》してくれました。

それから私は、走るというより宙《ちゅう》を飛ぶように自分の狩小屋《かりごや》へ帰ってきて、一晩《ひとばん》ゆっくりと眠《ねむ》りました。

次の朝早く、以前から知っていたクマ穴《あな》へ行ってみると、近い方の穴にクマが入っていたので、それを穴から追い出して二、三本の矢《や》を射こみ、しばらく休んでからその足跡《あしあと》をつけてみました。クマはずんずんと歩き、私の狩小屋の軒先《のきさき》のすぐそばで、矢の毒がきいて死んでいました。

そのクマの皮をはぎ、肉を外して狩小屋へ入れ、頭はイナウで飾って囲炉裏《いろり》の横座へ置き、食べ物などを供え、次の日に神の国へ送り返しました。皮は広げて乾《かわ》かし、二日三日過《す》ぎると煮《に》て干《ほ》した肉も乾いたので、干してあった皮にその肉を包み、それを背負《せお》って家へ帰ってきました。

私が上座《かみざ》の窓《まど》の外側から家の中に荷物を入れると、それを父は受け取って引きずるようにして持っていき、さっそく荷物をほどいています。荷物の中から、フクジュソウの花の滴《しずく》の中から取り出したようなカムイイコロが出たのを見た父は、私の方を見て、これはどうして手に入れたものかと驚《おどろ》いています。私はこのたびのことを、少しも隠《かく》さずに父に話して聞かせました。聞き終わった父は、私を褒《ほ》めたりしかったりしましたが、無事《ぶじ》で何よりだと喜んでくれました。

その夜は家に泊まりましたが、肉を背負って帰ってきた時に仕《し》掛《か》けておいた仕掛け弓《ゆみ》に、クマがかかっていると思ったので、翌日《よくじつ》コタンの人に肉を背負いに行こうと誘《さそ》いました。すると大勢のコタンの人が私と一緒《いっしょ》に山へ行き、私の小さな狩小屋では入りきれないほどです。私はコタンの人にクマが死んでいると思われる所を教えただけで、自分のお嫁さんを迎えに走りました。前に往復《おうふく》して道を知っているので、あっという間にそのコタンへ着き、最初に泊めてもらった若者の家へ入りました。

若者も大変喜び、一緒にあの娘の家へ行きました。私は父が持たせてくれた嫁もらい用のカムイイコロを出しました。それを娘の父親が受け取り、正式に娘をお嫁さんとしてもらうことが決まり、その夜は嫁の家に泊めてもらいました。

次の朝早く、娘は自分でししゅうした着物をござに包み、それを背負って私と一緒に歩きはじめ、昼近くに私の狩小屋《かりごや》へ着きました。肉を背負《せお》って帰るために来ていたコタンの人は、私の美しいお嫁《よめ》さんを見て、大喜びで歓迎《かんげい》してくれました。コタンの人はたくさんのクマ肉を背負い、私は美しいお嫁さんを連れてコタンを目ざして歩きはじめましたが、仕掛《しか》け弓《ゆみ》にかかって捕《と》れたクマのうち一頭は、コタンから送ることにし、その頭だけを背負っている者もいます。

そのようなわけで、コタンの人とともに家へ着くと、父は大喜びで私のお嫁さんを迎《むか》えてくれました。その後、私はたくさんの毛皮を舟《ふね》に積んで石狩川《いしかりがわ》の河口《かこう》へ行き、いつも行っているシサム（和人《わじん》）の所で、いろいろなもの、食べ物やお酒や着物と取りかえました。二日か三日そこへ泊《と》まってから、それらの荷物を舟に積んで自分のコタンへ戻《もど》ってきました。

父は村おさであったので、次に私が村おさになってコタンの人を大事にし、何不自由なく暮《く》らしています。今では父もすっかり年を取って、まったく仕事ができなくなりました。私はそんな父を大事に大事にしていましたが、とうとう父は死んでしまいました。そのあとで私は子どもを連れて狩《か》りに行き、父が私に教えてくれたことをそのまま子どもたちにも教えました。けれども何人もいる子どものうちの、大きい方の子どもが嫁をもらったのを見て、私もすっかり年を取ってしまいました。

というわけで、若《わか》い時に隣《となり》のコタンへ入りこんで悪いことをしていた大男を殺したりしましたが、それによって運にさわることもなく、このように長生きしました。いい忘《わす》れましたが、嫁の実家の父や母が亡《な》くなった時には、そのコタンへ行って、丁寧《ていねい》に葬式《そうしき》をしたものですし、酒があれば招待《しょうたい》をされ、私たちが酒を醸《かも》した時は招待をして、今も行き来が続いています。

だから私の子どもたちよ、私のようにコタンの人を大切にして、いつまでも仲《なか》よく暮らすものですよ、と石狩川の中ほどの老人が語りながら世を去りました。

語り手　平取《びらとり》町二風谷《にぶたに》　貝沢前太郎

（昭和38年3月14日採録）

解説

　このように、男がウウェペケレ（昔話）をしてくれるのは珍《めずら》しいことです。貝沢前太郎さんは、二風谷《にぶたに》で生まれ育ち、その地で亡《な》くなりました。前太郎さんはいろいろなことを、本当に手を取って私に教えてくれた大先生です。とくに、アイヌ細工《ざいく》の最も大事なうろこ彫《ほ》りという技術《ぎじゅつ》などは直伝《じきでん》で、引きうろこと突《つ》きうろこの両方を教えてくれました。アイヌ風の家の建て方なども全部教えてもらったものです。

　前太郎さんが亡くなったあと、その長男である貝沢貢男君へ前太郎さんから教えられたことのすべてを、あるいはそれ以上のことを教えました。このように伝承《でんしょう》というものは、親から子へではなしに、ジグザグであるような気がしてならないのです。というのは、貝沢前太郎さんへいろいろなことを教えたのは、ほかならぬ私の父である貝沢清太郎であったからです。

　この話の内容《ないよう》ですが、男親が男の子に狩《か》りを通して物事を教える様子が生き生きと描写《びょうしゃ》されていて、やっぱり男が語る男の世界と思いました。話の中で、狩りを一人前になるまで教え、その次は言葉、つまり雄弁《ゆうべん》になるようにと教えたあとで、度胸《どきょう》は教えられるものではなく、自分で覚えるというか、つけろというあたりは、まことに男らしいいい方です。

イヨマンテ（クマ送り）の様子も、女が語るものとは違《ちが》い、自信に満ちたいい方なので、私もそうだそうだと思いながら訳《やく》しました。イヨマンテの祝宴《しゅくえん》の時に、自分が命を救った娘《むすめ》に杯《さかずき》をやるということは大変いいことで、これは大勢の人の見ている前での求愛の証《あかし》にもなることです。

いつもは、おしまいになってから、どの神様からか夢《ゆめ》を見せられて、お前を私が動かした、となるのが昔話の形ですが、それは出てきませんでした。それがなくても十分にいい内容なので、私はあえて補足《ほそく》しないことにしたのです。

とにかくその語り口の力強さは出色《しゅっしょく》で、男の話と思える部分が随所《ずいしょ》に表れていました。

■アイヌの民具■イソノレアイ（仕留《しと》め矢《や》）狩猟《しゅりょう》用の矢。矢尻《じり》（根曲がり竹）、矢骨《ぼね》（シカの骨）、矢柄《がら》（オニカヤ）、矢羽《ばね》（カケス）からなり、矢尻の中央に小指の先のはらが埋《う》まるくらいのくぼみをつけ、そこへ毒を塗《ぬ》りこめます。くぼみにはアイシロシ（矢の持ち主の印）が刻《きざ》んであります。

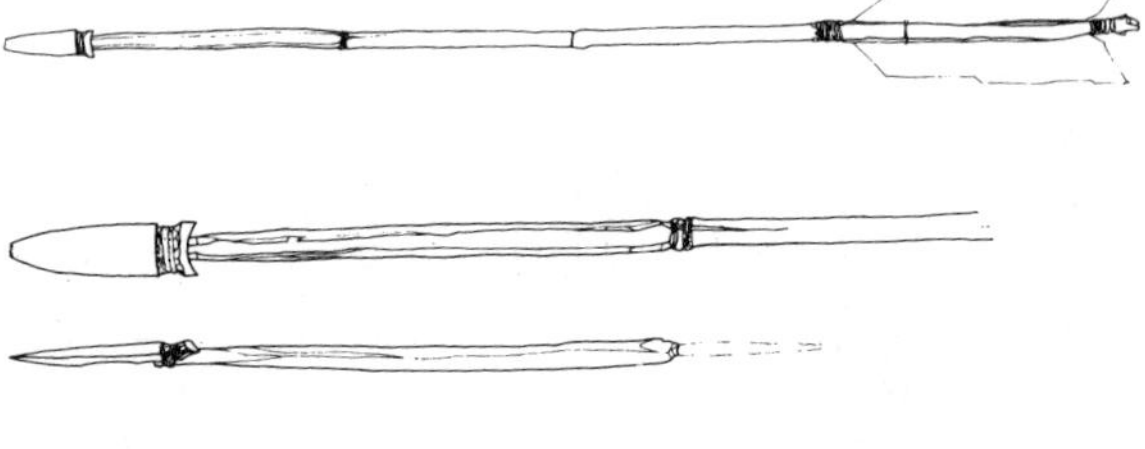

犬は聞こえた

私はどこから来た者かまったく知らずに、山の中の木のつるが家のようにかぶさった下で暮《く》らしている一人の少年でありました。

　暮らしている所は穴《あな》の中のような所で、夜が明けると昼にさえずる鳥の声、夜になると夜に鳴く鳥の声を聞いて、昼と夜の区別をつけるような日々でした。

　親もいないし兄弟もいない、まったくの一人きりで、着るものは何もつけていない、まったくの裸《はだか》です。食べ物を食べたことがないけれど、腹《はら》がすいたとも思わずに暮らしていました。

　ある日のこと、窓《まど》の方で物音がしたので見てみると、一人のおじさんが立っています。そして、私を見ていうことには、

「おお、元気でいたかい。よかった、よかった。明日《あす》迎《むか》えに来るので、それまでどこへも行かずに待っていなさい」

と言っただけで帰ってしまいました。そういわれて初めて、私の身辺を見回すと、壊《こわ》れた鍋《なべ》の半分とお椀《わん》の半分、それにしゃもじの半分があるだけです。後で身の上話を聞いてわかったことですが、私は火の神様に育てられていましたので、囲炉裏《いろり》の中の灰《はい》を布団《ふとん》代わりに体を埋《う》めているような育ち方です。

次の朝、まだ夜が明けきらないほど早く、昨日《きのう》来たおじさんが来て、背負《せお》ってきた荷物をほどき、その中から私が着るのにちょうどいい着物を出してくれました。それらの着物を着て座《すわ》ると、迎えに来てくれたおじさんが、私の身の上話を聞かせてくれました。

「あなたが生まれて間もないころ、このコタン（村）が夜盗《やとう》の群《む》れに襲《おそ》われ全滅《ぜんめつ》した時、たった一人生き残ったのがあなたなのです。生き残ったことを知った私は、火の神様へ子どもを育ててくれるように頼《たの》みました。今まであなたは、火の神様に育ててもらっていたのです。

あなたがこれだけ大きくなったので、もうあとは普通《ふつう》の人間として生活できるので、私が迎えに来たのです。神に育てられたあなたには、特別《とくべつ》の神通力《じんつうりき》が備《そな》わっているので、これからはアイヌのコタンの危難《きなん》を救える人間になるでありましょう。

そこで、さっそくですが、石狩川《いしかりがわ》の河口《かこう》にあるコタンでは、夜になるとコタン中の犬がいっせいにほえながらコタンの下端まで行き、また戻《もど》るという変事があり、コタンの人は毎夜毎夜眠《ねむ》ることもできません。その後犬ばかりではなく、夜の鳥なども加わり、ほえたり鳴いたり、そして昼になると犬どもは眠っていて、コタンの人も眠くて仕事にならず困《こま》っています。もとからのコタンの住人や、近くのコタンから物知りの老人が来て神々にお願いをし、おはらいをしても、犬のほえるのは止まりません。コタンの人はすっかり困りはて、このままではコタンで暮らせないので、コタンを移《うつ》すかどうかを相談《そうだん》しに私の所へ来ました。

そこで私は、神に育てられたあなたのことを思い出し、迎えに来たのです。これから一緒《いっしょ》に舟《ふね》に乗って私の家まで行き、明日の夜は問題のコタンへ行って様子を見てほしいのです」

と聞かせてくれました。

話を終えると、おじさんは私を舟に乗せ、石狩川を矢《や》のような速さで下って、川辺にあるおじさんの家へ連れていきました。その夜、私はおいしいものをたくさん食べさせてもらい、ゆっくり眠りました。

次の朝早く、昨日のように舟に乗せられて川を下り、夕方近くに石狩川の河口のコタンへ着き、中ほどにある大きい家へ案内されました。話に聞いたとおり、コタン中が眠りこけているかのように、人の動きも少なく、犬という犬は全部死んだように眠っています。

一緒に行ったおじさんは、声をひそめながら、

「今夜何かあった時に役に立つかもしれないので、これを持っていなさい」

と言いながら一挺《ちょう》のタシロ（山刀《やまがたな》）を私に渡《わた》してくれました。

その家で夕食を食べさせてもらい、やがて辺りがすっかり暗くなりました。すると、今まで死んだように眠《ねむ》っていた犬どもが目を覚まし、いっせいにほえはじめるのです。そのほえ声で、人間の声も聞こえないぐらいです。

私は先ほどおじさんが渡してくれたタシロを腰《こし》に差し、そうっと家を抜《ぬ》け出し、犬どもがほえながら行くあとからついていきました。

度胸《どきょう》のある犬は先になってほえながら進むけれど、度胸のない方の犬は群《む》れの後ろから、しっぽを後足の間へ入れ、少しほえては進み、また後ずさりしながらほえています。それらの犬の様子を見ていると、コタンの下端まで行っては戻《もど》り、行っては戻りしていて、行く先は、どうも墓地《ぼち》らしく見えました。

犬どもは、二群《にぐん》に分かれているかのように、一群がほえながら行くと、別の一群がほえながら後ずさりをし、別の一群が前へ進むと、その上を夜の鳥たちが鳴きながら飛び交い、耳が聞こえなくなりそうです。私は犬の群れの後になり先になりしながら、静かに進んでいきました。

すると、かすかにではありますが、女の声で子守歌が聞こえてきました。それと合わせて、生まれたばかりの赤子《あかご》のかすかな泣《な》き声が聞こえてきました。私は大地の上をはうように、大地に耳を押《お》し当てるようにして、声のする方へはっていきました。たくさん立ちならんでいる墓標《ぼひょう》のうちでも、どうやら女の墓標の下の方から、子守歌と赤子の泣き声が入り混じって聞こえています。

子守歌の声は大人《おとな》の声、それも泣きながら赤子をあやしていて、どうやら母親らしく聞こえ、赤子は赤子でひどく苦しい泣き声です。それらの声は、大地へ耳を押し当てて初めて聞こえるというほどかすかなものでした。そこで私は、おじさんが貸《か》してくれたタシロを抜いて、声の聞こえている辺りへ、ブスッと突《つ》きさしました。

すると、今まで聞こえていた子守歌の歌声も、赤子の泣き声も聞こえなくなりました。それと同時に、狂《くる》ったようにほえたてていた犬のほえ声もピタッとやみ、辺りが急に静かになりました。

私は、低い声ではありましたけれど、はっきりと、

「どうして、このように子守歌や泣き声が聞こえていたのか知らないけれど、夢《ゆめ》で知らせてください」

と言いながら、死人に対するオンカミ（礼拝《らいはい》）の仕方である、掌《てのひら》を下へ向けて上下させる礼拝を繰《く》り返し、大急ぎで泊《と》めてもらっていた家へ帰ってきました。

コタンは犬のほえ声が一つもなく、犬も人間も死んだように眠っています。私は、私のために用意されてあった寝床《ねどこ》に入り、眠れるとも思っていなかったのに、ぐっすりと眠ってしまいました。すると、夢枕《ゆめまくら》に若《わか》い女が出てきていった言葉は次のようなものでした。

「わたしは石狩《いしかり》の中ほどの村おさの娘《むすめ》で、このコタンの村おさの息子《むすこ》の所へ嫁《よめ》に来ました。わたしは嫁に来て一年もしないうちに急な病気で死んだのですが、埋葬《まいそう》される時に、わたしが妊娠《にんしん》していることを誰《だれ》も知りませんでした。

それで、わたしは妊娠したままで葬《ほうむ》られ、先祖《せんぞ》の国へ行くことになりましたが、先祖の国では妊娠したままでは来てはいけないと追い帰されました。先祖の国へ行くこともできず、墓穴《はかあな》の中で子どもを産み、毎日毎夜、泣きながら子どもをあやしていたのです。

わたしの声を聞いたのは犬だけで、犬どもは夜になるとわたしに向かってほえ集まってきて、その声にわたしも悩《なや》まされていたのです。普通《ふつう》の者ではわたしの声を聞いてもらえないことがわかったので、神に育てられ、どんな低い声でも聞こえるあなたに来てもらいました。

ありがたいことに、わたしの泣きながら歌う子守歌を聞いてくださり、子どもも先祖の国へ行けるようにしてくれました。

明日《あす》になったら、この家の人たちにわたしがいった言葉を伝えてください。そして酒を醸《かも》し、改めて先祖《せんぞ》の国へ行けるように供養《くよう》してほしいのです。そうして先祖の国へ帰ることができたら、神の国からあなたを守り、一生幸せに暮《く》らせるようにお守りします」

と一人の女が私に夢《ゆめ》を見せてくれたのです。

次の朝早く起きた私は、昨夜のことをこの家の人々に事細かに聞かせました。家の人たちは、驚《おどろ》きのあまり、口や鼻から魂《たましい》が飛び出さないように、口や鼻を両手でふさぎながら、驚きあきれました。

さっそくコタンの中へ使いが走り、コタン中から酒を醸す材料にする、ヒエやアワが集められ、大急ぎで酒が醸されました。酒がおいしくできてから、改めてあの女が

神の国にある先祖の国へ行けるように引導《いんどう》が渡《わた》され、供養もされました。そのあとで、もう一度夢に出てきたあの女は、

「あなたのおかげで先祖の国へ行くことができて、先祖たちも普通《ふつう》の者として迎《むか》えてくれました。これからは何不自由なく暮らすことができます。約束《やくそく》なので一生あなたを守ります」と言ってくれました。

その後、私も一人前の青年になり、美しいお嫁《よめ》さんをもらい、何を欲《ほ》しいとも、何を食べたいとも思わないで、たくさんの子どもも生まれ、楽しく暮らすことができました。

そのようなわけで、子どものころに夜盗《やとう》に襲《おそ》われたコタンのたった一人の生き残りであったために、火の神様に育てられて神通力《じんつうりき》がつき、コタンの心配ごとを前もってわかるので、コタンの人を助けたり、また頼《たよ》られて暮らし、今ではすっかり年を取ってしまいました。

だから、今いるアイヌよ、若《わか》い女が死んだ時は、おなかが大きくなっていないかどうかを確《たし》かめて埋葬《まいそう》しなさい。そうでないと、思いもしないことでコタンに災《わざわ》いが起きるものです、と一人のアイヌが語りながら世を去りました。

語り手　平取《びらとり》町ペナコリ　川上きく

（昭和36年10月30日採録）

解説

この話を聞かせてくれた川上きくフチ（おばあさん）は、生まれが日高《ひだか》管内厚賀元神部《あつがもとかんべ》の方で、平取《びらとり》町荷負《におい》ペナコリ、川上金次郎さんの所へ嫁《よめ》に来ました。厚賀は海に近い所なので、早くシサム（和人《わじん》）が定住し、そのためかアイヌ語よりも日本語の方が得手《えて》であったらしく、ウウェペケレ（昔話）にもかなり日本語が混《ま》じっています。子どもの多い方でしたので、孫も大勢います。

この話の内容《ないよう》ですが、アイヌ民族は社会生活のすべてを昔話の中で教えているんだなあということに気づきます。

というのは昭和二十三年ころに、二風谷《にぶたに》村で妊娠《にんしん》したまま亡《な》くなった人のおなかを、埋葬《まいそう》する前にイヨッペ（鎌《かま》）で傷《きず》をつけた、と聞いているからです。

「鎌は不浄《ふじょう》な女が使う道具なので、鎌で斬《き》られると、どんな魔物《まもの》も蘇生《そせい》できないといわれています。（略）そして腹《はら》を切ったときに必ず、ヘカチアンナ（男の子）だよとか、マッカチアンナ（女の子）だったよ、と大きい声でいわなければならないということです。その声を聞けば、死人である母親は安心して子供《こども》を連れて、先祖《せんぞ》の国へ行けるからだということです」（拙著『おれの二風谷』）

傷つけ役に頼《たの》まれるのは、たいていの場合独《ひと》り者のおばあさんですが、そう簡単《かんたん》に引き受けてくれるものではありません。しかし、そうしなければ先祖の所へ行けないとなれば、かわいそうだからというわけで親戚《しんせき》の者がします。

■アイヌの民具■クワ（墓標《ぼひょう》）　クワとは本来は「杖《つえ》」という意で、死者がこの墓標の上端を握《にぎ》りしめて、それを杖にして神の国へと導《みちび》かれていくものと信じていました。男性用をオッカヨクワ（男の墓標）、女性用をメノコクワ（女の墓標）といいます。材料の木は、ご神体《しんたい》をつくる時に使う木のチクペニ（エンジュ）がプンカウ（ドスナラ）に限《かぎ》ります。長さ二メートル、太さ一〇〜一五センチ。墓標作りは、削《けず》り方、紐《ひも》のかけ方など間違《まちが》いがないように、必ず数人で監視《かんし》し合って作ります。男の墓標は槍《やり》の形に、女のは針《はり》の形に作り、黒い木綿《もめん》の布《ぬの》を糸になぞらえて通します。

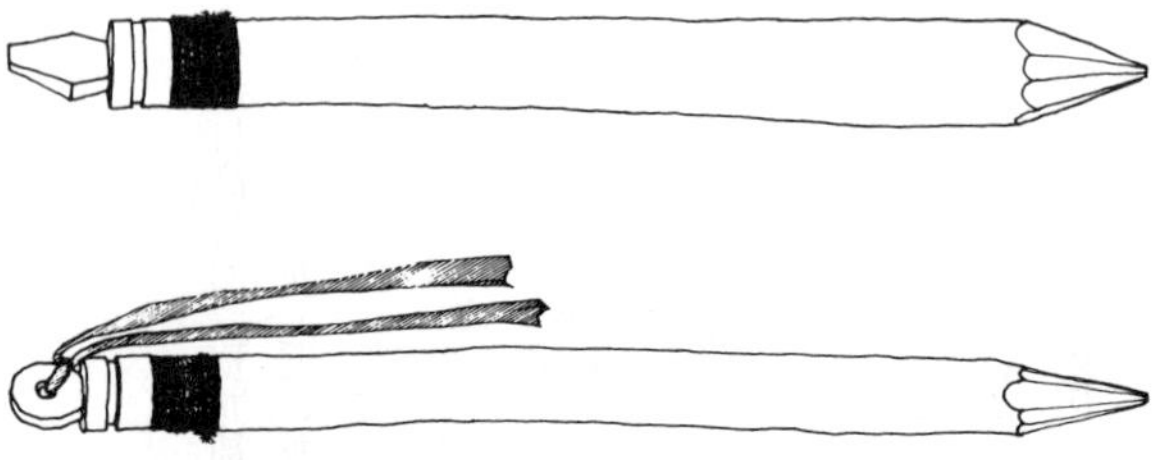

鬼《おに》の岩屋

わたしは、兄に育てられていた一人の少女でありました。兄はわたしを本当に大切にしてくれて、わたしは何を欲《ほ》しいとも、何を食べたいとも思わず暮《く》らしていました。

わたしも一人前の娘《むすめ》になり、近いうちにお嫁《よめ》に行ってもいいなあ、と思いながら過《す》ごしていたある日のこと、兄がいうことには、

「妹よ、あなたはイヨチという所にいる若者《わかもの》と結婚《けっこん》するのです」

と話してくれました。また兄には、娘というものは、お嫁に行くまでの間に針《はり》仕事とか、おいしく食べ物を煮《に》る方法などいろいろと覚えなさいよ、といつもいわれていました。

それでわたしは、針仕事とか食事の準備《じゅんび》などをしては、兄においしいとか上手《じょうず》だとかいわれながら、一日また一日といろいろなことを覚えていきました。

そのようなある日のこと、沖《おき》の方から一艘《いっそう》の舟《ふね》が、陸を目ざして漕《こ》ぎ進んでくるのが見えました。じっと見ていると、わたしたちの家の近くの浜辺《はまべ》へ舟を上げて、二人の若者が舟から下り、わたしたちの家の方へ歩いてきました。兄にそのことをいうと、

「それはわが家へ用事があって来たに違《ちが》いない。家の中を掃除《そうじ》して待っていなさい」

と兄は言うので、私は家の中をきれいに掃除していました。

二人の若者は家の外まで来て「エヘン、エヘン」とせきばらいをして、外へ来ていますよと家の中のわたしたちへ知らせています。兄は、

「用事があって来たのだろうから入れなさい」

とわたしに言ったので、わたしは入口まで迎《むか》えに出て、

「どうぞお入りください」

と二人の若者に言いました。

二人の若者は家の中へ入ってきて、わたしの兄に丁寧《ていねい》にオンカミ（礼拝《らいはい》）をし、

「私どもはあなたの国に近い方の沖の国の者だが、あなたの妹をお嫁にもらいたいと思いやって来たのです」

それを聞いた兄は驚《おどろ》いて、

「一人しかいない妹なので、近くへ嫁にやって、お互《たが》いに行ったり来たりしながら仲《なか》よく暮らしたいと思っています。それにもう、イヨチにいる若者へ嫁にやることに内々の相談《そうだん》がまとまっているのです」

と丁寧に断《ことわ》りました。そういわれた二人の若者は、代わる代わる兄に向かって、チャランケを始めたのです。このチャランケというのは、話し合いということですが、この場合は話し合いではなく、いいがかり的に無理《むり》やりにわたしを嫁にもらいたいということでした。

そのチャランケが六日六晩《ばん》も続き、向こうは二人が交代でしゃべり、兄は一人なのでとうとう七日目に体力負けのような形で兄が負けて、兄は座《すわ》った所でそのままひっくり返ってしまいました。このことを、イタッエホクシ（言葉によってひっくり返った）といいます。横になった兄に私は泣《な》きながら取りすがると、二人の若者はわたしの手を両方から引っぱって、無理やり舟に乗せて、沖を目ざして漕ぎ出しました。

しばらく行くと高い山があって、その山は岩ばかりの崖《がけ》になっていて、一本の草も生えていません。崖になっている所の一か所が海の上へかぶさるように突《つ》き出ていて、広く大きい岩棚《いわだな》のようになっています。その岩棚の下をくぐって、向こうへ出ようとして舟を漕ぎ進めているうちに、岩棚の上にニッネカムイ（鬼《おに》）が座って魚を釣《つ》っているのに二人は気づいたのです。あわてた二人が舟の方向を変えて沖の方へ漕ぎはじめると、鬼は長い釣竿《つりざお》の糸をピューンと投げ、その釣針を舟の後ろに引っかけて岸辺へ引きよせました。鬼《おに》は大喜びで、

「いやあ、久しぶりでウペンカム（人間の肉）にありつけそうだ」

と言いながら、若者《わかもの》二人とわたしを左の小脇《こわき》に抱《かか》えました。右手には大きいクジラを一頭そのまま下げて、岩山をすたすたと登りはじめ、しばらく登ると鬼の住居《じゅうきょ》の洞《どう》窟《くつ》がありました。

入口からシララアパウシタ（石の扉《とびら》）六枚、カネアパウシタ（鉄の扉）六枚を開けては閉《し》めながら奥《おく》の方へ入っていくと、ずうっと奥には広い家のようなものがあって囲《い》炉《ろ》裏《り》もあります。鬼がその囲炉裏に大きい火をたきながら、ニコニコして、

「早く三人を一緒《いっしょ》に焼いて食ったら腹《はら》がいっぱいになるだろう」と言っているのです。

そのうち、太くて長い石の串《くし》を三本出してきて、若者やわたしをつかまえて串に刺《さ》そうとしました。そこでわたしは、

「鬼の大将《たいしょう》よ、お聞きください。わたしが今日《きょう》ここへ来たのは、あなたに食われるために来たのではありません。あなたのお嫁《よめ》さんになろうと思って来たのに、すぐにわ

たしを殺してしまうのですか。さあさあ、食うのはあとでもいいでしょう。一緒に寝《ね》ましょう」

わたしはさっさと帯をほどいて、鬼の寝床《ねどこ》へ入っていきました。すると鬼も、そうだっけ、というような顔をして自分の帯をほどき、わたしのそばへ横になりました。

「鬼の大将よ、そばへ寝るだけかい。さあさあ、今日は結婚《けっこん》の日ですよ。わたしの上へあがりなさい」

そう言いながら、わたしはあお向けになって両手と両足を広げました。鬼はいよいようれしそうな様子でわたしの上へあがり、ぴたりと胸《むね》と胸が合わさったとたんに、わたしはありったけの力を両方の足と手にこめ、鬼を抱《だ》きしめたのです。そうされると思っていなかった鬼は、一瞬《いっしゅん》の間身動きもできません。そこでわたしは二人の若者に、

「死にたくなければ、急いで鬼の刀でこれを斬《き》れ」

と言うと、二人はさっと立ち上がり、鬼の刀を抜《ぬ》いて鬼の首に斬りつけました。そこでわたしも起き上がり、三人がかりで裸《はだか》の鬼に斬りかかって、どうやら殺すことができたのです。殺した鬼の肉は切りきざまれても生きているので、肉と肉がお互《たが》いの方へ集まり、生き返ろうとするほど鬼は強かったのですが、ごみと一緒に斬りきざん

で、とうとう鬼を殺してしまいました。

そのあとでわたしたち三人は、鉄の扉六枚、石の扉六枚を開けて外へ出て、ようやくのこと崖《がけ》をつたって下りてきて、舟《ふね》の近くへ来ました。

若者二人はわたしを舟に乗せようとしたので、わたしは舟に乗らずに、鬼の刀を武器《ぶき》にして二人の若者に斬りかかり、斬り合いが始まりました。

何日も斬り合いをしても勝負がつかないでいると、どこからか一人の女がやって来て、二人の男にいいました。

「二人の兄よ、お聞きなさい。あなたたちはほかの国まで出かけて行き、娘《むすめ》をかどわかし、その娘に命を助けられながら、それでもこのようにしているのかい。死ぬなり生きるなり勝手にするがよい」

と言いながら、二人の若者の武具《ぶぐ》を置いて立ち去りました。二人はそれぞれその武具を身にまといましたが、わたしを斬ることも舟に乗せることもできずに何日かが過《す》ぎてしまいました。

ある日のこと、わたしの兄とイヨチの若者がやって来て、わたしを助け、わたしは無事《ぶじ》に生まれ育ったコタン（村）へ帰ってくることができたのです。

そして、今度は、本当の婚約者《こんやくしゃ》であるイヨチの若者とわたしは結婚《けっこん》し、何不自由なく暮らしています。
というわけで、ずうっと昔に鬼の国へ行き、危《あぶ》なく殺されそうになりましたが、とっさに機転をきかせて助かったものです、と一人の女が語りながら世を去りました。

語り手　平取《びらとり》町荷負本村《においほんそん》　木村まっとぅたん

（昭和39年5月22日採録）

解説

話を聞かせてくれた木村まっとぅたんフチ（おばあさん）は上品な感じの物知りの方でした。昔のアイヌ婦人《ふじん》の大方がそうであったように、口のまわりに入墨《いれずみ》をしていたものです。そして、荷負本村地域《におい ほんそん ちいき》に開設されていた季節保育所《ほいくしょ》の保母《ほぼ》を何年間もするなど、入墨をした保母さんとして慕《した》われていたものです。

今にして思うと、保育所ではアイヌ語、家では日本語というやり方をしていたら、子どもたちはアイヌ語と日本語を一緒《いっしょ》に覚えることができたかも、と勝手に思っているところです。

話を聞き終わってから、「この話を誰《だれ》から聞いたのですか」と尋《たず》ねると、姉のうしもんかさんから聞いたということでした。そして、うしもんか姉は沙流川《さるがわ》の河口《かこう》のピタラパ（門別《もんべつ》町富川緑《とみかわみどり》町）の人から聞いたといっていたそうです。

この話の内容《ないよう》ですが、なんといってもニッネカムイ（鬼《おに》）の大きさの表現《ひょうげん》は抜群《ばつぐん》、三人の人間を小脇《こわき》に抱《かか》え、大きいクジラを右手にぶら下げる様子、これはウウェペケレ（昔話）ならではの描写《びょうしゃ》です。

かと思うと、その鬼を色じかけで誘惑《ゆうわく》する。こういうのはさりげない猥談《わいだん》ですが、いやらしくなく聞こえるものです。ちなみに、アイヌ民族はとても猥談が上手《じょうず》ですが、あまり露骨《ろこつ》にならないように注意し、とくに子どもの前では気をつけます。うっかりして、子どもの前で露骨な言葉が出たら、辺りの大人《おとな》が、アペケシアンナ（薪《たきぎ》の燃《も》えさしがいる）といいます。それを聞いている子どもは、自分が薪の燃えさしといわれているのも知らないという具合です。もう一つ注意をうながす暗号言葉は、アペケシオヤオッ（薪の燃えさしが陸へ上がった）といいます。つまり、話が深みへ入ったから戻《もど》れという合図ですが、これも子どもは気がつかないからいいのです。

■アイヌの民具■エムシ（刀）　戦《いくさ》に使用したものではなく、水死人が出たり、火事があった時、神々をしかり、注意を促《うなが》す儀式《ぎしき》で使います。また、イヨマンテ（クマ送り）やお祝《いわ》いごとの時も、鞘《さや》から抜《ぬ》いて右手に持ちます。長さは八五センチくらい。刀帯《かたなおび》をエムシアッといい、右肩《みぎかた》にかけます。

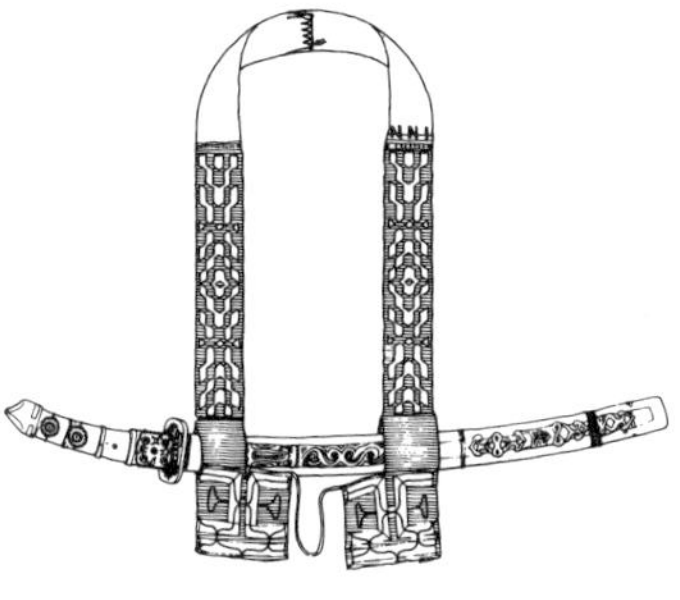

氷の井戸《いど》

私には父がいて母がいて、父は狩《か》りの名人で、毎日のようにシカやクマを捕《と》ってきました。母も働き者なので、私は何を欲《ほ》しいとも、何を食べたいとも思わないで育った一人の青年でありました。

今では、父が私にそうしてくれたように、私も父や母を本当に大切にし、おいしいものを食べさせながら暮《く》らしていました。

私が暮らしているコタン（村）では、一年に一回か二回シカの皮やクマの皮を舟《ふね》に積み、シサム（和人《わじん》）の所へ交易《こうえき》に行っています。それで、私も一緒《いっしょ》に連れていってほしいと頼《たの》むのですが、コタンの人はなぜか知りませんが、私を連れていってくれないのです。

いつものように、明日《あす》交易に行くために、コタンの人が準備《じゅんび》をしているのが見えたので、私も舟にたくさんの毛皮を積みこみ、一緒に行こうと思い、舟を押《お》し出すばかりにして寝《ね》ました。

夜明けを待って起きてみると、コタンの人は早くもずうっと沖《おき》へ行っていました。大急ぎで舟を出した私は、後を追うように舟をこぎ、舟に見えかくれしながら行くと、コタンの人は出迎《でむか》えのシサムたちに舟を引き上げてもらっています。

私も舟を岸辺へつけましたが、迎えてくれる人は誰《だれ》もなく、困《こま》っていると一人のシサムが近づいてきて、

「アイヌの若者《わかもの》よ、ここへ初めて来られたのですか」

と声をかけてくれました。

「初めて来た者で、仲よしにしている人もおらず困っているのです」

と私が言うと、そのシサムは、

「アイヌたちが来ても寄《よ》ってくれないので、誰《だれ》か知り合いがほしいと思っていたところなのです。それでは私の所へ来てください」

と言ってくれました。

私は大喜びで舟《ふね》から荷物を上げてそれを背負《せお》い、そのシサムのあとからついて行くと立派《りっぱ》な家がありました。私はその家へ入れられ、足を洗《あら》わされてから座敷《ざしき》へ通されました。

偉《えら》い殿様《とのさま》らしい人の前へ行って、飲んだこともなかった酒などを、たくさんごちそうになりながら、私はアイヌの狩《か》りの話などを殿様に聞かせ、殿様はいかにもシサムの殿様らしい話を聞かせてくれました。

いろいろな話をしたあと私も寝《ね》て、夜が明けて、殿様のいうことには、

「今日《きょう》は、海に近い町で八幡《はちまん》さんのお祭りがあるので、一緒に行って見物しよう」

と誘《さそ》ってくれました。私はお祭りなど見たこともないので、喜んでついて行くことにしました。海に近い町を歩き、八幡さんの社《やしろ》のある所へ着きました。辺りを見ると、たくさんのシサムがいて、それと大勢の殿様もいます。

八幡さんの近くに、立ち姿《すがた》の美しいウトゥカンニ（ミズキ）という木があり、これはアイヌがイナウ（木を削《けず》って作った御幣《ごへい》）を作る材料で、この木で削ったイナウを神にささげると、神さまの力が何倍にもなってアイヌのために役に立つと信じられているものです。

そこで私は、その木の枝《えだ》を二本切り取って、チェホロカケプ（上から下へ削ったイナ

ウ）というイナウを二本削り、八幡さんの神様にささげながら、
「私はアイヌです。知らない国の知らない神様ですが、神というものは、どこの神様でも同じと思います。アイヌが作ったイナウをあげますので、私を守ってください」

とオンカミ（礼拝《らいはい》）をしました。

そうしているうちに、一緒に行った殿様が私に、

「アイヌの国の踊《おど》りのようなものを見せてくれないか」

と言いました。そこで私は、

「踊りかどうか知りませんが、タプカラ（男の舞《まい》）という舞があります」

と言うと、

「それを見せてくれ」

と言うので、私はタプカラをすることにしました。タプカラというのは、いろいろなお祈《いの》りのあとに、男が立ち上がって両手を広げて前へ出し、ゆっくりと礼拝のしぐさを繰《く》り返しながら半歩ずつ足を前へ出し、力足を踏《ふ》みながら舞《ま》うものです。

私が立ってタプカラを始めると、不思議《ふしぎ》なことに、先ほど作って八幡さんへあげた二本のイナウが、人間の姿になってさっと立ち、私と一緒にタプカラをするのです。

一通り舞い終わって座《すわ》ると、たった今まで人間であったあのイナウは、もとのイナ

ウに戻っています。それを見て内心本当に驚《おどろ》きましたが、見ていた大勢の人や私と一緒に行った殿様も、大変喜んでくれました。それが終わってから、私は一人で昨夜泊まった殿様の住居《じゅうきょ》へ帰ってきました。

夕方になって殿様が帰ってきたのを見ると、顔を曇《くも》らせて何かひどく悩《なや》み苦しんでいる様子です。私が殿様に聞いてみると、

「浜《はま》の殿様がいうのには、『山の殿様よ、今日あなたと一緒に来たアイヌの若者《わかもの》は、あのように上手《じょうず》に舞を舞った。そればかりではない。木で削ったものが人間の姿になって一緒に舞っていた。あの者の力を試してみよう』ということになったのです。そして、『明日《あす》になったらもう一度連れてきて、氷の井戸《いど》へ一晩《ひとばん》入れておき、朝まで生きているかどうかを試してみよう』という無理難題《むりなんだい》をふっかけてきました。浜の殿様は精神《せいしん》が悪いので、私はいつもこのようにいじめられる」

と本当に困《こま》った顔をしながら、山の殿様は私に聞かせてくれました。

それを聞いた私も、氷の井戸がどんなものかわからないし、生きて帰れないかもしれないと心から悲しくなりました。山の殿様《とのさま》は私に酒を出して、

「アイヌというものは憑《つ》き神が強いものだという話を聞いている。なんとか助かるように、神々にお願いをしなさい」

と言ってくれるのです。私は、その酒を持って昼に行った八幡《はちまん》さんの神様へも、自分の守り神にも、どうぞ私の命を救ってくださいと、何度もお祈《いの》りをしました。

そのあと、殿様も寝《ね》てしまったので私も寝ましたが、明日《あす》のことを思うとなかなか眠《ねむ》れず、何度も寝返りばかり打っていましたが、まさか眠れると思っていなかったのに、いつの間にか眠ってしまいました。

どのくらい眠ったのでしょう。夢枕《ゆめまくら》に立派《りっぱ》な神様が立ったのです。その姿《すがた》は白いひげを生やし、白装束《しろしょうぞく》に身を固《かた》め、私に聞かせてくれた言葉は次のようなものでした。

「アイヌの若者《わかもの》よ、私は今日《きょう》お前が行った八幡神社の神だが、かねてからアイヌが作ったイナウを欲《ほ》しいと思っていた。それをお前が知っていたかのように、イナウを作ってくれた。そのうえ、舞《まい》を舞《ま》ってくれたので、さっそく私はお前からもらったイナウに魂《たましい》を与《あた》え、お前と一緒《いっしょ》に舞いを舞わせた。

それなのに、浜《はま》の殿様は精神《せいしん》が悪いので、お前と知り合いになった山の殿様のことをねたみ、お前を殺そうとして、氷の井戸《いど》へ入れようとしている。今まで、あの氷の井戸へ入れられた者で、生きて上がれた者は一人もいないが、イナウをくれたお礼として、私が助けてあげよう。

ここへ一本の扇《おうぎ》を持ってきた。これの片面《かためん》には日輪《にちりん》の絵、もう片面には台風《たいふう》の絵が描《えが》いてある。明日になってお前が氷の井戸へ入れられたら、日輪の方を自分に向けて広げるだけで、死ぬことはないであろう。生きて上がれたら、すぐに台風の方を浜の殿様へ向けてあおぐがよい。そうすると、どうなるかわかるはずだ」

と言いながら、一本の金の扇を私にくださったような夢を見ました。

夢だったかと思いながら夜が明けてみると、本当に一本の金の扇が枕元にありました。それを懐《ふところ》に入れて、昨日《きのう》も行った浜の方へ山の殿様と二人で行き、浜の殿様の家へ着きました。すると待ちかまえていた大勢の者が私をつかまえて、石で造《つく》られた井戸の中へ入れました。井戸の中は氷がいっぱい詰《つ》められていて、石でできた重いふたをされてしまいました。

井戸の中は氷ばかりなので寒かったのですが、あの扇を出して日輪の絵の方を自分の方へ向けると、少しも寒くなく、いい気分で一晩《ひとばん》が過《す》ぎました。

朝になると、大勢の人ががやがやいいながら来る声がして、昨日ここへ入れたアイヌが生きているか死んでいるか見てみよう、と重い石のふたを開けました。井戸の中から私は、さっと飛び上がると、ほかの者は驚《おどろ》いて逃《に》げましたが、私の知り合いの山の殿様だけは走ってきて、私の背中《せなか》をたたきながら、「よかった、よかった」と涙《なみだ》を流して喜んでくれました。

私は大急ぎで浜の殿様の家へ行き、金の扇の台風の方を向けてあおぐと、家も飛び、人間も転がるような強い風が吹《ふ》きあれ、町が全滅《ぜんめつ》しそうになりました。すると、あの精神の悪い浜の殿様は大地に両手をついて平伏《ひれふ》し、

「私が持っている金の入った倉六つと、穀物《こくもつ》の入った倉六つを、あなたにあげますので、命だけは助けてください」

と泣《な》いて私に頼《たの》みました。それを見ていた山の殿様は、私の腕《うで》にすがりつき、

「頼むから命だけは助けてやってくれ。殺してしまったら、もらえる物ももらえなくなる」

と私に言いました。そこで、もう一度浜の殿様に本当かと聞くと、本当に自分が持っている金倉《かねぐら》六つ、穀倉《こくぐら》六つをくれるというので、私はあおぐのをやめました。すると、大荒《あ》れに荒れた嵐《あらし》はやみ、もとのようないい天気になりました。

そこで、山の殿様と二人で八幡さんの所へ行き、もう一度イナウを作って神様にあげながらお礼をいい、あの金の扇も神様に返しました。山の殿様が、

「明日《あす》にでも、浜《はま》の殿様《とのさま》からもらったものはペンチャイ（帆掛《ほか》け船）で送りとどけるので、早く帰りなさい」

と言うので、私は帰ることにしました。また山の殿様は、

「それと、ここの国はいろいろなことがあるので、これからは絶対《ぜったい》に来ないように」と聞かせてくれたので、私は、

「もう来ません」

と言いながら、自分の小さい舟《ふね》でコタンへ帰ってきたのです。

コタンへ帰ると、父の話では、

「コタンの人が帰ってきても、一人息子《むすこ》のお前だけが帰ってこないので、これはいいことではないと思い、神々にお前の無事《ぶじ》を念じていた」

ということです。シサムの国での出来事を父や母に聞かせると、

「それはそれは、シサムの国の神が守ってくれたとは、ありがたい。こちらからイナウや酒を贈《おく》ろう」

と何度も何度も父と母と一緒《いっしょ》に礼拝《らいはい》を重ねました。

何日か過《す》ぎると、ペンチャイが来て、私の所へいろいろなものがたくさん届《とど》けられました。それをコタンの人に分けあたえるなどしながら、私も何不自由なく暮《く》らし、美しいお嫁《よめ》さんももらい、たくさんの子どもも生まれました。そのうち父も母も年を取って死んでしまい、私もすっかり老人になってしまいました。

そういうわけで、昔、シサムの国へ一回だけ行ったことがあって、危《あぶ》なく殺されか

かりましたが、何気なくあげたイナウのおかげで、八幡《はちまん》さんの神様に助けられたものです。

だから今いるアイヌよ、いい心で作ってあげるイナウには、魂《たましい》が宿り、神々が喜び、危難《きなん》を救ってくれるものだから、イナウを大事にしなさい、と一人のアイヌの老人が語りながら世を去りました。

語り手　平取《びらとり》町荷負《におい》本村《ほんそん》　木村よそ

（昭和36年10月29日採録）

解説

アイヌのウウェペケレ（昔話）は大きく分けると、普通《ふつう》の昔話、つまり完全にアイヌ社会だけのものと、シサムウウェペケレ（和人《わじん》の昔話）があります。しかし、この話は、その和人の昔話ではありません。和人が話の主人公ではないからです。この話では、主人公のアイヌが交易《こうえき》に和人の所へ行った話で、かなり具体的に語られています。話の中では、キムンマチヤコットノ（山の町をつかさどる殿《との》）、ピスンマチヤコットノ（浜《はま》の町をつかさどる殿）、つまり善玉《ぜんだま》と悪玉が出てくるわけです。

テープには「ハチマンサン」というふうに、はっきりと日本語で出てきますが、ジンジャ（神社）という言葉は一度も出てこなかったので、なるべく「神社」という訳語《やくご》を使わないようにしました。

この話を聞かせてくれた木村よそフチ（おばあさん）は、いつもニコニコと明るい方で、話の中では、三分の一ぐらいを日本語でしゃべっています。そのため、アイヌ語から日本語に移行《いこう》する過程《かてい》を知るうえでは、大事な話の一つであろうと思っています。

それと、イナウを日本風の神社へあげる描写《びょうしゃ》などは、昔話の世界だけではなく、実際《じっさい》に平取本町《びらとりほんちょう》にある義経《よしつね》神社へは、昭和二十年代までイナウを奉納《ほうのう》していたものです。

この話では、イナウというものはアイヌの神だけが喜ぶものではなく、日本風の神も喜ぶものであるから、大切に丁寧《ていねい》に用いるように、と教えています。

■アイヌの民具■チプ（丸木舟《まるきぶね》）　チ（われら）、オプ（乗るもの）が原義で、昔のアイヌにとっては生活必需《ひつじゅ》品でした。舟の材料はスス（バッコヤナギ）が最高で、次がランコ（カツラ）です。しかも、太くてまっすぐなものを選びます。安定のよい舟を造《つく》るには、立ち木の北側を舟底にすることが絶対条件《ぜったいじょうけん》です。北側は日当たりが悪く、成育が遅《おそ》くて年輪が詰《つ》まり、重いからです。まさかりで木の皮をはぎ、内側をくり抜《ぬ》き、次に外側を削《けず》ります。寸法《すんぽう》は平均《へいきん》で全長六メートル四〇センチ～七メートル、幅《はば》四七センチ、深さ三〇センチ、舟底厚《あつ》さ一〇センチくらいです。

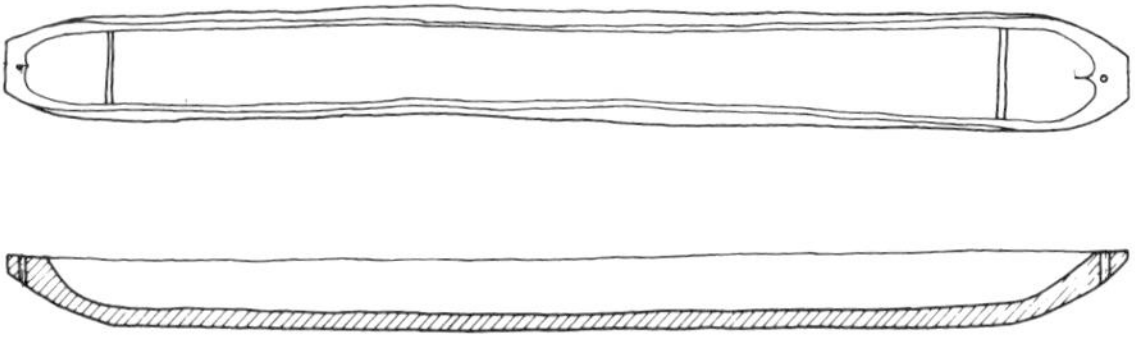

ヘビの血

私には母がいて父がいて、本当に物持ちの家で、何が欲《ほ》しいとも、何が食べたいとも思わないで暮《く》らしていた一人の若者です。

父がしばしば私に聞かせてくれる話では、

「私たちが暮らしているこのコタン（村）からずうっと下流に、お前の叔父《おじ》がいて、そこには男二人と女一人の子どもがいる。そのうちの娘《むすめ》をお前の嫁《よめ》にもらうことに前々から話をしてあるので、いつの日かその娘の顔を見に行くがいい」

と私に聞かせてくれていました。私は行ってみたいと思ってはいたのですが、暇《ひま》がないような気がして、しばらくの間行かないでいました。

ある夏のこと、父があまりうるさくいうので、行ってみようと思い、出かけました。家を出てしばらく歩いていくと、どこからか知らないが、何者かの大いびきが聞こえるのです。立ち止まっては辺りを見回し、いびきの主《ぬし》を探《さが》してみてもわかりません。それも私が歩くと聞こえて、立ち止まると聞こえないという具合です。

足音をさせないように、だんだんといびきのする方へ近づくと、それは地上ではなく、高い立ち木の上から聞こえてきたのです。その木の上へ目をはわせると、なんと、そこには大蛇《だいじゃ》がいたのです。太い立ち木が三本の対《つい》になり、枝《えだ》が広がっている上に、太く長い体をぐるぐると巻《ま》いて、いびきをかいています。

それを見た私は、本当に驚《おどろ》きましたが、大蛇がこのまま私を見逃《みのが》すわけはないと思い、さっと走りました。すると、大蛇は木の枝の上から滑《すべ》るように下りて、私を追いかけはじめました。私の走る速さは、普通《ふつう》の人の二倍ぐらい速いはずでしたが、二人の間、いや違《ちが》った、私と大蛇の間の距離《きょり》はみるみる詰《つ》まり、もはやこれまでと思った時です。

前の方に、太い立ち木が風で折れてできた空洞《くうどう》になっている所へ、スズメほどの大きさのハチの大群《たいぐん》がいるのが見えました。それを見た私は、私より先へ言葉を走らせ、「ハチの神様、私を助けてくださあい。アイヌは酒やイナウ（木を削《けず》って作った御幣《ごへい》）

でお礼をするものですから、助かったら、それらを持ってお礼をし、いつまでも神として祭ります。わたしを追いかけている化け物大蛇を殺してえ」

と叫《さけ》びました。

高い声で叫びながら、ハチが群《むら》がっている半分に折れた木の下を、私はさっと走りぬけました。私が走りぬけたそのあと、急に静かになったような気がしたので、後ろを見ると、あの大蛇の体を赤いござで包んだかのように、真《ま》っ赤《か》にハチの群《む》れがとまっています。

スズメほどの大きさのハチの大群に襲《おそ》われた大蛇はのたうちまわり、苦しんでいましたが、間もなく死んでしまいました。それを見た私は大急ぎで家へ帰り、父にその話をしました。父は、

「ハチの神様が助けてくれなかったら、たった一人の息子《むすこ》がどうなったものか」

と言いながら、私の無事《ぶじ》を泣《な》いて喜んでくれました。そのあと、たくさんのお酒を醸《かも》し、美しいイナウを削って、ハチの神様へお礼として贈《おく》りました。

ハチの神様への感謝《かんしゃ》のお祈《いの》りやら祭りを終えたあと、父がいうことには、

「これからあと、三年の間は狩《か》りのために山へ入ったりしないように」

ということでした。父にいわれたとおり、私は三年間山へ行かずにいました。そし

て、ようやくのこと、三年が過《す》ぎました。

ある日のこと、私はコタンを流れる川の上流へ向かって少し行き、それから川が二股《ふたまた》に分かれたので、かなり大きい沢《さわ》の方をずんずん登っていきました。すると、その沢の上流に広い沼《ぬま》が見えました。こんなところに沼があったかな、と思いながら近づくと、驚《おどろ》いたことに、三年前のあの大蛇《だいじゃ》が沼の縁《ふち》をぐるっと巻《ま》くような形で、長々と寝《ね》そべっているのです。

それを見た私は、どうせ殺されるなら少しでも斬《き》ってやろうと思い、腰《こし》のタシロ（山刀《やまがたな》）をさっと抜《ぬ》いて、えいっとばかりに斬りかかりました。すると思いのほかうまく斬ることができて、大蛇を二つから三つに斬り分けました。

死んだ大蛇から流れた血が沢へ流れこみ、沢はまるで血の沢といえるほど真っ赤《まっか》になって流れています。その血の沢を見ていた私が、こともあろうに、その血の沢の水を飲みたくなったのです。

こんなもの、飲んではいけない、飲んではいけないと、いくらがまんしても、とうとうがまんしきれず、私は腹《はら》ばいになって水面に顔を押《お》し当て、ゴクン、ゴクンと飲んでしまいました。腹いっぱいに飲み終わって、初めてわれに返って、ああ、これでとうとう大蛇に負けた、そう思ったとたん、悔《く》やし涙《なみだ》が私の顔の表を滝《たき》のように流れ落ちました。

　私は草の上へごろりと横になって泣《な》いているうちに、いつの間にやら眠《ねむ》ってしまい、夢《ゆめ》なのか、幻《まぼろし》なのか、一人の美しい女が私のそばへ来ていうのは、次のような言葉でした。

「アイヌの若者《わかもの》よ。わたしはヘビの女神《めがみ》だが、神の国でわたしに似合いの男を探《さが》したが見当たらず、アイヌの国へ目をやったら、お前がいた。三年前に、お前が婚約者《こんやくしゃ》の所へ出かけるのを見たわたしは、お前を殺して命をもらおうと思ったが、ハチの神にじゃまされて逆《ぎゃく》に殺されてしまった。

　今日《きょう》、お前が山へ来るのを見たわたしは、ここで待ち、普通《ふつう》のやり方では命を取れないと思ったので、わざと殺され、わたしの血を飲ませたのだ。これでお前は近いうちに死に、神の国でわたしと夫婦《ふうふ》になることが決まった」

　と、一人の女が言ったのを、見たか聞いたかしたような気がして、目を覚ましました。

　私は大急ぎで家へ帰り、家の中へは入らずに家の外から父を呼《よ》び、山であったことを事細かに聞かせました。父は、一人息子《むすこ》を化け物へビに取られてなるものかと、山へ私を連れていって、立ち木の神へお願いするやら、川へ連れていって、川の神へお願いするやら、ありとあらゆる神の名を呼びならべ、私を守るようにお願いをしてくれました。

しかし、化け物ヘビの呪術《じゅじゅつ》が上であったらしく、私の体はすっかり腫《は》れあがり、目も口もわからなくなるほどになってしまいました。

うわさを聞いた私の許嫁《いいなずけ》も、二人の兄と来てくれましたが、手の施《ほどこ》しようのない私を見て、泣きながら帰ってしまいました。

日一日と腫れあがった私の体は、今度は肉が溶《と》け落ちてきました。そのような私を、父や母は神々に救いを求めるやら、いろいろと手当てをしてくれましたが、私はもう死ぬばかりです。

そのようなわけで、生まれ育ちは何不自由のない若者であった私が、化け物ヘビに魅入《みい》られ、このような死に方をしようとしています。

だから、今いるアイヌよ、どんな恵《めぐ》まれた家庭に生まれても、悪魔《あくま》に魅入られることもあるものだから注意しなさい、と一人の若者が語りながら世を去りました。

語り手　平取町《びらとり》荷負本村《におい ほんそん》　黒川きよ
（昭和36年10月29日採録）

解説

大蛇《だいじや》の話はしばしばありますが、めったにアイヌが負けることはないものです。しかし、この話ではアイヌの若者《わかもの》がヘビの女神《めがみ》?に魅入《みい》られ、とうとう死んでしまいます。

昭和三十六年当時は、テープレコーダーは大変珍《めずら》しい道具でした。したがってマイクを向けられると、語り手のおばあちゃんたちは緊張《きんちょう》してしまって、いうことを忘《わす》れたりして大事な部分の、「だから、こうしてはいけません」とかを忘れてしまいます。そこで、語り手が明らかにいい忘れていると思われる部分は、私が翻訳者《ほんやくしゃ》の責任《せきにん》で補足《ほそく》しました。

それと、おばあちゃんたちはテープそのものが大変高価《こうか》なものと思って、なるべく長くしゃべらないことが、録音者の私を助けることと思ってくれたふしもあります。

いうまでもありませんが、補足のしすぎなどのないように注意しました。またウウェペケレ（昔話）には常套句《じょうとうく》というものがあり、それらを大事にしました。

しかし、だんだんとマイクに慣《な》れたおばあちゃんたちは、いい忘れのないように注意してくれるばかりでなく、マイクをもっと近づけろなどと、気を遣《つか》ってくれるようになったものです。

この話の語り手の黒川きよフチ（おばあさん）は、あいきょうのいい方で、少し、ほんの少しお酒を飲むと、「下手《へた》でもあいきょうだ」と、率《そっ》先《せん》して歌い踊《おど》る方でした。そのためあだ名を「へたばあさん」とつけられ、コタン（村）の人気者でもありました。

子どものころに大ヘビの話を聞くと、本当にいるような気がして恐《おそ》ろしかったものです。アイヌ語で語られたテープを聞くと、子どものころの恐ろしさが迫《せま》ってきます。アイヌ語で聞いてほしい、とつくづく思いました。

■アイヌの民具■マタンプシ（鉢巻《はちま》き） 明治三十年ころまでは、男が狩《か》りに行く時、髪《かみ》が乱《みだ》れないようにこれで頭を縛《しば》りました。美しいししゅうで、多くは女性からの贈《おく》り物です。その後、女性もするようになりました。女性用は別にヘコカリプという黒布《くろぬの》の鉢巻きがありました。

二《に》羽《わ》のカラス

私の父は、ユペッという川筋《かわすじ》に暮《く》らしている人で、一人息子《むすこ》である私を大事に大事に育ててくれて、私は何を欲《ほ》しいとも何を食べたいとも思わないで、一人前の若者《わかもの》として成長しました。

子どものころから狩《か》りの仕方を父に教えられた私は、このごろでは狩りの腕《うで》が父よりも一歩優《すぐ》れているのではないかと思うほど、多くのシカやクマを捕《と》ってくることができるようになりました。狩り上手《じょうず》の私を見た母は、

「さすが父の教えがあったおかげで、息子がこれほど多くの獲物《えもの》を運んできてくれる」

と言いながら、私のことを褒《ほ》めてくれます。このように母にいわれながら、私

たち親子は毎日二人で山へ行き、シカやクマを捕ってきては、何不自由なく暮らしていました。

ところがある時から、父は狩りにも行かず、朝の食事が終わると、囲炉裏端《いろりばた》へごろんと横になって、背中《せなか》あぶりをして寝《ね》てばかりいます。どこか体の具合でも悪いのなら、食べ方が減《へ》るかもしれないのに、食べ物は普通《ふつう》に食べているし、病気ではないらしく、痛《いた》い所もない様子です。

そうしている父を見ながら、私は毎日一人で狩りに行き、今までと同じようにたくさんの獲物を家へ運んでくると、母は心から喜びながら、その肉を家の中へ運び入れてくれては私を褒めます。

私が一人で狩りに行くようになってからしばらく過《す》ぎましたが、父は相変わらず、食べ物を普通に食べては寝てばかりいます。

ある日のこと、私はいつもと同じように一人で狩りに行き、大きなシカを一頭捕《と》って、その肉を背負《せお》い、ウンウンいいながら山を下りてきました。あと一息で家へ着くほどの所まで来ると、母が何やら小さい荷物を背負って、泣《な》きながら走ってきました。

私はどうしたことだろうと思い、立ち止まっていると、母は私のそばまで来て、

「息子《むすこ》よ、家へは帰らないでほしい。わたしは知らなかったが、父はお前をのろい殺

そうとして、毎日寝《ね》ていた」

と言うのです。さらに母の話を聞くと、

「今日《きょう》の昼ごろ、久しぶりにお前の父が起きていうことには、『妻《つま》であるお前と二人で暮《く》らしていた時は、私は狩《か》りの名人として有名であったけれど、このごろは息子の方が狩りが上手《じょうず》になり、父である私のことは誰《だれ》もうわさにもしてくれない。腹《はら》が立ったので、息子を殺そうと思い、山にいるいろいろな神に息子を殺すように頼《たの》んだが、どの神も息子を殺してくれないばかりでなく、息子は帰ってきても、山で恐《おそ》ろしい思いをしたことが一つもなかったらしく、怖《こわ》かった話の一言もしゃべらない。こうなったら、神に頼まないで、息子の通り道にクマ捕り用の　仕掛《しか》け弓《ゆみ》を何か所かに仕掛け、毒矢《どくや》で息子を殺すから聞くがよい』とわたしに腹の内を打ち明けたのです。驚《おどろ》いたわたしは、『息子が狩りが上手で物持ちになったのを、ねたむ親がどこの国にいるものだ』と泣きながら悪口を言い、思いとどまるようにいったけれど、お前の父は返事もせずに炉端《ろばた》へ横になり、背中あぶりをして寝ている。

精神《せいしん》の腐《くさ》ったお前の父は、どんな方法かでお前を殺すかもしれない。母のわたしはどうなってもかまわないが、お前は家へ帰らずに別の方の川へ逃《に》げていってくれ。わたしが背負ってきたこの小さな荷物は、お前のためにししゅうをしてあった着物などを、まとめて持ってきたものだ。それもお前の父に気づかれないように、そっと窓《まど》から外へ出して持ってきたのだ。

そこで、これから先のことだが、今、お前がそばを通ってきた高い山を登って、その向こう側へ下ると、そこには石狩川《いしかりがわ》が流れていると聞いている。石狩川の近くには、たくさんのコタン（村）があって、大勢のアイヌがいるという話なので、そこへ行って暮らすがよい。もしも無事《ぶじ》に暮らすことができるようになったら、母であるわたしが生きているか死んでいるかを見にきておくれ」

母は大声で泣きながらそう言ったのです。それを聞いた私は、背負っていた重いシカ肉をドサッと投げすて、母の手から小さい荷物をむしり取るように取って、今来た道を山の方へ向かって歩きはじめました。

母は私の姿《すがた》が見える間、泣きながら立っていましたが、私が山の上まで登って見えなくなると、家へ戻《もど》っていった様子です。母が戻ったのを見とどけてから、私は山を下りました。すると、そこには母のいったとおり本当に大きな川が流れていたので、私は川づたいにしばらく下っていきました。

すると一軒《いっけん》の狩小屋《かりごや》がありましたが、それは狩小屋とはいえないような大きな家でした。家からは煙《けむり》が出ているので、人間がいることがわかりました。私は本当に喜びながらその家に近づき、日《ひ》暮れも近いので泊めてもらいたいと思い、家の外で、「エヘン、エヘン」とせきばらいをして、家の中の人へ私が来ていることを知らせました。私のせきばらいの声を聞いたらしく、一人の美しい娘《むすめ》が出てきて、私の顔をちらっと見ただけで、家へ入りなさいともいわずに、引っこんでしまいました。私は、どうぞお入りくださいといいに、もう一度娘が出てくるのを待っていましたが、娘は出てきませんでした。少しの間、私は外で待っていましたが、娘が出てくる気配はまったくありません。私は勝手に家へ入りました。

家へ入ってみると、娘は一人で火に当たっていました。炉端へ座《すわ》った私は、両肘《りょうひじ》を脇腹《わきばら》へくっつけ、手を前へ出し、掌《てのひら》を上へ向け上下させる丁寧《ていねい》なあいさつをしました。あいさつを終えた私は、娘に向かって、

「どうしてこのような山の中に、一人でおられるのですか」

と尋《たず》ねました。

すると娘《むすめ》が静かに顔を上げていうのには、

「わたしは、石狩川《いしかりがわ》のほとりにあるコタンの村おさの娘で、妹一人と兄二人の四人兄弟で暮《く》らしています。昨日《きのう》ここの狩小屋《かりごや》へ来て、今日《きょう》から兄たちは山へ狩《か》りに行き、わたし一人が留守番《るすばん》をしているのです。間もなく兄たちが帰ってくるでしょう」

と言いました。そういい終わった娘は、立ち上がって夕食の支度《したく》を始めました。

そのうちに外で物音がして、二人の若者《わかもの》が入ってきましたが、よく見ると上品な若者たちで、兄弟らしく目つきがそっくりです。私を見た若者たちは、遠慮《えんりょ》しながら手を低く上下させ、丁寧《ていねい》なあいさつをしてくれました。あいさつの様子を見た私は、心の内でなんと礼儀《れいぎ》正しいしぐさだろうと驚《おどろ》きました。私も兄の方へ先にあいさつをし、次に弟へというふうに、若者たちに負けないように丁寧にあいさつをしました。それぞれのあいさつが終わると、兄の方が、

「どちらから来られた方ですか」

と私に聞きました。そう聞かれた私は、ここへ来た理由が恥《は》ずかしいからといって、それをいわないのはかえって失礼になると思ったので、少しも隠《かく》さず話しはじめました。

「父はユペッという川のほとりに暮らしている人で、私はその一人息子《むすこ》です。少年時代から父と一緒《いっしょ》に狩りに行き、クマの捕《と》り方やシカの捕り方を教えてもらい、このごろでは父と同じか父以上にたくさんの獲物《えもの》を捕ることができるようになりました。

父と二人で山へ行って、毎日毎日シカを捕りクマを捕っては、家へ運び何不自由なく暮らしていました。ところがある時から、父は山へ一緒に行くこともせずに、囲炉《いろ》

裏端《りばた》にごろりと寝《ね》て、背中《せなか》あぶりばかりしています。どこか悪いのなら食事も減《へ》るのでしょうが、どこも悪い様子はなく、食べ方も普通《ふつう》に食べて寝てばかりいたのです。そんなことにはかまわず、私は毎日一人で狩りに行っていたのです。

いつもと同じように、今日も一人で山へ行き、大きいシカを一頭捕って、その肉を背負い、山を下りてくると、母が泣《な》きながら私の方へ走ってきたのです。母はその背中に、小さな荷物を背負っていました。それが、ここへもってきている私の着替《きが》えの着物だったのです。

母の話によると、私があまりにも狩りが上手《じょうず》なので、私の方が有名になってしまい、父のうわさ話をする者がいないので、腹《はら》を立てた父が息子である私をのろい殺そうとしていたということです。

父がどのような方法を用いようとしたかというと、山にいる悪い神々に息子を食い殺すように頼《たの》んだけれど、息子は家へ帰ってきても恐《おそ》ろしい思いをした話の一つもしない。してみると、神々は息子を殺してくれる様子はない。こうなったら神々を当てにしても、息子を殺すことはできそうもないので、自分の手で殺すことにしたいと思っている。それで、今日は山へ行って、息子が山から帰ってくる時に通る道へ、クマ捕り用の仕掛《しか》け弓《ゆみ》を仕掛けて息子を殺したいので聞くがよい、と息子殺しの恐ろしい計画を打ち明けたということです。

それを聞いた母は震《ふる》えあがって、これは大変なことだ。息子が家へ帰ってこないうちに知らせようと、わずかばかりの着替えを窓《まど》から外へこっそり出して、私が帰ってくる方へ向かって走ってきたというわけです。

母からそのことを聞いた私は、背負っていたシカの肉をドサッと投げおろして、母の手から着替えの包みをむしり取るように取って、それを背負い、山を登り、ここへ来たら狩小屋があったのです。夕暮《ゆうぐ》れでもあり、遠慮しながらではありましたが、勝手に休ませていただいていました」

と私が身の上話を言い終わると、二人の若者は、驚きのあまり自分の口や鼻から魂《たましい》が飛び出ないように、両方の掌《てのひら》で鼻の穴《あな》や口をふさぎ、どこの国に自分の息子が有名になったのをねたみ、殺そうとする親がいるものか、と驚きあきれました。

私の話を聞き終わった二人の若者は、

「そのような事情《じじょう》ならここからほかへ行かずに、私どものコタン、石狩川で暮らしましょう」

と励《はげ》ましてくれました。さらに若者《わかもの》たちは、

「私どもは石狩川《いしかりがわ》の中ほどにあるコタンの村おさの子どもで、男が二人、女が二人の

四人兄弟です。昨日《きのう》狩《か》りのためにここへ来ましたが、二人いる妹のうち、姉の方を食事の準備《じゅんび》などをしてもらうために、一緒《いっしょ》に連れてきているのです」

と私に聞かせてくれました。そして、

「あなたのように困《こま》っている若者がいることを、父に知らせもせずに狩小屋《かりごや》にいると、後になって父からしかられます。明日《あす》一日だけ狩りに行き、何か捕《と》れたらそれを背負《せお》ってコタンへ帰ることにしましょう」

と言いました。私が、

「それはよい考えです。皆《みな》さんがいわれるように私もしますので、よろしくお願いします」

と返事をすると、二人は喜んでくれました。三人が話をしている間に、娘《むすめ》はおいしいものを煮《に》て、私たちに食べさせてくれました。

晩飯《ばんめし》を腹《はら》いっぱいになるまで食べると、二人の若者のうち、弟の方が三人の寝床《ねどこ》を並《なら》べて敷《し》いてくれたので、三人は頭を並べて寝ました。寝床の中でも私たちはいろいろな話をしましたが、私はいつの間にか眠《ねむ》ってしまいました。朝になって、あの娘が食事の支度《したく》をしている音で、私は目を覚ましたのです。

私たちは早々と起きて食事を済《す》ませ、三人で山へ入りました。長い峰《みね》をしばらく登

ると平らな場所があり、そこで立ち止まった兄の方が、

「ここから三方へ分かれて、思い思いに獲物《えもの》を追い、捕れても捕れなくても、この場所へ夕方までに集まりましょう。そして、先に帰る場合は木の枝《えだ》を切ってここへ横にして、〝先に帰りました〟と目印を置くようにしましょう」

と言いました。私は、

「そのようにしましょう」

と言いながら、いちばん奥《おく》の方の狩場《かりば》へ向かって歩きはじめました。

少し進むと、それはそれは大きなクマの足跡《あしあと》を発見しました。狩りの名人の私でも、今まで見たこともないほど大きな足跡で、その大きさといえば、シントコ（行器《ほかい》）のふたを伏《ふ》せたというか置いたような大きさです。そればかりではなく、たった今通った跡なのか、石を踏《ふ》んだ足跡はまだぬれているという具合で、すぐ目の前にいるという感じです。私は足音をたてないように、静かにではあるが急ぎ足でクマのあとを追いかけました。

しばらく行くと、かなり遠くの方にクマが歩いているのが見え、その様子はまるで小さな山が右へ揺《ゆ》れ、左へ揺れしながら行っているように見えました。背中から脇腹《わきばら》にかけての毛の色は金色に輝《かがや》き、見ただけで位の高いクマであることがよくわかるほ

ど神々しい姿《すがた》です。

大急ぎでクマの右横へ回って右膝《ひざ》を大地へつけ、左膝の上へ左肘《ひじ》を置いて弓《ゆみ》を構《かま》え、大きなクマの右脇腹へ毒矢《どくや》を一本射《い》こみました。矢を受けたクマは一瞬《いっしゅん》立ち止まりましたが、ぐるっと方向を変えて、山を下りはじめたのです。

どのくらい歩いたのでしょうか、私は昨夜泊《と》めてもらった狩小屋に近くなったような気がしました。そこで、改めてもう一本の矢をクマの左側から射こむと、クマはドタッと倒《たお》れました。けれども急にそばへ寄《よ》らずに、しばらくしてそこへ行ってみると、クマは完全に死んでいました。死んだクマの体をうつ伏せにして、両方の前足の上へ鼻をのせ、手で毛並《けな》みを整えたあと、私は前へ座《すわ》って丁寧にオンカミ（礼拝《らいはい》）をしました。

「今日《きょう》はもう日暮《ひぐ》れも近いので、位の高い神であるあなたを、私一人では動かすこともできません。明日になったら、一緒に泊まっている若者たちとお迎《むか》えにまいりますので、その間は、このネウサラカムイ（話相手の神）とお話をしていてください」

と言いながら、近くの木を切って話相手の神をつくり、クマ神のそばへ置きました。

それから、今朝《けさ》若者たちと別れた所へ行ってみると、木の枝が横になっていて、若者たちが先に帰った印になっていました。それを見て安心した私は、狩小屋目ざして歩きはじめました。

少し歩いたところで、今朝《けさ》から歩き続けていたので、ちょっと休んでから帰ろうと思い、一本の太いナラの木の下に腰《こし》を下ろしました。すると、海の方からカラスが一《いち》羽《わ》飛んできて、私が休んでいる木の上へとまりました。また、山の方からもカラスが一羽飛んできて、同じように木の上へとまりました。驚《おどろ》いたことに、その二羽のカラスが、人間の言葉で話を始めたのです。

山の方から来たカラスが、海の方から来たカラスに、

「海の方から来たあなたは、何か珍《めずら》しいものか、恐《おそ》ろしいものを見なかったかい」

と尋《たず》ねました。すると、海の方から来たカラスは、

「珍しいものも、恐ろしいものも見ませんでした」

と答えました。

今度は海の方から来たカラスが、山の方から来たカラスに、

「山から来たあなたは、何か珍しいものか、恐ろしいものを、見るか聞くかしなかったのかい」

と尋ねました。すると、山の方から来たカラスがいうのには、

「心配というか、気がかりなことは、この木の下に休んでいる若者《わかもの》、ユペッから来た

者に一つだけ心配なことがあるのです。というのは、昨夜泊《と》まった家の兄弟二人は精《せい》神《しん》のいい若者たちですが、あの姉娘《むすめ》が本当に精神のよくない者なのです。昨夜泊まった若者を見て、これほど器量のいい若者を家へ連れていったら、村一番国一番の器量のいい妹がいるし、とうてい自分はその妹にかなうものではない。連れて帰った若者が妹と結婚《けっこん》をして、自分が指をくわえて見ているより、今夜のうちに毒を食わせて殺してやろう、と思っているのが心配なのです。若者が、もしも毒を盛《も》られたのを知らずに食ったら大変なことです」

と二羽のカラスが話し合っているのが聞こえました。

カラスが話をしていたのを聞いた私は、なんと自分は不幸な男なのだろうか、行く先々で殺されそうになるとは、と思いました。私はそれが腹《はら》立たしくもあり、また悲しい気持ちになりました。

カラスの話を聞いているうちに、すっかり日が暮《く》れかかりました。大急ぎで昨夜泊めてもらった狩小屋《かりごや》へ帰ってくると、二人の若者はぷんとほおを膨《ふく》らませて、心配そうな顔をしているのです。そこへ私が帰ると、二人そろって立ち上がり、大喜びで私を迎《むか》えてくれ、

「あなたの帰りが遅《おそ》いので、私たち二人は心から心配をして待っていたのです」

と言ってくれました。そして、二人とも獲物《えもの》に巡《めぐ》り会うことができず、空《から》もどりであったということでした。

私の顔を見た二人は、すっかり元気を取りもどし、ニコニコしながら、いろいろな話を私に聞かせてくれます。カラスの話を聞いて気がめいっていた私は、二人の話に返事が必要な時は返事をし、必要のない時は返事をしないでいました。

そのうちに、あの姉娘は食事の用意をして、二人の兄へお椀《わん》を渡《わた》し、それを受け取った二人はさっそく食べはじめました。私に寄《よ》こすお椀を手に持った姉娘は、陰《かげ》の方へ向き、何かを先に入れ、その上へ食べ物を盛ったのが見えました。

その様子を、私はじっと目を離《はな》さずに見ていたのです。私が見ていたことも知らずに、姉娘は私にお椀を寄こしたので、私はそれを受け取って、自分のそばの炉縁《ろぶち》の上へお椀を置きました。

食べようとしない私の様子を見た二人の若者は、

「おなかがすいているでしょうに、さあ早く食べなさい」

と言ってくれました。そういわれた私は、腹を両手で押《お》さえながら、

「なぜか腹が痛《いた》いので、もう少しあとで食べます」

と、うそを言いました。

そうこうしているうちに、二人の若者は食べ終えて姉娘へお椀を戻《もど》し、姉娘がそのお椀を受け取るのと同時に、私の前へ置いてあったお椀を取って、犬の餌箱《えさばこ》へさっとあけました。何匹《なんびき》もいた猟犬《りょうけん》のうちでも、特別《とくべつ》大きい雄犬《おす》が、他の犬には一口も食わせないようにして、一頭でそれを食ってしまいました。食い終わった大きな雄犬《おす》は、間もなく手足をバタバタさせ、ワナワナと震《ふる》えて、あっという間に死んでしまいました。

それを見た二人の若者《わかもの》は同時に立ち上がり、姉娘《むすめ》の髪《かみ》の毛を両手に巻《ま》きつけ、外へ引きずり出して、

「お前は若者に毒を盛《も》ったのだろう。それに気づいた若者は、お椀《わん》の中のものを食べなかったから死ななかったが」

と言いながら、殺してしまうのではないかと思うほど姉娘をめちゃめちゃに殴《なぐ》り、あるいは足で踏《ふ》みつけながら、

「なんのためにそのようなことをしたのか」

と聞きました。姉娘は大声で泣《な》きわめきながら、

「こうなっては、先祖《せんぞ》や神々から罰《ばつ》を受けることになる。隠《かく》そうとしても、犬が死んで証拠《しょうこ》ができてしまった。わたしが悪い精神《せいしん》をもってしまったわけをいうと、この若

者があまりにもいい男だし、もしわたしがコタンへ一緒《いっしょ》に帰ったとしても、わたしの妹の美貌《びぼう》にはかなわないので、若者はきっと妹と結婚《けっこん》するに違いない。それをうらやましい思いで一生見ているよりも、一思いに殺してやろうと思って、お椀の中へ毒を入れたが、このような悪い精神を神が見のがすはずがなく、ばれてしまった。こうなったら、殺されようとどうされようと、仕方がない」

二人の兄に殴られ、姉娘が泣きわめきながらそう言っても、二人は悪い姉娘を容易《ようい》に許《ゆる》そうとはせず、もう少しで殴り殺してしまうぐらいにいじめ、ドサッと投げすてしまいました。それでも姉娘は死ぬこともなく、苦しそうな声をあげて泣いています。

二人の若者のうちの弟の方が、

「もしかして、鍋《なべ》の中にも毒が入っているのだろうか」

と言いながら、しゃもじで鍋のものをすくって味をみて、「これは心配ない」と言いながらもう一度火にかけました。また、お椀をきれいに洗《あら》って、新たに食べ物を出してくれたので、私は腹《はら》いっぱいになるまで食べ、鍋もお椀もしまったあとで、初めて大きなクマを捕《と》った話を二人に聞かせました。

今までたくさんクマを捕ったが、あのように大きく、本当に神らしいクマを捕ったのは初めてであったことや、夕暮《ゆうぐ》れが近かったので、話相手の神をつくって置いてきた話など、詳《くわ》しく二人に聞かせました。私の話を聞いた二人は、何度も何度も礼拝《らいはい》を繰《く》り返し、本当に喜んでいます。いろいろな話をしたあとで、昨夜と同じように三人並《なら》んで寝《ね》ました。

夜が明けると、弟の方が早々と起きて、食事の用意をして私たちを起こし、私たちもさっそく起きて食事を終わらせました。すぐに、われわれ三人が昨日《きのう》のクマ神の所へ行くと、その場所は私が思った以上に狩小屋《かりごや》の近くでした。二人の若者は、

「狩小屋から遠くてもうれしいのに、これではまるで軒先《のきさき》のようなものだ」

と言いながら重ねて喜んでいます。

私は最初に、昨夜つくっておいた話相手の神へ丁寧《ていねい》にお礼をいってその魂を神の国へ帰し、そのあとにクマ神の前へ座《すわ》って礼拝をし、若者たちも同じように礼拝をしました。さっそくクマ神の毛皮をはぎはじめると、肉は少なく、まるで脂身《あぶらみ》ばかりのように丸々と太っています。ようやくのこと、その半分をはぎ、残り半分をはぐためにクマ神の体を返しましたが、三人でやっと返せるほど大きいものでした。

クマ神の頭は皮をつけたままにし、首から後ろは両方の前足、そして後足というふうに肉を外し、胴体《どうたい》も背負《せお》いやすいように小さく解体《かいたい》しました。私と二人の若者の兄

の方が肉を外すと、弟の方はそれを背負って狩小屋へ何回も何回も往復《おうふく》するという具合で、夕方近くまでかかって、ようやくのこと肉を運び終わりました。

クマ神の頭の皮ははがずに、後ろへ広い毛皮をつけたままで、私が背負いましたが、少し体を前かがみにしなければ歩けないほどの大きさというか重さでした。これをオルシクルマラプト（後ろへ毛皮のついた頭）といいます。私はそれを狩小屋へ背負ってきて、ロルンプヤラ（上座《かみざ》の窓《まど》）から中へ入れ、毛皮を丁寧に畳《たた》んだ上へ頭をのせて横座へ置きました。

ここで初めて、火の神とクマ神が対面します。火の神とクマ神には、人間が食べるものと同じものをあげます。若者《わかもの》たちがサケの干《ほ》したのをたくさん持ってきてたのを、大きな鍋《なべ》にいっぱい煮ました。鍋を上げてから、若者たちは私の前へ、マラプトイタンキという特別《とくべつ》大きいお椀《わん》とお膳《ぜん》をきれいに洗《あら》って出してくれたので、そのお椀へサケ汁《じる》を山盛《やまも》りにしてお膳にのせて、クマ神に供《そな》え、私たちも食べました。

そのあとで、改めて大グマの肉を煮て食べながら、若者たちといろいろな話をしているうちに夜中になりました。しかし、私はあの悪い姉娘《むすめ》のうめき声が耳ざわりで、なかなか眠《ねむ》れませんでした。

まさか眠れるとは思わなかったのですが、いつの間にか私は眠ってしまいました。

すると私の夢枕《ゆめまくら》に立派《りっぱ》な神様が現《あらわ》れました。その姿《すがた》は、黒い着物を重ね着して、長く伸《の》ばしている顎《あご》ひげの半分は白髪《しらが》になり、残り半分は黒いひげです。その神様が、にこやかに笑《え》みをたたえながら、次のようにいいました。

「私はずうっと昔から、お前の父に祭られていた位の高いクマ神であった。お前の父は本当は精神《せいしん》の悪い人間であった。お前がまだ子どものころはよかったが、一人前の若者に成長し、自分よりも狩《か》りが上手《じょうず》になったのを見て、だんだん憎《にく》らしくなってきたのだ。

それで、守り神である私に息子《むすこ》を殺してくれと、何回も何回も頼《たの》みこみの言葉を送って寄《よ》こした。私がよくよく見ると、お前は殺す理由のまったくない立派な息子なので、殺すどころか反対に守るように気をつけ、ほかの神へもいいつけて、絶対《ぜったい》に危害《きがい》を加えないようにいいわたした。したがってどの神々も、父からの頼みに耳を貸《か》そうとする神はいなかった。

毎日家で寝《ね》ているお前の父は、今日《きょう》こそは息子が山でクマに殺されるか、追いかけられて恐《おそ》ろしい思いをしたとか、という話を息子がするのを期待しても、息子にはまったくその様子がない。いよいよ腹《はら》を立てたお前の父が、自分の仕掛《しか》けた矢《や》でお前を殺そうと思っているのが見えた。

私たち神でさえも一本の矢で死ぬのに、これではお前を助けることができないと思い、あわてた私はお前の母を神の力で操《あやつ》り、お前の着物を窓《まど》から外へ出させ、それを持たせて山の方へ走らせた。そして、泣《な》きながら来た母から着物を受け取らせ、この石狩川《いしかりがわ》へお前を歩かせたのは、一日前に若者たちがここへ来ていたのを知っていたからだ。

私は若者たちが精神のいい人であることを知っていたし、お前がその若者たちと巡《めぐ》り会ったのを見た私は、安心して山へ戻《もど》りはじめた。山へ戻りはじめると、急にまたお前のことが心配になったので、山を下りてきて、三人が山へ狩りに来るのを待ち、わざと別々に歩かせ、そして、お前の矢を受け、神本来の姿にしてもらったのだ。

お前が話し相手の神をつくってくれたので、その神と話をしながらお前が帰っていくのを見ていたら、狩小屋《かりごや》にいる姉娘が、お前を殺そうとして毒を作っているのが見えた。殺したいと思った理由は、コタンへ帰っても美人である妹の方へお前の心が動くであろうと、しっとに燃《も》えた女心がそうさせたのだ。

そこで私は、カラスを二羽《にわ》、お前のもとへ急がせて、お前に聞こえるようにしゃべらせた。それを聞いたおかげで、お前は姉娘から目を離《はな》さずにいて、死なずに済《す》んだことは本当に幸運だった。

明日《あす》になったら、この若者たちとコタンへ帰るであろうが、若者たちの父親は本当にいい精神の人なので、神である私を送るために、さっそく酒を醸《かも》すことであろう。酒が醸され、私を神の国へ送るのにもほかの人に頼まずに、お前の手と口で送ってほしい。

それと、お前の父は私の手で罰《ばつ》を与《あた》えるので、お前が手をくだしてはいけない。これからは、私を第一番の守護神《しゅごしん》として祭りなさい。そうすれば、死ぬまでお前を見守ってあげよう」

という夢を見ました。

朝になってから、私は改めて何回も何回もクマ神に礼拝《らいはい》をし、二人の若者の弟の方が朝の食事を作り、それを食べ終わってから、私たちはコタンへ向かって出発することになりました。

後ろへ毛皮のついた頭が、あまりにも重いので、私は弟の方と交代しながら背負《せお》うことにし、一人分の荷物は軽くしました。兄の方は重い肉を背負い、あの悪い心をもった姉娘《むすめ》の首に縄《なわ》をつけ、縄の片方《かたほう》を自分の足に結わえて歩きはじめました。

私と二人の若者《わかもの》は、後ろへ毛皮のついたクマ神の頭を代わる代わる背負い、コタンを目ざして歩きました。私が頭を背負うと、軽い荷物を弟の方が背負い、弟の方が頭を背負うと、私が軽い荷物を背負うようにして、ようやくコタンへ着きました。

コタンの様子を知っている兄弟は、家の裏側《うらがわ》の道を通り、自分の家の東側の祭壇《さいだん》へクマ神を置きました。辺りを見わたした私は、家がたくさんあり、それも島ほどもある大きい家ばかりなのに驚《おどろ》きました。家々の外では、たくさんの薪《たきぎ》を二列にも三列にも積んであり、肉を干《ほ》す棹《さお》と、魚を干す棹は別になっており、屋外を見ただけでも、コタンの人の生活が豊《ゆた》かであることがよくわかります。

私が、弟の方の若者と二人で祭壇のそばで休んでいる間に、兄の方は足で引っぱってきた姉娘を、外に投げすてるように置き、背負っていた肉を私たちの近くへ下ろしました。そして私には、

「家の中へ入って、父と二人でクマ神を招《まね》き入れる準備《じゅんび》をしますので、しばらくお待ちください」

と言いながら家へ入っていきました。

大勢のコタンなので、あっという間に若者や娘たちが集まってきて、兄弟の家へ入って掃除《そうじ》を手伝っている音や声が聞こえてきます。その後、兄の方の若者が窓《まど》から顔を出して私に声をかけ、

「掃除が終わりましたので、家へ入って顔や手を洗《あら》ってから、クマ神を家の中へ迎《むか》え

入れてください」

と言いました。私が母から受け取って持ってきた衣類の包みを、小脇《こわき》に抱《かか》えて家の中へ入ってみると、すでに家の中には大勢のコタンの人が座《すわ》っています。

さっそく、私の顔や手を洗うお湯が用意され、私は丁寧《ていねい》に自分の手や顔を洗い、母のくれた包みをほどくと、包みの中には、ししゅうしたばかりの新しい着物が何枚《なんまい》も入れてありました。私はそのうちの一枚を着て、上座《かみざ》の窓の前に立って私を待っている兄の方の若者の前へ立ちました。

すると、祭壇の前にいた弟の方が、別の若者に手伝わせて、後ろへ毛皮の着いた頭を二人がかりで持ち、窓の外へ来ました。家の内側で待っていた私たちは、丁寧に礼《らい》拝《はい》をしてからクマ神を迎え入れ、横座の所へ安置《あんち》しました。

家の中ではクマ神を迎え入れるために、オキタルンペという全部に模様《もよう》の入った広いござを壁《かべ》に張《は》り、床《ゆか》に敷《し》きつめてあります。

最初に私がクマ神へ丁寧に礼拝すると、次に家主である老人が礼拝をしました。老人といっても、あまり年老いている人ではなく、まだまだ元気な人です。老人の次にその息子《むすこ》である二人の若者、そしてコタンの人たちというふうに、クマ神へ歓迎《かんげい》の言葉を次から次へと申しのべています。

その間に大きな鍋《なべ》がかけられ、たくさんのサケが煮《に》られています。そこで初めて、二人の若者のうちの兄の方が自分の母に向かって、

「あなたの立派《りっぱ》な姉娘が、神のようなこの若者に毒を盛《も》り、危《あぶ》なくこの若者を殺すところであった。狩小屋《かりごや》で姉娘を殴《なぐ》り殺そうと思ったが、父もおり母もおるのに勝手には殺せないので、ここまで引っぱってきて、外に投げすててある。あなたたちの手で、殺すなり、どのようにでも処分《しょぶん》するがよい」

それを聞いた父親が、「フム」と気合をかけながら外へ出たかと思うと、またしても殺すほどに殴っているような音がして、あの姉娘の泣《な》きさけぶ悲鳴《ひめい》は死の直前であるかのように聞こえます。父親が家へ入るのと代わって、母親が帯を高々と結び外へ出て、父親より強くたたいているその音は、手で殴る音ではなしに、何か物を持って殴っているらしく、カバッ、カバッと聞こえます。泣《な》くというよりも、断末魔《だんまつま》の悲鳴《ひめい》のような声が途絶《とだ》えがちになったころに、母親がどこかへ引っぱっていったらしく、姉娘《むすめ》の声が聞こえなくなりました。

そこで初めて、家主の老人がいうのには、

「これほど位の高いクマ神を酒なしでは送れないので、酒を醸《かも》すことにしよう。それも今夜のうちにだ」

と言い、さらに大急ぎでコタン中を走り回って、麹《こうじ》のある者は麹を持ってくるように、精白《せいはく》のヒエでもアワでもある者は持って集まるようにと、コタンの上の方へ、また下の方へ使いの若者《わかもの》を走らせました。

それと同時に、老人は大きな鍋《なべ》を洗《あら》って火にかけさせ、コタンの人が持ち寄った精白のヒエやアワをきれいに洗い、粥《かゆ》を煮《に》はじめました。片方《かたほう》では、サカエナムテㇷ゚という舟《ふね》のような形の木彫《きぼ》りの器を何個も出し、そこへ粥を移《うつ》し、人肌《ひとはだ》の温度と同じぐらいになるまで冷ますという手際《てぎわ》のよさです。冷めた粥に麹を混《ま》ぜ、それを大きなクトシントコ（帯のある行器《ほかい》）にいっぱい入れ、熱すぎないように、そして冷たくならないように着物や毛皮で包みました。それが終わって、初めてみんながほっと一息つくと、この家の若者が、ああ腹《はら》が空いたというわけで、また改めてみんなの食べ物が煮られ、食事の用意が整えられ、また一同で食べ終わりました。

そこで家主の老人がいうことには、

「クマの神様が退屈《たいくつ》してはいけないので、今夜は火を消すことなく、朝までユカㇻ（英雄叙事詩《じょじし》）などをしよう。ユカㇻをやれる若者を呼《よ》んでこい」

ということで、若者が走ると、間もなくユカㇻをする二人の若者が呼ばれてきました。

そのあと始まったユカㇻの面白いこと面白いこと、私のコタンのユペッではユカㇻを語る人もおらず、私自身も忙《いそが》しかったので、ユカㇻは聞いたことがありませんでした。ユカㇻに聞きほれてしまった私は、面白くなると、「ヘイ、ホゥ」と掛《か》け声を掛けながら聞きました。そして二人の若者が代わる代わるユカㇻをするので、私はとうとう東の空が白々と明るくなるまで、それを聞いてしまいました。ユカㇻを聞いていた者たちが寝《ね》ると、間もなく娘が起きてきて、朝の食事の用意をしています。

朝の食事を済《す》ませた私たちは昼寝をし、夜に寝た者は昼の間にクマ神を守っています。また夜になってからは、昨夜の若者たちが来てユカㇻを始めました。ユカㇻばかりではなく、ウウェペケレ（昔話）などをする人がいて、それはそれで楽しい夜が三《み》晩《ばん》も四晩も続きました。

そのうちに酒がいい具合に醸されたらしく、酒の香《かお》りが家懐《ふところ》いっぱいに漂《ただよ》っています。その香りをかいだ家主の老人は、

「これぐらいの香りなら、酒は十分に育っている。さあ酒の味見をさせろ」

とせがみ、大きな杯《さかずき》にいっぱい酒を出してもらいました。一口飲んでみた老人が、

「酒はいい味で十分に育った。今日《きょう》搾《しぼ》ってよい」

と言いましたので、女たちが集まってきて酒を搾りはじめています。

それと同時に男たちは、イナウ（木を削《けず》って作った御幣《ごへい》）を削りにかかっています。私もイナウを削る材料として、特別《とくべつ》長いものを用意してあったので、それをそのまま削り、その皮をシトニンという大きい串団子《くしだんご》に当てて縛《しば》るために残しました。皮を削ったあと、私がイナウを削りはじめると、私のイナウを見た若者たちは、その上手《じょうず》さに口や鼻を両手でふさぎ、驚《おどろ》いています。この口や鼻をふさぐというのは、驚きのあまり口や鼻の穴《あな》から魂《たましい》が飛び出さないように押《お》さえるまじないで、それほど私が削ったイナウが上手だというわけです。

男たちはイナウを削り、女たちは酒を搾り、外では臼《うす》を二個も三個も並《なら》べて、ウポポという歌を歌いながら粉をついています。粉にしたものを団子にして煮ますが、煮た団子の表面をさっと乾《かわ》かすために、囲炉裏《いろり》のトゥナ（火棚《ひだな》）の上へ新しい簾《すだれ》を敷《し》きます。団子は煮えると浮《う》くので、それを鍋からすくい上げては冷たい水に入れて洗い、次から次と簾の上へ並べられました。

それを見ながら私もイナウを削り、シトニンも一本に七個ずつ入れるように、クマ神の国へお土産《みやげ》に持っていく分は一本残らず自分で組み立てました。私が自分の手で削《けず》った長いイナウと、ヤナギの皮を団子《だんご》に当てたものは、団子がひときわ美しく、そしておいしそうに見えます。酒とイナウと、たくさんの団子が準備《じゅんび》され、そこで初めてクマ神を神の国へ送るための酒宴《しゅえん》の始まりです。

たくさんのクマの肉を大きな鍋《なべ》で煮《に》て、その肉をイペニッという肉配り用の串《くし》に通して、一人に一本ずつ、老人や子どもへも同じように分けあたえました。イヨマンテ（クマ送り）のために集まってきてくれた人々に、食べ物を配ったあとに、初めて私と弟の方の若者《わかもの》と二人で、クマ神の前へ座《すわ》って肉や団子を腹《はら》いっぱい食べました。そうこうしているうちに真夜中も過《す》ぎ、いよいよクマ神が神の国へ出発する時です。

私は弟の方の若者と二人で、丁寧《ていねい》にクマ神の頭をイナウでくるみましたが、くるむイナウも私が削ったものを多く用い、夜明けを待ちました。うっすらと東の空が白みはじめたのと同時に、クマ神の魂を神の国へ向けて出発させ、私たちは家へ入り、今送ったばかりの神のあとへもお祈《いの》りをしました。

そのうちにすっかり夜が明けたので、改めて家主の老人も若者も席に着き、もう一度神々に感謝《かんしゃ》のお祈りをし、残っている酒を飲みました。そこで初めて、家主の老人が私に丁寧に丁寧に礼拝《らいはい》をし、「このように位の高い神を送らせていただき本当にありがとう」と何回も何回も礼拝を重ねました。

クマ神を神の国へ送って安心した私は、ようやく辺りの人々を一人一人確《たし》かめながら、この家の妹娘《むすめ》の顔を見て驚《おどろ》きました。その美しさというものは、それはまるで顔や体から後光《ごこう》がさしているのではないか、と思われるような美しさでした。

その夜にも夢《ゆめ》を見ました。前に夢枕《ゆめまくら》に立ったあのクマ神が東の方からやって来て、上座の窓《まど》の簾《すだれ》をさっと上げたその様子は、髪《かみ》をきれいに切りそろえ、満面に笑《え》みをたたえていました。そして、私に話しかけてくれました。

「ユペッの若者よ。神である私が期待した以上に、お前は立派《りっぱ》な精神《せいしん》をもち、そして雄弁《ゆうべん》であった。お前が作ったイナウや、それに添《そ》えてくれた言葉によって、私は十分に満足をして神の国へ帰ることができた。

これから後は、神々へお祈りをする場合には、最初に私を祭りなさい。そうしてくれることへのお礼に、私は一生お前を守るであろう。

もう一つは、ここの家の妹娘は顔や姿《すがた》ばかりではなく、憑《つ》き神も精神もいい女だから、必ずお嫁《よめ》さんとして迎《むか》えなさい。

それと、前にもいったように、お前の父へは私の方から罰《ばつ》を与《あた》えるので、手を下したり、言葉をかけてはいけない。コタンへ帰っても父の所へは行かずに、叔父《おじ》の所へ行くがよい。そして母を呼《よ》んできて、叔父の家の近くに家を建てて暮《く》らすと、一生幸せになれるであろう」

などとこまごまと聞かせてくれました。

私はその夢を見た朝も早く起きて、神の国へ帰ったクマ神のあとへ何度も何度も礼拝を繰《く》り返しました。その日になって初めて、二人の若者が父親に、私がユペッから石狩《いしかり》へ、半ば逃《に》げるように来た理由をいい聞かせると、父親である老人は半ばあきれながら、

「若い時、まだ子どもの生まれない昔には、私の父とも行き来した友人であったのに、いったいどうしたのだろう」

と言いました。また老人が続いていうのには、

「このような位の高い神をこの家から送ってくれたことを縁《えん》に、私どもと親類になってほしいものです。そのためには、私の妹娘を嫁にもらってはくれないでしょうか。顔も姿も取り柄《え》のない者だが、もしあなたが結婚《けっこん》しているのならば、水くみ用の下女《げじょ》として、あるいは薪《たきぎ》取りの召《め》し使い女としてでもよろしいのです」

ということでした。

クマ神からも夢で知らされていることでもあり、私にとっては文句《もんく》のあろうはずはありません。丁寧に礼拝をして、妹娘をお嫁にもらい受けることを承諾《しょうだく》しました。

私の返事を聞いた若者やその両親、それにその美しい娘もたいへん喜んでくれました。これからは親類として行き来ができるし、それにユペッと石狩は低い峰《みね》を一つ越《こ》

えるだけで近い、ということでした。

次の日になって、父から道を教えられた二人の若者《わかもの》と、私の嫁《よめ》になる妹娘《むすめ》と私の四人は、ユペッを目ざして歩きはじめました。あまり歩くこともなく私のコタンが見えました。私は自分の家へは行かずに叔父《おじ》の家へ行き、

「さあ遠慮《えんりょ》はいらない。早く入りなさい」

と言いながら、さっさと叔父の家の中へ入りました。

干したあの大きなクマの皮を私が背負《せお》い、クマの肉の残りを若者たちが背負っている様子を見た叔父は、私の顔を見て大変喜んでくれました。そして、

「甥《おい》であるお前がどこかへ行ってしまったと聞き、泣《な》きながら心配していたのに、無《ぶ》事《じ》で戻《もど》ってきて本当によかった、よかった」

と言ってくれました。また、外に私の嫁になる人がいることを叔母《おば》に耳打ちすると、叔母は外へ出て、あの妹娘と泣きながら喜び合って、一緒《いっしょ》に入ってきました。家へ入ってきた妹娘を見た叔父は、改めて妹娘にも丁寧《ていねい》に礼拝《らいはい》をして迎《むか》えてくれました。

夜になって、叔父の息子《むすこ》二人と、私と一緒に来た若者二人が楽しそうに話をしているのを見て、私はそっと叔父の家を出ました。そして、私の家へ行き、その中へ入ると、父が一人で上座《かみざ》の方に向いてしょんぼりと座《すわ》っていました。母の姿《すがた》が見えないの

で、

「母よ、母よ。いるのかい、いないのかい。私だよ」

と声をかけると、寝床《ねどこ》の中から泣き声で、

「これは息子の声ではないか」

と母は言いながら、私に飛びついてきました。

「さあ泣くのはあとでもいい。これから二人で家出をするので、持ち物をまとめて私と一緒に行こう」

私がそう言うと、母は掛《か》け棹《ざお》に掛けてあった着物を、ドサッ、ドサッと下ろして、大きな荷物を作りながら、

「残りはもう一度取りに来る」

と言って荷物を背負い、私と一緒に外へ出ました。母と二人で叔父の家へ来た私は、

「この若者たちに助けられた」

と母に言うと、母は座っている若者の兄の方の膝《ひざ》をそっと両手で押《お》さえながら、何度も何度もお礼をいいました。次に母は、その弟の方へも同じように両手を膝に当てて、強く弱く押さえてなでながらお礼をいいました。私が妹娘を、嫁として一緒に連れてきたことをいうと母は、

「嫁を連れてこなくても、元気で帰ってきてくれるだけでうれしいのに」

と声を出して泣きながら喜んでくれました。

女同士であいさつをする場合の本当のやり方は、相手の左肩《かた》へ自分の顎《あご》を当て、相手がこちらの左肩へ顎を当てます。そして、それぞれの両手は背中《せなか》へ回し、軽くなで合います。これをウムサといいますが、母と妹娘はそのようにして泣きながら、お互《たが》いに喜んであいさつを交わしました。そのあいさつも終わり、背負ってきたクマの肉を大きい鍋《なべ》に入れて煮《に》ているところへ、私が帰ってきたことを聞いたコタンの人や若者たちが大勢集まってきました。

私は叔父の家族やコタンの人たちとともに、もう一度イヨマンテの祭りでもするかのように喜び合いました。食べている間に、叔父は「父の所へは行かずに、私の近くで家を建てて暮《く》らすように」といってくれ、一緒に来てくれた、新しく私の兄になる二人の若者もそれに賛成《さんせい》してくれました。それを聞いていた叔父の息子たちや、私の従兄《いとこ》の若者らは、

「明日《あす》にでも家を建てよう。それをコタンの人に知らせよう」

と言いながら外へ出て、コタンの一軒《いっけん》一軒を回り、明日手伝いに来てくれるように頼《たの》んできたということです。

次の朝のこと、叔父の家の家族が朝食も終わらないうちに、コタンの若者や娘たちが続々と集まってきました。若者は材料を切り、娘たちはカヤを刈《か》るという具合で、私は材料の皮を削《けず》るということで、山へ行かずに待っていました。間もなく若者たちが材料を引っぱって帰ってきたかと思えば、娘たちはカヤを背負って帰ってきて、夕方までにはカヤの山、材料の山が積み上げられました。私も木の皮を削《けず》り終わり、家一軒《いっけん》分の材料がそろえられました。

次の日には、朝から組み立てが始まり、男は屋根をふき、女は囲いを作りますが、母や叔母《おば》は若《わか》い娘《むすめ》たちへ仕事を教えながら働いています。その間に叔父《おじ》は、自分の持っているものを三等分に分け、そのうちの一つを私の新しい家へ運びこみました。夕方までには、家の内側も外側もきれいに仕上がりました。

一方では、娘たちが粉をつき、たくさんの団子《だんご》も作られ、よく聞いていると、私たちのコタンでもウポポがあって、粉をつきながらウポポをしているのが聞こえます。

叔父は、新しい家を守るためのチセコロカムイ（家の守護神《しゅごしん》）をつくり、新築祝《しんちくいわ》いの準備《じゅんび》が整いました。夜になってから団子を食べ、酒を飲んで、新しい家の完成をコタンの人一同で喜んでくれました。お祝いに食べる団子は、丸《まる》い形のをへらで四つに切り、三日月《みかづき》形のは子どもたちに食べさせましたが、形のいい方の団子をたくさん残して、舅《しゅうと》たちへの土産《みやげ》に持たせることにしました。酒や団子を土産に持って、義兄《ぎけい》たちは石狩《いしかり》へ帰っていき、妹娘は私の嫁《よめ》になり、母と三人で暮《く》らしはじめました。

コタンの人のうわさによると、私の父であった人は、自分の持っていた宝物《たからもの》のシントコ（行器《ほかい》）を次々と壊《こわ》して、火にくべているということでした。それがいつの間にやら、座《すわ》ったままの姿勢《しせい》で裂《さ》けた大地へ埋《う》まってしまったのを、コタンの人が窓《まど》から見たということでした。たぶん、あのクマ神から罰《ばつ》を与《あた》えられ、そのようになったのでしょう。

そのうちに私の嫁は大きなおなかになり、太陽のようにかわいい男の子を産んでくれました。コタンの人たちも私のことを、村おさと呼《よ》んでくれるので、私もそれにこたえるように、コタンの人を大切にして暮らしていました。

ある時私は妻《つま》に、

「子どもが一人だけのうちに、舅の所へ行こう」

と言い、はうほどになった子どもを連れて妻のコタンへ行きました。

妻の両親も大変喜んでくれ、義兄たちは山に狩《か》りに行ったということで、上の方の兄にはお嫁さんもできていました。夕方、兄たちが帰ってきて、みんなで私たちの子どもを囲炉裏《いろり》の周囲を手渡《わた》しするようにかわいがってくれます。妻の両親は、

「いたらない私どもの娘であったが、さっそくこのように子どもを産んでくれて、子どものおかげで娘も大切にされることであろう」

などと言って喜んでいます。

それから数日の間は義兄たちと狩りに行き、家の前へたくさんの肉を運んできて、肉を干《ほ》す棹《さお》や、魚を干す棹の林を立てました。

ユペッに帰ってきた私の妻は、次から次と子どもを産んでくれたので、今は私の家族も大勢になり、妻は実家へ帰ることもめったになくなりました。

そのうちに、一人の若者が義兄からの使いとして来て、舅が亡《な》くなったことを伝えてくれました。妻にはたくさんの子どもがいて、どうしても行けないので、私は叔父と従兄《いとこ》、それにコタンの人を連れて弔問《ちょうもん》に出かけました。

私の子どもたちも一人前の大人《おとな》になり、私の母も年を取って亡くなり、その折には義兄たちも来てくれて、淑女《しゅくじょ》にふさわしい野辺《のべ》の送りを済《す》ませました。

次に姑《しゅうとめ》が亡くなり、私も弔問に行ってきました。そうこうしているうちに、私もすっかり年を取り、いい老人になりました。

たいした話ではありませんが、若い時に父にのろわれ、逃《に》げていった所で毒を盛《も》られ、危《あぶ》なく死ぬところでしたが、私は位の高いクマ神に助けられ、こんなに長生きをしています。

だから、私の息子《むすこ》たちよ、どんな祭りの時でも最初にクマ神へお酒を贈《おく》るといってお祈《いの》りしなさい。そうすると、これから先ずうっとお前たちは、私と同じように守られることでしょう。

それと、どんなに息子《むすこ》が立派《りっぱ》になったからといって、それをのろったり、人に毒を盛《も》ったりしてはいけません。人をのろう心があると、決して幸せにはならないものです、と一人の男が語りながら世を去りました。

語り手　平取《びらとり》町本町《ほんちょう》　鹿戸まりや
（昭和36年11月3日採録）

解説

語り手の鹿戸まりやフチ（おばあさん）は、平取町《びらとりちょう》本町《ほんちょう》で生まれて育った方です。この話を聞かせてくれた昭和三十六年当時、鹿戸さんは八十四歳でしたが、若《わか》い時にパチェラーさんというキリスト教の宣教師《せんきょうし》に洗礼《せんれい》を受け、〝まりや〟という名前をもらったということでした。

さて話のあらましですが、とにかく長い話であったのとあわせて、情景描写《じょうけいびょうしゃ》の細かいことは驚《おどろ》くほどでした。狩りにいった若者たちが、先に帰った印に木の枝《えだ》を横にして置く話や、悪い娘《むすめ》を殴《なぐ》りに外へ出る母親が帯を高々と締《し》めて出る（これをオリキクッコロといって、いざという時の意思表示《いしひょうじ》）、といった描写はウウェペケレ（昔話）の常套句《じょうとうく》であったのですが、このごろの語り手からはめったに聞けなくなりました。また主人公の母が、若者たちの膝《ひざ》を両手で押《お》さえながらお礼をいう辺りなどは古い作法です。さらに、女同士のあいさつのウムサ、相手の肩《かた》へ顎《あご》をのせ、そして背中《せなか》へ手を回すなど、昭和十年代には普通《ふつう》にあった生活の様子が、生々しく再現《さいげん》されています。このように、筋《すじ》の変化よりも生活描写の細かさでは、ほかに類型《るいけい》がないのではないかと思うほどの話です。悪役の姉娘のことですが、本当はこれらの話のおしまいに、「コタンケスン　エホラッチセオルン　ヤイニンパ（コタンの外れの半分つぶれた家へ体を引きずっていき、そこで生きていた）」となるはずが、本文では語り手がいい忘《わす》れています。

　この昔話は、細かく聞くというか読むと、大昔の肩を寄《よ》せ合って暮《く》らしていた暮らしぶりや、少しずつの物を持ち寄って醸《かも》す酒造《づく》り、イナウ削《けず》りに、団子《だんご》の煮《に》える様子は、古代アイヌ社会の生活教典《きょうてん》的要素《ようそ》がたくさん盛《も》りこまれています。

　このごろは、取材のために聞く人が多くなり、語り手も聞く側の便利を考えすぎ、話をはしょって、この話のように昔の形そのままのものが聞けなくなったのは残念なことです。

■アイヌの民具■クワリ（仕掛《しか》け弓《ゆみ》）　クマの通り道に仕掛けます。弓に仕留め矢をつがえ、引き金の先にはクマの脂肪《しぼう》を塗《ぬ》った延《の》べ糸をつけ、クマが糸に触《ふ》れると矢が発射《はっしゃ》します。矢覆《おお》いは、矢尻《じり》に塗った毒が雨で流れるのと、矢の方向が横にそれるのを防《ふせ》ぐ役目をします。

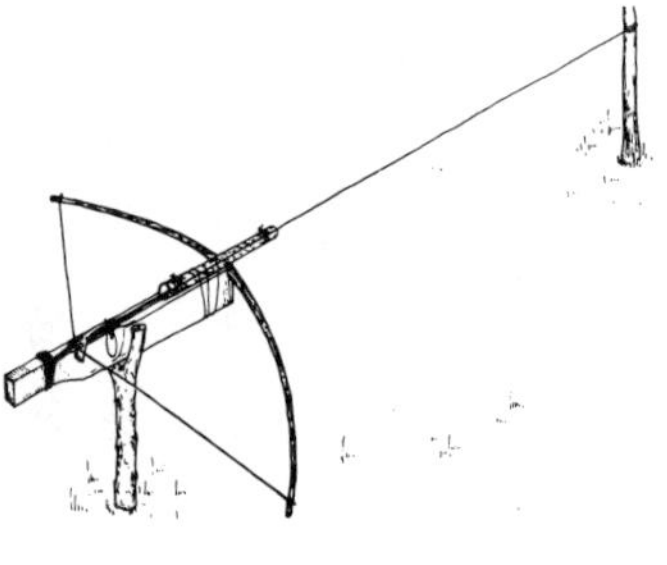

私は十三人兄弟の末っ子

父は天の国にいる神で、私には十三人の兄弟がいて、そのうちのいちばん末っ子が私でした。

私の兄たちがアイヌの国へ遊びに行くと、人間も神も兄たちを怖《こわ》がってみんな逃《に》げてしまい、兄たちは遊ぶこともできないと、泣《な》きながら帰ってきます。その様子を見ていた私は、なんとかして私たちが神であることをアイヌに知らせて、ほかの神々と同じようにイナウ（木を削《けず》って作った御幣《ごへい》）や酒を贈ってもらえればいいなあと考えていました。

ほかの神たちへは、人間が贈《おく》ってよこすイワナや酒が引きも切らず、お祝《いわ》いに敷《し》くござを上げる暇《ひま》もないぐらいにぎやかです。その様子を見て、父や母は泣きながらうらやましがっています。そんな父たちを見てかわいそうに思った私は、私たちが神であることを、なんとかして人間に覚えさせたいものだと、天の国から人間のコタン（村）を見ていました。しかし、なかなかそのようなきっかけがないまま、何年も人間のコタンを見守っていました。

それが、ある時に釧路川《くしろがわ》の中ほどのコタンへ、遠くの方から夜盗《やとう》が来ることになっていることに、私は気づいたのです。よし、いいきっかけだ。このような場合に人間のコタンを救ってあげよう。そうすれば、神である私たちのことを知ってくれる。私はそう思いました。

すぐに人間のコタンへ降《お》りようと思ったのですが、昼の間であれば、以前の兄たちと同じように私の姿《すがた》を見て、神や人間が逃げるに違《ちが》いなく、それも腹《はら》が立つので、日暮《ひぐ》れを待ちました。

そして私は、人間の姿に身を変えて釧路川の中ほどのコタンの、村おさの家へ行きました。家の外で、「エヘン、エヘン」とせきばらいをすると、きれいな娘《むすめ》が出てきて、

「どうぞお入りください」

と言われたので家の中へ入りました。

家の中には、老人夫婦《ふうふ》と娘一人に若者《わかもの》が二人いたので、丁寧《ていねい》にオンカミ（礼拝《らいはい》）をしました。老人は、私にも礼拝を返したあと、

「神か人間か知らないけれど、どちらから来られた若者ですか」

と、私に聞きました。私は素性《すじょう》を明らかにするのが嫌《いや》で、あまりはっきりと返事をしませんでしたが、老人はそれ以上無理《むり》に聞こうとはせず、そのうち外は真っ暗になりました。

娘がおいしい食べ物をたくさん煮《に》て、私にも食べさせてくれました。若者たちは狩《か》りの名人らしく、クマを捕《と》った話やシカを捕った話をいろいろと聞かせてくれたので、私は天の国の話を若者たちに聞かせました。

私は話を聞きながらも、家の外へ全神経《ぜんしんけい》を集中させていました。そのうちに夜盗どもの呪文《じゅもん》が人間にききはじめたらしく、老人と若者たちも、自分の懐《ふところ》へ顔を埋《う》めるように居眠《いねむ》りをしています。そのうち、若者たちはばたばたと後ろへひっくり返って眠ってしまったのです。

私は立ち上がって窓《まど》の所に行き、外の様子をうかがうと、夜盗どものひそひそ声が聞こえたので、入口から外へ出て、夜盗どもをばったばったと斬《き》りまくり、一人残らず殺してしまいました。殺し終わってから、もう一度家へ入って寝《ね》ましたが、朝まで

いて素性を知られるのも嫌なので、私はさっさと天の国の自分の家へ帰ってきて、知らんぷりをして寝ていました。

夜が明けて外へ出た、釧路川の中ほどの村おさは、人間の死体の山を見て、腰《こし》を抜《ぬ》かさんばかりに驚《おどろ》きました。これは、昨夜来ていた若者が助けてくれたに違いない。どこのなんという神であったのか、と何回も何回も礼拝をし、家族の無事《ぶじ》を喜びました。

そして、たくさんのイナウを削り酒を醸《かも》し、火の神様を通じて、

「私ども人間は、どこの神がこうして命を救ってくれたのかわかりません。どうぞ、あの時助けてくれた若《わか》い神様へ届《とど》けてください」

とお願いをしました。

火の神様はさっそく私の父の家へ、イナウや酒を贈《おく》りとどけてくれたのです。天の国にある私の父の家の窓《まど》から戸から、山のようにイナウや酒が贈られてきました。それを見た父や母は、泣《な》きながら喜んでいます。

そこで私は、釧路川《くしろがわ》の中ほどの村おさに、次のような夢《ゆめ》を見せました。

「私の父は天の国にいるウサギ神で、大勢の仲間《なかま》がいるが、人間のコタンへ兄たちが遊びに行くと、神も人間も兄たちを怖《こわ》がりみんな逃《に》げてしまう。それで、兄たちは泣

きながら帰ってきた。私はそれを見て腹《はら》を立てていたが、あなたのコタンが夜盗《やとう》に襲《おそ》われ全滅《ぜんめつ》しそうになっているのが見えたので、助けに行ったのだ。これからは、私の父を神として祭ってくれるならば、いつまでも守ってやるであろう」

それで、天の国にウサギ神がいて、人間を守ったことを知った釧路川の中ほどのコタンの人は、ウサギを一番の神として祭るようになりました。

そのようなわけで、大昔はウサギぐらい位の高い神はいませんでしたが、今いる人間は、ウサギを捕《と》ってもあまり大事にしないことは困《こま》ったことです。

ですから、今いる人間よ、ウサギを捕ったら、イナウで包み大事にしなさい、と一人のアイヌが語りながら世を去りました。

語り手　平取町《びらとり》ペナコリ　川上うっぷ
（昭和36年10月30日採録）

解説

　この話は、人間や他の神にあまり見向きもされなかったウサギの神が、なんらかの形で、人間に神として扱《あつか》ってもらうために、コタン（村）を守ったということです。

　ウサギのことを、沙流川《さるがわ》地方では、イセポといいます。昭和十年ころといえば、今から五十年ほども昔になってしまいますが、父がウサギの罠《わな》をかけ、しばしば捕《と》ってきたものです。そして、その皮をはぐ時に、前足の付け根のやや外側にある、大人《おとな》の小指の先ほどの白い脂身《あぶらみ》を両手でささげ持って、二度三度と礼拝《らいはい》を繰《く》り返しながらいう言葉がありました。「フーン　イセポ　パセカムイ　エネクスエハルコロ　ルウェー（おお、さすがに偉《えら》い神様だけに脂身の多いこと）」と言うわけです。なぜそうするかといえば、ウサギは皮の下にはまったく脂はなくて、すぐに肉になっているものです。これは、脂身の少ないことにいつも肩身《かたみ》の狭《せま》い思いをしているウサギの神に、恥《はじ》をかかせないための狩猟民族《しゅりょうみんぞく》の思いやりの表れです。脂身が多かったと褒《ほ》められたウサギの神は、褒めてくれたアイヌの所へ何回も来るというわけです。

　また、父はウサギの頭の骨《ほね》も鍋《なべ》に入れて煮《に》て、きれいに肉をはがして食べたあと、丁寧《ていねい》にそれをイナウに包んで神の国へ送っていたものです。

ちなみにウサギのことを、沙流川の右隣《どなり》の鵡川《むかわ》や南隣の厚賀《あつが》の方では、カイクマといいます。それで、海が大《おお》時化《しけ》になる前の三角波のことをカイクマテレテ（ウサギが跳《と》んだ）といいます。

語り手の川上うっぷフチ（おばあさん）の本当の名前は、うぷそろあんといいます。「うぷそろあん」というアイヌ語は、懐《ふところ》がある、という意味です。この懐というのは女のお守り紐《ひも》のことです。この子こそはメノコウプソロ（女の懐紐）を守り、家系《かけい》が繁栄《はんえい》するようにと親が名づけたのでしょう。

■アイヌの民具■トッタ（かます） ヒエやアワの穂《ほ》は、刈《か》り取った後、数日間は天日で干《ほ》します。そして穂のまま、このトッタという特大《とくだい》のかますに入れてプ（足《あし》高倉《たかくら》）に貯蔵《ちょぞう》しました。トッタの材料はチポプテニペシ（煮《に》たシナノキの皮）。直径《ちょっけい》六八センチ、高さ八三センチの大きさ。

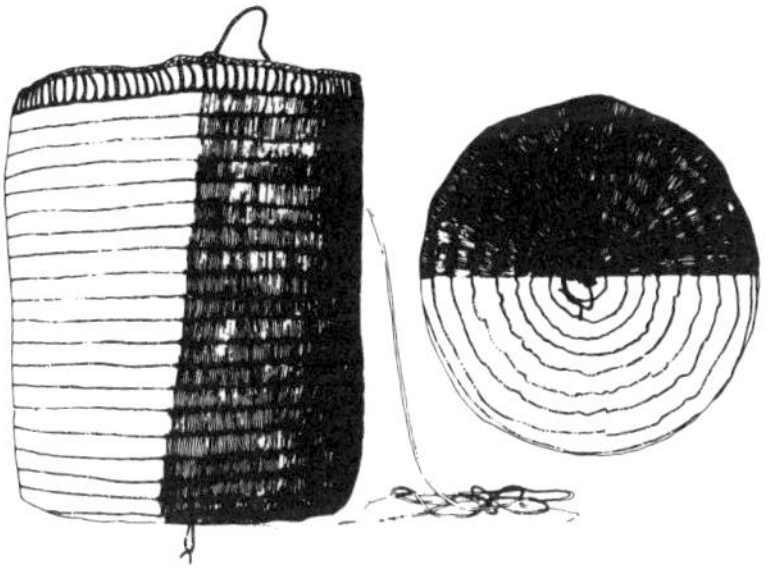

羽毛《うもう》の海

私は石狩川《いしかりがわ》の中ほどの所の村おさで、私ぐらい狩《か》りが上手《じょうず》で物持ちのアイヌは、ほかにいないと思うほどの者でした。

うわさによると、ある時から私たちの国のずうっと東の端《はし》の、モシリパサリヒという所の村おさの娘《むすめ》が、行方《ゆくえ》不明になってしまったという話です。近郷近在《きんごうきんざい》のコタン（村）の人が大勢出て、何日も何か月も捜《さが》し歩いても、まったくわからないということです。

その話を聞いた私は、気の毒に思ってはみたものの、遠い所のうわさであり、行ってみるわけにもいかないし、と思いながら暮《く》らしていました。

ある夜のこと、私の夢枕《ゆめまくら》に、私の家の

ソパウンカムイ（家の守護神《しゅごしん》）だという立派《りっぱ》な神が現《あらわ》れました。その神の姿《すがた》は、胸《むね》いっぱいに広がるというか、胸を覆《おお》ってしまいそうな真っ白いひげを伸《の》ばした神様です。

その神がいうことには、

「このアイヌモシリ（国土）の東の端、モシリパサリヒの村おさの娘の行方がわからないということなので、神である私もあちらこちらと捜したが、まったくわからなかった。

それがこのごろになって、ようやくのことその行方がわかった。村おさの娘は、パコロカムイという病気をまき散らす神の息子《むすこ》がかどわかしたのだ。その病気をまき散らす神の所へ行って娘を取りもどせるのは、あなたのほかにはいないであろう。

その方法は、明日《あす》になったらこの家を出てモシリパサリヒのコタンへ行き、娘の父である村おさに会って、『私があなたの娘を捜してきますので、コタン中の家から一にぎりずつの供物《くもつ》を集めなさい』と言って集めさせる。その供物は、病気をまき散らす神にあげるもので、魚の背《せ》びれとか胸《むな》びれとか尾《お》といった、人間の食べられない部分だけにするがよい。穀類《こくるい》を集めるにしても、上等なものではなしに、半分精白《せいはく》にしたもの、ヒエあるいはアワにしても、籾《もみ》交じりのものにするがよい。

それらの供物が集まったら、あなたはモシリパサリヒの村おさから舟《ふね》を借《か》りて、舟の前へはエンジュの木の神、舟の後ろへはシコロの木の神をつくって立て、それら二柱の神を道案内にさせて行くがよい。

途中《とちゅう》海の上では、トプシアトゥイ（根曲がり竹の海）が生えたような海や、コムコムアトゥイ（羽毛《うもう》の海）といって、櫂《かい》のきかない海もあるが、神々が舟を進めるので心配することはない。

また、持っている供物を海の神にあげるといいながらまき散らせば、神々があなたを守って、病気をまき散らす神のいる赤い山と青い山へ行けるであろう」

と聞かされました。

夢を見せられた私は、次の朝早く起きて、うわさに聞いたコタンを目ざして歩き、途中で何回も何回も野宿《のじゅく》しながら、モシリパサリヒへ着きました。コタンへ着いた私は、村おさの家を訪《たず》ね、来た理由を村おさに聞かせ、さっそくコタン中から、病気をまき散らす神への供物を集めてもらいました。

それらのものは、私の家の守護神が聞かせてくれたとおりに、魚の尾びれとか背びれや胸びれのような、人間が食べない部分と、ヒエやアワは籾交じりのものばかりでした。コタンの人が供物を集めていた間に、私はイナウ（木を削《けず》って作った御幣《ごへい》）を削ってエンジュの木のご神体《しんたい》にした神と、シコロの木をご神体にした神をつくりました。

村おさから舟を一艘《いっそう》借りて、前の方へはエンジュでつくった神、舟の後ろへはシコロの木でつくった神を立てて、先ほど集めた供物なども舟に積んで舟をすいっと押《お》し出し、私も乗りました。すると、舟は誰《だれ》かが前から引っぱるか、後ろから押しているかのような速さで水面を滑《すべ》って進みます。

私はただ舟《ふね》に乗っているだけで、神々が舟を進めてくれました。しばらく行くと、家の守護神《しゅごしん》が聞かせてくれたとおりに、海の中に竹林でもあるかのような、普通《ふつう》であれば舟は進めそうにもない海が広がっていました。それは根曲がり竹が生えたような海でした。そこで、あの供物《くもつ》を少しだけ出して海面へまき散らしながら、海の神々へ、ここを無事《ぶじ》に通りぬけられるようにとお願いしました。すると、根曲がり竹のようなものが両方へ分かれ、舟は難《なん》なく通りぬけることができました。

次は羽毛《うもう》の海という海で、まともに来たのであれば櫂《かい》などはききそうにありません。その海も神々の力で滑るように通りぬけると、家の守護神が聞かせてくれた赤い山と青い山が向かい合ってそびえています。

家の守護神にいわれたように、赤い山のふもとへ舟を上げて、さっさと赤い山を登りました。頂上《ちょうじょう》近くに病気をまき散らす神の住居《じゅうきょ》がありました。ふもとから見た時には、人間の足ではたして登ることができるだろうかと心配しましたが、思いのほか簡単《かんたん》に来られたのは、神々が守っていてくれたからでしょう。立派《りっぱ》な家があったので遠慮《えんりょ》せずに中へ入ってみると、囲炉裏端《いろりばた》で老夫婦《ふうふ》が上座《かみざ》と下座に並《なら》んで座《すわ》っていました。私は老夫婦に向かって、私の家の守護神からの使いで、アイヌの娘《むすめ》を取りもどしに来たことを伝えました。すると、老人は家の奥《おく》の方へ向かって大声で息子《むすこ》をしかりつけて、

「だから前々からいっていたように、今日《きょう》ここへアイヌの若者《わかもの》が娘を迎《むか》えに来たのだ。さあすぐにアイヌの娘を戻《もど》しなさい」

と言いました。おしまいには哀願《あいがん》でもするように、

「息子よ早くしてくれ、そうでないと人間の臭《にお》いと、舟の中でこの若者を待っているエンジュの木の神の臭いで、神である私たちは死んでしまいそうだ」

と言いました。すると、家の奥の方から若者が一人の娘を抱《かか》えて出てきて、娘を私のそばへ置き、すぐに家の奥の方へ戻ってしまいました。それを見た父親である老人は息子に、

「だからいったであろうに。アイヌというものは、目そのものは壁《かべ》までしか見えないが、多くの神を祭っているので、神々が助けに来る。そのようにいい聞かせたにもかかわらず、娘を返すのが遅《おそ》くなってしまった」

などと息子に悪口を言っています。そのあとで私に向かって、

「アイヌの若者であるあなたがここへ来た印に、宝物《たからもの》をあげよう」

と言いながら、神の国のカムイイコロ（宝刀《ほうとう》）をたくさん出して、私にくれました。

それとは別に母親の方は、玉飾《かざ》りを出して私にくれながら、

「これはあなたの妻《つま》への土産《みやげ》にしてください」

と言うのです。その玉飾りは、「サタイワンアッエリキン、マクタイワンアッエリキン　タマサイ」といいます。というのは、前の方に六本の紐《ひも》、後ろの方に六本の紐、それに玉が通され、その下へシトキという円盤状《えんばんじょう》のものが下げられているからです。私はそのような立派な玉飾りももらいました。そして老人がいうのには、

「これからはどこかで病気がはやったと聞いたら、これらの宝物をそっと出しておきなさい。そうすると、それを見た私どもの仲間《なかま》は、あなたであることを知って避《さ》けて通るでありましょう。それと、これから後は酒を醸《かも》した時に、『パコロカムイアノミナー』といいながら、私に酒を贈《おく》ってほしい。そうしてくれれば、これから先、ずうっとあなたを守ってあげよう」

と言ってくれました。

話を聞き、娘を受け取った私は、宝物と娘を抱えて赤い山を下りて、舟に乗り海へ

出ると、来た時と同じように誰《だれ》かが舟を引っぱっているかのように、海の上をぐんぐんと進みます。先ほど通った根曲がり竹が生えたような海も、羽毛の海も難なく抜《ぬ》けて、あっという間にモシリパサリヒのコタンへ帰ってきました。

死んだようになっている娘を抱えて村おさの家へ入っていくと、夫婦はそろって立ち上がり、私の腕《うで》から娘を受け取ると泣《な》いて喜び合いました。私は死んだようになっていた村おさの娘《むすめ》に、親たちといろいろ手当てを加え、どうやら息をさせました。

夫婦《ふうふ》こもごもいうことには、

「石狩《いしかり》の村おさが来てくれたおかげで、娘の生きた顔をふたたび見ることができました」

と私の手をとって、あるいは私の膝《ひざ》の所を手で押《お》さえながら喜んでくれました。娘自身がいうことには、

「死んでいたのか眠《ねむ》っていたのかまったくわからずに、意識《いしき》もうろうとしていたので何も覚えていない」

ということでした。何はともあれ、村おさの娘が、何か月ぶりかで生きて帰ってきたということなので、コタン中からヒエやアワなどが集められて、さっそく酒が醸《かも》されました。

私は酒がおいしく醸されるまでの何日かを、そのコタンで過《す》ごしました。十分においしい酒ができ上がり、その酒で神々にお礼のお祈《いの》りをしました。それが終わってから私が帰ろうとすると、モシリパサリヒの村おさが私へのお礼にと、たくさんの宝物《たからもの》を出してくれましたが、私も余《あま》るほど宝物があったので、一つももらいませんでした。

そして私が家を出ようとすると、娘が母親の耳もとへ何やらささやくと、母親がいいづらそうにいう言葉は次のようなものでした。

「見たとおりまったく取り柄《え》のない娘ですが、石狩の若《わか》い村おさのおかげで生き返ったので、水くみ女にでも、薪《たきぎ》集めの女にでも加えて、一生そばへ置いてほしい、と娘からのお願いです」

そこで、私も本当は気が進まなかったけれど、

「私には妻《つま》がいるので、勝手に返事はできないけれど、村へ帰って妻に相談してみましょう。もう一度来てみますが、それまでよく考えておきなさい」

と言い残して、私は野宿《のじゅく》を重ねて家へ帰ってきました。

妻へは、わが家の守護神《しゅごしん》が夢《ゆめ》を見せてくれたので、それに従《したが》って歩いたことを事細かに聞かせました。それと、助けた娘が私の二番目の妻になりたいといったことも、妻に聞かせました。すると妻は大変に喜んで、

「わたしは身内も少なく寂《さび》しいので、ぜひそうしてください」

という返事でした。

そうこうしているうちに、モシリパサリヒの村おさからの使いで、数人の若者がたくさんの宝物を背負《せお》って私の所まで来てくれましたが、私は持ってきたうちの二、三点を受け取っただけで、残りは戻《もど》しました。

しばらくたってから、私がモシリパサリヒのコタンへ行ってみると、村おさの娘は本気で待っていてくれたのでした。念のためもう一度聞いてみると、本当に私と結婚《けっこん》したいということです。一人娘であったので、連れてきてしまうとあとが心配なので、別に精神《せいしん》のいい若者夫婦に頼《たの》み、老夫婦の面倒《めんどう》を見させることにしました。

その村おさの娘と一緒《いっしょ》に石狩のコタンへ戻り、私の妻に会わせると、妻も大変喜んでくれて仲《なか》よく暮《く》らしています。その後、二人の妻たちは次から次へと子どもを産んでくれたので、大勢の子どもに囲まれた私は、何不自由なく暮らしています。

それとモシリパサリヒの方へは遠いので、なかなか行くことができませんが、私が来るのを待っていたかのように、私が行くたびごとに老父母は亡《な》くなりました。

それといい忘《わす》れていましたが、モシリパサリヒから帰ってきてから特別《とくべつ》にお酒を醸し、家の守護神へも、病気をまき散らす神へもイナウと酒を贈《おく》りました。そして近くで病気がはやっていると聞くと、私はさっそくあの玉飾《かざ》りや宝刀《ほうとう》を出しました。すると、私たちのコタンだけは病人が出ることもなく、無事《ぶじ》に暮らすことができました。

というわけで、私は若い時に、神の使いとして病気をまき散らす神の国へも行ってきたものです。それが縁《えん》で遠いコタンの女をも嫁《よめ》にしていたのですから、子どもたちよ仲よく暮らしなさい、と一人の老人が語りながら世を去りました。

語り手　平取《びらとり》町荷負本村《におい ほんそん》　木村まっとぅたん

（昭和39年5月22日採録）

解説

この話は、『鬼《おに》の岩屋』（105ページ）の話と同じ日に、同じ方から聞いたものです。木村まっとぅたんフチ（おばあさん）は季節保育所の保母《ほぼ》などをしていた方だけに、話の中は日本語混《ま》じりで語られています。

話の内容《ないよう》ですが、最初にうわさを聞き、それを家の守護神《しゅごしん》であるソパウンカムイ（ソは座《ざ》、パは頭、ウンは住む、カムイは神）、あるいはチセコロカムイ（家をつかさどる神）ともいう神が教えてくれるわけです。この神は、新しく家を建てた時に家の守護神として家の東側の角に安置し、日ごろ祭ってある神で、ご神体《しんたい》はエンジュの木、またはドスナラを用います。イナウを削《けず》った時に、上から上へと新しくつけていくので、真っ白なひげが広がっている感じに見えるのです。したがって、この神が登場する時は、胸《むね》を覆《おお》うほどの白いひげを伸《の》ばした神として表現《ひょうげん》されますが、それは日ごろ見ているソパウンカムイの姿《すがた》から連想しているのでしょう。

そして、パコロカムイ（病気をまき散らす神）の所へ行って娘《むすめ》を取りもどしますが、宝《たから》物《もの》ももらって来る。これは、このようなことがあると、私たちのコタンへは絶対《ぜったい》に病気の神が近寄《よ》らない、そのような願望が募《つの》り募って、このような昔話としての形になったのであろうと思います。それほど病気の神、つまり流行病が恐《おそ》ろしい存在《そんざい》であったのです。

山のアイヌの私は海のことをあまり知りませんが、コムコムアトゥイ（羽毛《うもう》の海）、トプシアトゥイ（根曲がり竹の海）などと、逐語訳《ちくごやく》しましたが、海草などが密生《みっせい》した海でしょうか。

病気をまき散らす神も、エンジュの木の臭《にお》いによって死にそうだといっていますが、実際《じっさい》に病気がはやったと聞くと、エンジュの木の枝《えだ》を窓《まど》や戸にさしておきます。コタンでは、この臭いを嫌《きら》って悪い神は近づかないものと信じていたものでした。そして、魚の背《せ》びれとか胸《むな》びれとかを、このような時のために乾《かわ》かしておいて使ったものです。

■アイヌの民具■タマサイ（玉飾《かざ》り） 女性が首から胸にかけるもの。神祭りや人が死んだ時に使います。起源《きげん》は不明、サハリンの方から渡《わた》ってきたものと推定《すいてい》されます。大きな円《えん》型《けい》の部分をシトキといい、直径《ちょっけい》一五センチくらい。紐《ひも》についている玉はコンルタマ（ガラス玉）といいます。

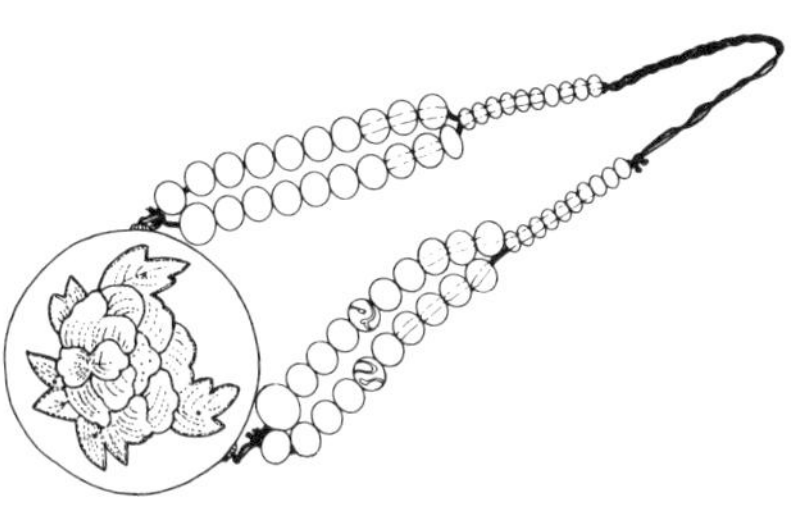

黒ギツネのイナウ

私は、どうしてこのような一軒家《いっけんや》に暮らしているのかわからない、身寄《よ》りのない少年でありました。

少し大きくなってからは、自分でクマを捕《と》ったり、シカを捕ったりして、食うのには困《こま》らなくなりました。

私が暮らしている家から少し下流の方には、大勢の人が住んでいるコタン（村）があって、そこのコタンの人たちは毛皮をたくさん舟《ふね》に積んで、シサム（和人《わじん》）の国へ交易《こうえき》に行っています。その様子を見ては、いいなあとばかり思っていました。

私も一度行ってみたいと思って、コタンの人にお願いをすると、

「よしよし、今度は一緒《いっしょ》に連れていって

あげよう」

と言いながら、その日になると早々と行ってしまい、連れていってくれません。

ある時、コタンの人たちが交易に行く準備《じゅんび》をしていたのを見たので、

「一緒に連れていってください」

と頼《たの》むと、いつもと同じように返事だけしてくれました。

今度こそは一緒に行こうと思い、夜のうちに舟へ毛皮を積みこみました。そして干《ほ》し肉や、サカンケカム(煮《に》て干した肉)、舟に乗ってから食べる物なども積み、朝を待ちました。

朝まだ暗いうちに海辺へ出てみると、いつもと同じようにコタンの人たちは舟を出して、ずうっと沖《おき》の方へ行っているのが見えました。一緒に連れていってもらわなくても、今日《きょう》こそはシサムの国へ行こうと思っていたので、私もさっさと舟を押《お》し出し、コタンの人のあとを追って舟《ふね》を漕《こ》ぎ進めました。しかし、あまり舟が近づかないように、だからといって見えなくならないように加減《かげん》をしながらついて行きました。

日がだいぶ西へ傾《かたむ》くと、コタンの人たちはどこかへ泊《と》まるらしく、それぞれ舟を岸辺へつけて陸へ上がり、仮小屋《かりごや》を造《つく》りはじめました。私も舟をつけようかと思いましたが、いつも意地悪をされていたことを思うと、それが嫌《いや》になったので、舟を上げず

に通りすぎました。

しばらく行くときれいな砂浜《すなはま》があったので、そこへ舟を引き上げました。辺りを見ると、流木がたくさん波に打ちよせられているので、薪《たきぎ》にも心配がなさそうです。よし、ここで泊まることにしよう、そう思った私は、波打ち際《ぎわ》から少し離《はな》れた小さい沢《さわ》の縁《ふち》を通って、持って帰れそうな枯《か》れ木《き》を探《さが》しながら、奥《おく》の方へ入っていきました。

すると、少し向こうの方に小さい山があって、その山の姿《すがた》が、人間が手を合わせたような形をしていて、まるで人間が形を整えて造ったかのように見えるほどです。小さいとはいっても、人間が持ち上げられるとか、動かせるほど小さくはないのですが、とにかく神々《こうごう》しい感じの山です。

その山の外側をぐるっと回ってみると、東側の方に棚《たな》のようになっている所がありました。それを見た私は、舟へ戻《もど》って干《ほ》し肉や干し魚、それに煙草《たばこ》などを持ってきて、棚のようになっている所へ供《そな》えました。

そして、私がいった言葉は次のようなものでした。

「私は独《ひと》り者の若者《わかもの》で、コタンの人に交易《こうえき》に連れていってくださいとお願いしても、いつも置き去りにされて一緒《いっしょ》に行くことができませんでした。それで、今日《きょう》はコタンの人のあとを見え隠《かく》れしながらついて来ましたが、コタンの人と一緒に泊まるのが嫌で、私一人がここへ来て泊まることにしました。

そこで、この山に鎮座《ちんざ》する神が何という神かは知りませんが、これらの供物《くもつ》をお供えしますので、どうぞ私を守ってください」

と丁寧《ていねい》にオンカミ（礼拝《らいはい》）を繰《く》り返しながらお願いをしました。

そのあと薪を拾い集めてそれを背負《せお》い、海辺へ戻《もど》って来ました。何もない所で寝《ね》るのが嫌なので、流木を集めて組み合わせ、仮小屋を造りました。舟から必要なものを引き上げてきて、干し肉や干し魚、それに煙草などを、火の神や水の神へも供物としてあげたあと、私も夕食としてそれらを食べました。

辺りがすっかり暗くなって、さて寝ようかなと思っていると、仮小屋の外で人間の足音がします。私のほかに近くで人がいた様子はないのに、と思いながら入口の方を見ていると、一人の若者が入ってきました。

よく見ると、小さいござの包みを小脇《こわき》に抱《かか》え、黒い小袖《こそで》を重ね着した神らしい若者です。小さい囲炉裏《いろり》の向かい側へ座《すわ》った若者は、

「アイヌの若者よ、私は父にいわれてあなたの所へ来たのです。というのは、先ほどあなたが供物をあげた小さい山にいる黒ギツネの神が私の父で、供物をあげてもらっ

た父があなたの素性《すじょう》を探《さぐ》りました。すると、その昔あなたの父が、シサム交易の行き来の時にこの場所へ泊まり、酒とか煙草を供物として父にあげて泊まっていったということです。

それで父が私にいうことには、『その息子《むすこ》がふたたびこのように、いい精神《せいしん》で供物をあげてくれたのは本当にありがたいことだ。ところが、その息子がこれから行くシサムの国で少し心配なことがある。だから、お前はこのお守りの品を持っていって、アイヌの若者に渡《わた》すように』と父に言われてここへ来たのです。これをどのような時に用いるかというと、無理難題《むりなんだい》をふっかけられ、命にかかわるようなことが起こった時に、このござをほどき、中に入っているイナウ（木を削《けず》って作った御幣《ごへい》）を力いっぱい立てなさい。同じイナウでも神が作ったイナウなので、どんなことが起こるかその時にわかるでしょう」

と言ってくれました。

それを聞いた私が、何回も何回も礼拝を繰り返すと、神の使いの若者は帰っていきました。若者が帰っていったあとに、ござをそっと開いてみると、アイヌが削《けず》るキケパラセ（削りかけを散らした）イナウに似《に》ていて、足の方は細くとがらせてあります。

私はふたたび丁寧《ていねい》に礼拝《らいはい》をして、早く朝にならないかなあと思いながら寝《ね》ました。

暗いうちに起きてみると、意地悪なコタンの人たちは早くも舟《ふね》を出し、ずうっと沖《おき》へ行っているのが見えました。私も大急ぎで舟を出し、力いっぱい漕《こ》いでシサムの国とやらへ着きました。

先についたコタンの人たちは、銘々《めいめい》お得意《とくい》の家へさっさと入っていきましたが、初めて来た私はそれができないので、毛皮の間へ黒ギツネの神からもらったお守りを入れて街《まち》を歩いていきました。

少し行くと、特別立派《とくべつりっぱ》そうに見える家からアシンカロ（足軽《あしがる》）が出てきて、

「オッテナ、オッテナ（シサムがアイヌの男を呼《よ》ぶ時の言葉）、仲よしの人を持っていないのですか」

と聞きました。

「初めて来たので仲よしの家はありません」

と言うと、

「うちの殿様《とのさま》が、オッテナを欲《ほ》しがっているので入ってください」

と言われました。そこで私はその家へ入ることにしましたが、足軽たちは、

「外へ荷物を置くと盗《ぬす》まれるものだ」

と言いながら私の荷物を持ってくれたので、一緒《いっしょ》に家へ入っていきました。

家へ入ると、足軽たちは私の足も洗《あら》ってくれました。私がはうようにして遠慮《えんりょ》しながら行くと、座敷《ざしき》の戸が開いて、刀を二本差した神様のように立派な殿様が出てきました。そして、

「はうことをせず、早く私のそばへ来なさい」

と大歓迎《だいかんげい》をしてくれました。

そして、「初めて来たのかい」と聞かれたりしながら、殿様が飲む酒や殿様が食べるごちそうを出されましたが、私は酒を飲んで酔《よ》っぱらってはならないと思い、あまり飲みませんでした。それでも少しだけ飲みながら、昨夜お守りの品をくださった黒ギツネの神へは、「私を守ってください。そうすると、帰りにお礼をします」とお祈《いの》りをしました。

それを見ていた殿様も自分の神棚《かみだな》へ酒などをあげながら、「初めての私の仲よしになれたオッテナと私が、いつまでも仲《なか》よしになれますように」と祈っています。そのあと二人で酒を飲み、その夜はそこに泊《と》まりました。

次の日になると、外から長さ一尋《ひとひろ》（約一・八メートル）ぐらいの手紙が届《とど》きました。それを見た殿様は顔を曇《くも》らせながら、同じ長さの紙に返事の手紙を書いて外へ出しました。

ところが、それから次から次へと六回続けて手紙が来ました。殿様はその都度返事を書いて持たせましたが、六回目の手紙が来た時に殿様が私にいうことには、

「シサムの国では、六回同じ手紙が来たら、もはや断《ことわ》りきれないものです。その手紙の内容《ないよう》は、『アイヌの若者《わかもの》であるオッテナが悪い人間なので殺せ』とお前と一緒に来たアイヌたちが、この土地でいちばん精神《せいしん》の悪い殿様に告げ口をしました。それで、そのアイヌの若者を殺すから連れてこいという手紙でした。私はいろいろといいわけをしてみたけれども、どうにもならないから、仕方がないので、明日《あす》はあなたと二人で行ってみることにしようと思います。二人そろって殺されるなら、それも仕方がない。私はできる限《かぎ》りあなたを守ってあげましょう」

と言ってくれました。

考えてみても何一つ悪いことをしたこともないのに、あのコタンの人たちはなぜ私をのろうのだろうか、と思うと悔《くや》しくて、私の目にどっと涙《なみだ》があふれました。

そして次の日、泊めてもらっている家の殿様と二人で、私が殺されるという場所へ行ってみると、私は広い中庭に座《すわ》らされ、周りには桟敷《さじき》席が造《つく》られて、大勢の見物人がいます。

一緒に行ったアイヌたちは、私にいちばん近い所にみんなで座って、私が殺される

のを見ようと待っていました。そこで私は、

「偉《えら》い殿様《とのさま》よ、殺されるのを嫌《いや》だとはいいませんが、少しの間待ってください。皆様《みなさま》に見てもらいたいものがあります」

そう言いながら、小脇《こわき》に抱《かか》えていたござをほどき、中からあのイナウを取り出して力いっぱい立てました。

立てた私も、まさかそういうものが出るとは思わなかったのに、イナウの中からわき出るようにオオカミが五、六頭飛び出しました。その形相《ぎょうそう》をいえば、下あごの牙《きば》は上あごの上へ出るほどの長さ、上あごの牙も下あごの下へ出るほどの長さで、耳の先と尾《お》の先には抜《ぬ》け残った毛がわずかにあるだけの姿《すがた》です。見るも恐《おそ》ろしいオオカミがさっと走って、あのアイヌたちを次々とかみ殺し、逃《に》げまどう別の人々をも襲《おそ》って何人かを殺してしまいました。

それを見たいちばん精神《せいしん》の悪いという殿様は、大声でわめきながら私と一緒《いっしょ》に来ている殿様に助けを求め、

「頼《たの》むからオッテナに声をかけて、あのオオカミたちを片《かた》づけてくれ。わたしはこのオッテナのことを何一つ知らず、一緒に来たコタンの人たちが、わたしに若者《わかもの》が悪い人間だと聞かせたのでこうしただけだ。命さえ助けてくれれば、イワンカネオプ（六

つの金倉《かねぐら》）とイワンハルオプ（六つの穀倉《こくぐら》）をオッテナにあげることにしよう。だから助けてくれ」

と泣《な》いて頼んでいます。

そうしている間にも、オオカミたちは精神の悪そうな者を次々とかみ殺して回り、その様子を見てなおさらのこと、いちばん精神の悪い殿様は頭を土にこするようにしながら、イナウをしまってくれと哀願《あいがん》しています。

それを見て、私と一緒に来ていた殿様が、

「本当にオッテナに謝《あやま》るのか」

と念を押《お》すと、悪い殿様が謝るというので、そこで初めて、私はあのイナウを抜《ぬ》いてござに包みました。するとオオカミたちはさっと見えなくなりました。

オオカミたちが見えなくなってからも、私と一緒に来た殿様は、刀の柄《つか》に手をかけながら、

「もしもこのオッテナにうそをいったら、いつでもやって来てオオカミを放し、街《まち》の者をかみ殺させるから覚えておくがよい」

と言いました。

それから二人で、昨夜泊《と》まった殿様の家へ帰ってくると、殿様は私の手をとって、

「アイヌという者は憑《つ》き神が強いとは聞いていたが、あのような神を連れてきていることを知らずに、あの者たちは本当に懲《こ》りたであろう」

と二人とも無事《ぶじ》であったことを喜んでくれました。

そして酒を出してくれたので、私は黒ギツネの神へお礼のお祈《いの》りをして、帰りにはお礼に寄《よ》ることをもつけ加えました。

持ってきた毛皮の価《あたい》にと、私は殿様からたくさんの食べ物や飲み物、そして宝物《たからもの》に煙草《たばこ》などを舟《ふね》に積みきれないほどもらいました。そして殿様は、

「オッテナがコタンへ帰ったあとに、精神の悪い殿様からのおわびの品々が、レホッエウトゥラペンチャイ（六十艘《そう》の船）で行くでしょう」

と聞かせてくれました。その船には、家を建てる材料と大工《だいく》も一緒に乗って、家を建てることになっていることなどを話してくれました。

殿様からあと一晩《ひとばん》泊まるようにいわれましたが、やはり帰ることにして舟を出し、あの黒ギツネの神のいる所へ舟を上げ、流木を立てかけて造《つく》った仮小屋《かりごや》へ入りました。そして、おいしい酒やごちそうを持って、あの小さい山へ行くと、前にあげた供物《くもつ》は残っていませんでした。きっと黒ギツネの神が受け取ってくれたのでしょう。私は持ってきたものを改めてあげながら、黒ギツネの神のおかげで命が助かったお礼を何回

もいいながら、礼拝《らいはい》を繰《く》り返しました。

そのあと、私はあの仮小屋へ戻《もど》ってきました。夜になり、外で足音がして人が入ってきたのを見ると、先日の夜お守りを持ってきてくれた若者です。

「このお守りは、あなたが家へ持って帰っても扱い方を誤《あやま》るとよくないので、私が持っていきますが、明日《あす》あなたが家へ着いたころに、神である私があとから行って、精《せい》神《しん》のよくないコタンの人だけはなんとかしましょう。

残ったものは精神のいい人ばかりになるので、コタンの人の声がしたら、あなたは高い所へ登って私の動きを見ていてください。そしていつまでも私たちを祭ってください」

と若者《わかもの》から聞かされました。話が終わると、ござの包みを持って神である若者は出ていったので、そのあとから何回も何回も礼拝《らいはい》をしました。

私は次の日早く舟《ふね》を出し、家へ帰ってきました。私が自分の家へ着いて二日か三日過《す》ぎてから、コタンの人が大騒《おおさわ》ぎをする声がしたので、高い所へ登ってコタンの方を見ると、何やら黒いもの、キツネなのかクマなのかわからないものがコタン中を走り回っています。たぶん黒ギツネの神が聞かせてくれたように、精神の悪い者どもを黒ギツネの神が始末に来たのでしょう。

しばらくして、コタンの人の騒ぎ声はやみましたが、生き残ったのは娘《むすめ》とか子どもたちだけで、私の所へ逃《に》げてきました。

さて、このような話は、ここまで来ると話が早くなって、私の所へ来た船から材料や大工《だいく》が上げられ、私の家の前に大きな板造《づく》りの家が建てられました。

今では、私は美しい娘を妻《つま》にして、国中に私ほどの物持ちがいないくらい裕福《ゆうふく》に暮《く》らしています。そして大勢の子どもも生まれましたので、子どもたちには、こういうわけで、若い時に黒ギツネの神に助けられたので、今でも第一等の守護神《しゅごしん》として私は祭っているのです。

だから、お前たちも黒ギツネの神を祭りなさい。そうすると、一生幸せになれるでしょう、と一人の男が語りながら世を去りました。

語り手　平取町《びらとりちょう》二風谷《にぶたに》　貝沢とぅるしの

（昭和40年1月18日採録）

解説

これはアイヌの若者《わかもの》が、シサム（和人《わじん》）の国へ交易《こうえき》に行った話です。『氷の井戸《いど》』（114ページ）の話と設定《せってい》がよく似《に》ています。比較《ひかく》してみるのも面白いと思います。

足軽《あしがる》のことを、アイヌ語では「アシンカロ」といい、この言葉が日本語であることがよくわかります。ウウェペケレ（昔話）の中でも交易に行った話の中には、しばしば出てきます。

交易品は、多くは漆塗《うるしぬ》りのものであったらしいのですが、時代によっては鍋《なべ》のようなものもあったのでしょう。カパラペイタンキ（薄《うす》いお椀《わん》）、カパラペポンス（薄い鍋）など、土器や石器を使っていた時代にこれらが手に入った時は、軽く美しいものとして珍《ちん》重《ちょう》したことでありましょう。

また、シサムの側からアイヌの男を呼《よ》ぶ場合は、「オッテナ」と呼んでいます。これは、一人一人の名前ではなく、シサム側が交易に来ているアイヌの成年男子を呼ぶ総称《そうしょう》と思います。

そしてシサム側が謝《あやま》る場合、必ずその言葉の中に、「イワンカネオプ（六つの金倉《かねぐら》）、イワンハルオプ（六つの穀倉《こくぐら》）をあげます」という言葉が出てきます。また、レホッエウトウラペンチャイ（六十艘《そう》の船）、このペンチャイという船は帆掛《ほか》け船のことだとアイヌはいっていたものです。一昨年の夏、復元《ふくげん》されて話題になった北前船《きたまえ》のことかもしれません。

イワン（六）という数は「たくさん」という意味に用いられますが、それは片手《かたて》の指五本より多く、両方の手の指が必要なほど多い数だからです。

黒ギツネは、たまたまアイヌの役に立つ役目で出てきますが、めったに見ることができないから、神として扱《あつか》うのでしょう。

■アイヌの民具■タンパクオプ（煙草《たばこ》入れ） 材料はネシコ（クルミ）の木をマキリでくり抜《ぬ》き、底は別に作りはめこみます。昔のアイヌ社会は、各人が自分で使う道具は自分で作りました。直径《ちょっけい》一三センチ、高さ一二センチくらいです。カパイ（イラクサ）の紐《ひも》でつながっているのは、きせるを固定するもので「さし」といいます。

三本足の大グマ

私は一人の娘《むすめ》で、父がいて母がいて、二人の兄がおり、どうしてなのか知りませんが、足の速さは普通《ふつう》の人とは違《ちが》う速さです。

それだけに、シカ狩《が》りやクマ狩りに一人で行くこともできるばかりでなく、兄たち以上にシカやクマをたくさん捕《と》ることもできます。

また、父は私を特別《とくべつ》かわいがってくれて、私はすでに子どもの時から父に一挺《ちょう》のタシロ（山刀《やまがたな》）を、これはお前のものだ、といってもらっていました。そのタシロは中ぐらいの長さのもので、あまり重くもないので、私はつねにそれを腰《こし》に下げて、山歩きや山菜採《さんさいと》りにも腰から離《はな》したことはありません。父からそのタシロはお前のお守りだとも聞かされていたので、なおさらのことでしょうか、本当にお守りとして持ち歩いていました。

兄たちと一緒《いっしょ》に、あるいは別に狩りに行くと、たまたまクマに追いかけられ、恐《おそ》ろしい思いをしたことがあります。しかし、走る速さが普通の人の倍は速いせいなのか、けがをしたことはありません。

ある日のこと、二人の兄と一緒に狩りのため山へ入りました。狩小屋《かりごや》へ着き、兄たちが狩りに出たあとに、そこに一人で留守番《るすばん》をしていました。

一人で小屋にいましたが、薪《たきぎ》でも取ってこようと思い、タラ（背負縄《しょいなわ》）とタシロを腰に下げて、ふらりと小屋を出ました。

しばらく山の方へ歩き、小さい沢《さわ》の終点近くで山の斜面《しゃめん》が大きなくぼ地になっている所へ来ると、どこからか人間の子どもの声が聞こえます。それも大きい子どもではなく、乳《ち》ばなれしたぐらいの子どもの声に聞こえます。

こんな山奥《やまおく》で、と思った私は、足音を忍《しの》ばせ、声のする方へ一歩一歩と近づいてみると、こともあろうにそこには大グマが一頭寝《ね》ているのです。寝ている大グマの体の上を子どもはは い回り、あっちへコロコロ、こっちへコロコロと転がって遊んでいます。

よく見ると、それは男の子のように見え、大グマはウェンユッ（どうもう）なクマのように見えました。

子どもの着物を見ると、人間の子どもにまちがいないので、なんとかその子どもを大グマの手もとから奪《うば》い取りたいと思いました。薪を取りにと思って狩小屋を出たので、手には弓矢《ゆみや》もありません。素手《すで》で子どもを助けなければと思いながら大グマの様子を見ると、大グマは人間の親が手枕《てまくら》をさせるような姿《すがた》で、子どもを抱《だ》きかかえて寝ています。

しかし、大グマが本当に眠《ねむ》っているかどうかはわかりませんが、子どもの方はそばをはい回ったり、大グマの腕《うで》に抱かれて動き回っています。

じっと身を伏《ふ》せて様子を見ていた私は、さっと起き上がり、えいっとばかりに子どもを抱《かか》えて走りました。眠っていたのではないかと思った大グマは、はじかれたように立ち上がると私を追いかけてきました。

何度かクマに追いかけられたことはありましたが、それは身一つの時で、今日《きょう》は子どもを抱えています。私は走る速さには自信がありましたが、大グマも必死の形相《ぎょうそう》で追ってきます。それでも私は、走りながらタラで子どもを背中《せなか》へくくりつけたので、両手が空き、やや速く走れました。

しかし、狩小屋の方へ走って兄たちにけがをさせてはならないと思い、まったく別の方角へ走りました。それが運悪く、走っている行き先は急な谷間になっていて、谷に落ちればそれまで、生きることのできない深さです。

谷と谷の間が一か所だけ狭《せま》くなっていて、体一つなら飛びこせる幅ですが、今は背中に子どもがいます。大グマに追いつかれればかみ殺されるであろうし、谷へ落ちても死んでしまいそうです。

そこで、私は高い声を出して、

「谷間の神様、私を助けてください。私が落ちて死んだら、谷間の神ばかりではなく、神々全部が悪い女の屍《しかばね》の臭《にお》いによって息が詰《つ》まってしまうでしょう。助けてえ」

と叫《さけ》びながら、えいとばかりに飛びました。すると神々の助けがあったのか、上半身は崖《がけ》の上へ届《とど》き、両手は細い木の根本をつかむことができて、宙《ちゅう》に浮《う》いた片足《かたあし》をばたつかせながらも、どうにか崖の上へはい上がれました。

後を追ってきた大グマも私と同じように飛びこそうとしましたが、前足の片方だけが崖の縁《ふち》へかかり、体が半ば宙に浮いているように見えました。そこへ走りよった私は、腰《こし》のタシロを抜《ぬ》いて、木の根をつかまえている大グマの手首をパシッと斬《き》り落としました。

手を斬られた大グマは宙を舞《ま》うように転がって谷底へ落ちていきましたが、死んだのか生きているのかまったくわかりません。

そこで私は、ようやくわれに返ってその子どもを見ると、本当にかわいい男の子で、どうして大グマといたのかわかりません。言葉もただ声を出すだけで、意味が聞きとれるほどのものでもありません。

そのわけを聞くこともできないので、その子を背負《せお》い、川の見える方へ下り、広い砂利《じゃり》原の所に草で小屋を造《つく》りました。

大グマから子どもを奪《うば》い取ってはみたものの、このような所ではどうしようもなく、食べ物を手に入れられそうな所へ落ち着くことにしました。

小屋に二人で暮《く》らすようになってからは、私を母親と思ったらしく、よくなついてくれるので、かわいくてたまりません。二人は小魚のようなものを取っては焼いて食べていました。

大グマに追われて辺りも見ずに走ったので、今いる所がどこの川なのかも知りません。それと、あの大グマは死んではいないと思うので、いずれは子どもを取りもどしにくるでしょう。それを思うと兄たちに迷惑《めいわく》がかかるので、このままここにいることにしました。

ここで話がかわって。

私はクスㇽという所のコタン（村）の村おさで、娘《むすめ》が二人と息子《むすこ》が二人いて、何不自由なく暮《く》らしていました。息子たちは狩《か》りに行き、娘たちは薪《たきぎ》を集めたり山菜採《さんさいと》りなどをし、家では子グマを一頭飼《か》っていました。子グマといっても、リヤプ（一冬越《こ》えた者）といって、一人前の大きい体をしていて、秋には神の国へ送ろうと思っていたクマです。

ある朝のこと、わが家の飼いグマが突然《とつぜん》高い声を出して暴《あば》れはじめ、声を聞いた二人の息子が飛び起きると外へ出て、「何か予知したのだろうか」と言いながら、クマをなだめようとしました。クマに静まるようにいい聞かせても、なおも暴れて、あっという間に檻《おり》を壊《こわ》して外へ飛び出ると、上流目ざして走っていきました。それを見た二人の息子は身支度《みじたく》を整え、クマのあとを追って走り出ました。

ここで話はまたかわって、クスㇽの二人の若者《わかもの》のうちの兄が語ります。

どうしたのか知らないが、いつもはおとなしいわが家の飼いグマが、ある朝のこと急に高い声を出して檻の中で暴れはじめました。なんとかなだめようと外へ出て檻の前へ行くと、クマは目の前で檻を壊《こわ》して上流へ走っていってしまいました。

急いで身支度をした私と弟は、走ったクマのあとを追いかけましたが、クマはまるで宙を飛ぶような勢いで走り、最初クマの姿《すがた》は見えていましたが、しまいには見えなくなりました。

たまに見える足跡《あしあと》を頼《たよ》りにクマのあとを追いかけ、どのぐらい走ったことでしょう。朝から走り続けて、昼近くなったころに、目の前がぱっと開け、広い広い砂利原へ出ました。

立ち止まって辺りの様子を見ると、大グマが人間を追いかけていたらしく、しかもそれは男ではなく、女を追っていたらしいのです。血に染《そ》まって散らかっている着物は、女物のように見えます。はっきりとはわからないけれど、私たちの飼《か》いグマがやってきて、女を追っていた大グマとけんかをしたらしい様子です。

それらの様子を見た私は、弟と二人で小走りに砂利《じゃり》原の上端の方へ行ってみると、家とはいえないような草小屋が一軒《いっけん》ありました。その草小屋の中でうめき声が聞こえたので入ってみると、全身傷《きず》だらけの若《わか》い娘《むすめ》がいて、その娘に男の子が一人泣《な》きながらまとわりついています。

私たちの影《かげ》を見た娘は息も絶《た》えだえに、言葉というほどでもなく、口の辺りがかすかに動くくらいで、次のように語りました。

「若者たちよ、お聞きください。私はもはや生きていて話をしているのではありません。私は死んだも同然の姿《すがた》ですが、最後の力をふりしぼって私の生い立ちをお話しします。

私には父がいて母がいて、兄が二人いましたが、どうしてなのか知りませんが、私は子どもの時から足が速くて、クマと競争しても負けないぐらいでした。

ある日のこと、兄たちと狩小屋《かりごや》へ行き、兄たちが山へ行ったあとに薪《たきぎ》を取りに山へ入ると、大きなクマが男の子と戯《たわむ》れていたので、その子どもを大グマから奪《うば》って逃《に》げました。すると大グマは子どもを背負《せお》って逃げる私を追いかけ、危《あぶ》なくつかまりそうになった時に、大グマの片手《かたて》を斬《き》り落とし、私は逃げのびてここへ来て、子どもと二人で暮《く》らしていたのです。

ところが今朝《けさ》早く、三本足になったあの大グマがこの草小屋へ現《あらわ》れ、私の寝《ね》起きを襲《おそ》ってきたのです。子どもにけがをさせてはならないと思い、広い所へ出て走りましたが、女である私は力尽《つ》きて、とうとう大グマに追いつかれ、このように大けがをさせられてしまいました。

それでも、まだ私が元気で走っていた所へ、どこからか一頭の若いクマが走ってきて私を助けてくれたので、息だけは残って草小屋まで来られたのです。

若者たちよ、お願いですからこの子どもを本当の親の所へ送りとどけてください。そしてこの子が大きくなったら、大グマの片手を斬り落としたこのタシロを、私の話を聞かせながら渡《わた》してほしい」

口の中でそう言ったかと思うと、娘はぐらっと体を傾《かたむ》け、そのまま息を引きとってしまいました。

私たちは顔を見合わせ、驚《おどろ》きながら外へ出て、飼っていたクマが行った方へ走りました。すると、クマとクマのけんかは、大きい肉切れや小さい肉切れが辺りに散らばり、見るも恐《おそ》ろしい有様です。

それらを見ながらいくと、三本足の大グマがドタッと倒《たお》れて死んでいました。さらに進んでいくと、飼いグマも全身傷だらけになって死んでいました。

私たちはそれを見て、飼いグマは人間の女が大グマに襲われたのを知り、女を助けに来たけれど一歩間に合わず、女も死に、飼いグマ自身も死んだのを知り、飼いグマのやさしい心を思って泣きながらその労をねぎらいました。

飼いグマの皮をはぎ、頭だけを弟が背負い、私はあの男の子を背負って家へ帰ることにしましたが、その前に三本足の大グマへは、

「夢《ゆめ》でも見せなければ、そのまま大地に朽《く》ちさせる」
と言いながら帰ってきました。家へ帰った私たちは、砂利原で見てきた様子を父にこまごまと報告《ほうこく》しました。

その夜、三本足の大グマが夢に出てきて、

「あの子どもは、ウバユリを掘《ほ》りに来ていた若い母親が、自分の着物に子どもをくるんで寝《ね》かせていたのを、いたずら半分に私が盗《ぬす》みました。

そして、その子どもと遊んでいたところへあの女が来て、私のそばにいた子どもを奪い取って逃げました。私が追いかけたところ、片手を斬り落とされてしまったのです。あの女の強さと、走る速さはとても人間の女とは思えないものがありました。

正面から行っては、三本足になった今ではとうてい勝ち目がないと思い、女の寝起きを襲ったのです。その途中《とちゅう》にあなたの家の飼いグマがやって来て、女に加勢したのですが、その時はすでに私が女に深手を負わせたあとでした。

人間の子どもをいたずら半分に盗《ぬす》んだ私も悪かったのですが、その子を殺そうと思ったのではなかったのです。遊んでいたものを横取りした女にも、多少の責任《せきにん》はあるはずです。それと女に片手《かたて》を斬《き》り落とされた私は、目の前が見えなくなりました。

したがって私だけを悪いとは思わずに、粗末《そまつ》なイナウ（木を削《けず》って作った御幣《ごへい》）をくださって、神の仲間《なかま》として残れるようにとりなしてほしいのです。火の神様にも大変しかられました。そうしてくれれば、これからずうっと、あなたたちを守りましょう」

という夢《ゆめ》を見ました。

次の日、私たちはコタンの人たちとたくさんの供物《くもつ》を背負《せお》ってあの砂利《じゃり》原へ行き、死んだあの娘《むすめ》に供物をあげ、先祖《せんぞ》の国へ行けるようにと贈《おく》りました。

そして、あの三本足の大グマへも、これからは人間の子どもに手をつけてはいけない、としかりながら粗末なイナウを少しだけあげて、神々の仲間として残れるようにと神の国へ贈りました。

家へ帰ってきた私たちは、あの子どもの親を捜《さが》し歩きましたが、近くのコタンには見当たらず、私の妹たちはまるで親になったかのように、大事にその子どもを育てました。

そのうちに年月が過《す》ぎ、その子どもが一人前の若者《わかもの》といえるぐらいに成長した時に、はるか遠いコタンでウバユリ掘《ほ》りの女が男の子を盗まれたことがあった、といううわさを耳にしました。

「今になっては、子どもにその生い立ちを教えるよりも、このままで」

と妹たちが言うので、若者には生い立ちを聞かせずに暮《く》らしていました。

しかし、私もすっかり年を取ったので、若い女が死の直前に私に預《あず》けた、あのタシロのことが気がかりになりました。

ある日のこと、若者に昔々の出来事を詳《くわ》しく聞かせて、「お守りに」と言いながら、大グマの片手を斬り落とした形見《かたみ》のタシロを渡《わた》しました。そして、命がけでクマの手から奪《うば》い取った、名も知らない女を供養《くよう》するようにと若者に教えたので、きっと若者はその娘の供養をすることでしょう。

というわけで、私が若い時には、クマよりも走るのが速い女がいて、大グマの片手を斬り落とすなどした話をみんなに聞かせるのですよ、と一人の老人が語りながら世を去りました。

語り手　平取町《びらとり》二風谷《にぶたに》　貝沢とぅるしの

（昭和40年1月18日採録）

解説

この話は最初に娘《むすめ》自身が語り、次は別のコタン（村）の村おさ、そしてその息子《むすこ》たちと話が次々と展開《てんかい》しています。

ウウェペケレ（昔話）のほとんどの場合、一人称《いちにんしょう》が多いものですが、この話は次々と語る人がかわっていき、それだけに内容《ないよう》も変化に富《と》んでいて、アイヌ語で聞いても面白い話でした。

アイヌ語でお守りのことをマンプリといい、人それぞれに何かを持っていました。この話の主人公の娘のマンプリはタシロという一本の山刀《やまがたな》であったわけで、最初はお守りであるタシロでクマの片手《かたて》を斬《き》り落としましたが、とうとうクマに殺されてしまいます。マンプリのほかに、チコシンニヌプ（チはわれら、コはそれ、シンニヌは大地を縫《ぬ》う、プはもの。大地に縫いつけておくほど大事なもの）といって、秘宝《ひほう》的なものを持っている人もいました。

その秘宝は、白ギツネの頭骨《とうこつ》であったり、イナウで作ったヘビの姿《すがた》とか、私の祖母《そぼ》の秘宝はカッコウ鳥の巣《す》であったと聞いています。めったに手に入らないものを、托卵育雛《たくらんいくすう》のカッコウの巣などと信じていたとしたら、秘宝としての価値《かち》はあったのでしょう。

これら個人《こじん》の秘宝は、他人の目に触《ふ》れると効力《こうりょく》を失うので、絶対《ぜったい》に人に見せてはならないものとされていました。その秘宝によっては一代限《かぎ》りのものもあるので、持ち主自身の手で、授《さず》けられた神へ返すこともありました。（拙著『ひとつぶのサッチポロ』所収「宝の箱」参照）

しかし、この話のタシロは、女から子どもへ渡《わた》すように託《たく》されたものなので、老人が死ぬ前に女から頼《たの》まれたタシロを若者《わかもの》に渡したわけで、たぶん若者は自分のマンプリとして大事に持ち続けることでしょう。

■アイヌの民具■タラ（背負縄《しょいなわ》）　荷物運びの代表的な道具。長さ四メートルの編《あ》み紐《ひも》で、材料はチポプテニペシ（煮《に》たシナノキの皮）です。中央の部分をタリペといい、額《ひたい》にかけて荷物を背負《せお》います。突然《とつぜん》クマに出会っても、首を振《ふ》るだけで荷物が離《はな》れ、戦《たたか》ったり逃《に》げたりできます。

私の名は イクレスイェ

私の名はイクレスイェ。狩《か》りの名人中の名人で、いつも山へ行ってはシカを捕《と》り、クマを捕り、何不自由なく暮《く》らしていました。

ある秋のこと、いつものようにシカでも捕ってこようと思い、山へ行きました。ところが山へ入っても、今日《きょう》に限《かぎ》ってシカの一頭も目に入らず、歩いて歩いて、とうとう自分の狩場《かりば》とは別の、石狩川《いしかりがわ》の方まで来てしまいました。

めったにこうしたことはないのに、どうしたことだろうと思いながら沢《さわ》を下り、深い谷川の崖《がけ》の縁《ふち》へ腰《こし》をかけて、煙草《たばこ》を吸《す》いながら休んでいました。

すると、私が座《すわ》っている向かい側の崖の斜面《しゃめん》を、何か黒い塊《かたまり》のようなものが転がり落ちてきて、崖の岩棚《いわだな》にちょこんと止まりました。じっと見ていると、それは人間らしく、それも老人のように見えました。そして、また同じようなものが向かい側の崖の斜面を転がってきて、見るとそれは老女のように見えたのです。

目を凝《こ》らしてよく見ると、体の小さい人間のように見えましたが、どうも人間ではなく、化け物が人間の姿《すがた》に化けているようです。それも男と女とにです。岩棚に座っている二人のそばへ、次から次へと何やら荷物が転がってくると、二人はその荷物を足で谷底へけり落としているのです。

不思議《ふしぎ》に思った私は少し近づいてよく見ると、岩棚の二人も私と同じように煙草を吸っているけれど、それは人間ではなく、化け物であることがわかりました。足でけり落としている荷物は、干《ほ》し肉とか干し魚などの束《たば》でした。

私は人間のように見える化け物を射殺《しゃさつ》してやろうと思い、一歩一歩近づき、ここからならば矢《や》が届《とど》くと思う所まで行き、弓《ゆみ》を引きしぼって、男のように見える化け物へ矢を射込《いこ》みました。矢はまちがいなくその化け物に命中し、岩棚《いわだな》から谷底へ転がり落ちていきました。

あとに残った女のように見えた化け物にも矢を射込むと、それも谷底へ転がり落ちていきました。

化け物が転がっていったあとで、もう一度ゆっくりと煙草《たばこ》を吸《す》ってから、私も谷底の方へ降《お》りていき、よく見ると先ほどの人間の姿《すがた》のように見えたあの者たちは、黒い大きな鳥になって死んでいました。そして、その前には干《ほ》し魚や干し肉の束《たば》が六個《こ》もあるのです。これは、話にだけ聞いたことのあるケムラムカムイという、アイヌのコタン（村）へ飢饉《ききん》をもたらす悪い神であることがわかりました。

私はその黒い鳥から自分の矢を引きぬいたあと、

「今日《きょう》は神さまが私をここへ寄《よ》こしたのであろう。『アイヌのコタンから、食べ物や食べ物の魂《たましい》を盗《ぬす》んで歩いていた化け物を退治《たいじ》せよ』という神の導《みちび》きで、私はここへ来られたのだ。神に代わって罰《ばつ》を与《あた》えてやる」

と言いながら、腰《こし》に下げていたタシロ（山刀《やまがたな》）を抜《ぬ》いて、二羽《にわ》の化け物鳥をめちゃくちゃに切りきざみました。

切りきざんだ怪鳥《かいちょう》を足で踏《ふ》みつぶしては、もう一度切りきざむというふうに、何回も何回も踏んでは切り、切っては踏みして、土が崩《くず》れて土手《どて》になっている下へそれを埋《う》めました。埋めたあとも、何回も足で踏んで、大きい声で、辺りにおられる山の神や樹木《じゅもく》の神や水の神へも、この化け物が生き返ることのないように、と訴《うった》えました。

そうしたあとで、先ほど転がり落ちた干し肉や干し魚の束をきれいにはらい清め、崖《がけ》の上へ運び上げました。

辺りを見ると、新しく木を切った跡《あと》や、古く木を切った跡がありました。これは、コタンが近くにある証拠《しょうこ》だ、そう思った私は、先ほどの干し肉や干し魚の束を、ひとまとめにして背負《せお》い、沢《さわ》の下を目ざして歩きはじめました。

少し行くと、あまり戸数《こすう》の多くないコタンがあり、その中ほどに大きい家があったので、その家の外へ立ち、「エヘン、エヘン」とせきばらいをして、私が家の外にいることを家の中へ知らせました。

すると、家の中から娘《むすめ》が一人出てきましたが、その娘の顔色はチェピポロオマといって、食べ物に不自由している顔、はっきりいうと栄養失調の顔色をしています。娘は私の顔をちらっと見て後ずさりして家の中へ入り、

「外に人間なのか神なのかわからないような立派《りっぱ》な方が来ています」

と言ったのが聞こえました。すると、老人らしい声で、

「誰《だれ》にしても家の外へ来ている人は、家へ入りたくて来ているのに、特別《とくべつ》にいわなければならないのかい。早く入れなさい」

と低い声で、娘がしかられているのが聞こえました。

家の中で、箒《ほうき》を使っている音やござを敷《し》いている音が聞こえ、もう一度出てきた娘

は私に、

「どうぞお入りください」

と言ってくれました。私は背負ってきた干し肉や干し魚を外へ置いて、家へ入りました。

家へ入ってみると、上品な老人がおり、その妻《つま》らしい老婦人《ふじん》、それに先ほどの娘も老夫婦《ふうふ》の下座《しもざ》の方に座《すわ》っています。よく見ると、三人とも栄養の悪い顔色をしています。

囲炉裏端《いろりばた》へ座った私は、改めて丁寧《ていねい》に老人の方へ向いて、両脇腹《わきばら》へ肘《ひじ》をくっつけ、二の腕《うで》を前へ出し、指の間へ指を挟《はさ》むようにして二、三度擦《す》り合わせ、掌《てのひら》を上下させるあいさつをしました。そして、老夫婦にも娘にも同じようにあいさつを終わりました。

同じように老人は私にあいさつを返したあと、

「どちらから来られたお方ですか。初めてお会いするような気がします」

と言いました。そこで私は、

「ユペッという所に暮《く》らしている、イクレスイェという貧乏《びんぼう》アイヌです」

と自己紹介《じこしょうかい》をしました。

私の名前を聞いた家主の老人は、

「おうわさだけは、神のように、超人《ちょうじん》のように聞いていました。イクレスイェ様が来てくださったとは」

と言いながら、もう一度丁寧《ていねい》に上半身を低くして、あいさつをしてくれました。あいさつが終わったあとで、先ほどの娘《むすめ》に、

「外に置いてある荷物を入れて、干《ほ》し肉でも干し魚でも、好《す》きなものを煮《に》てください。一緒《いっしょ》に食べましょう」

と私が言うと、娘はにっこりして外へ出て、荷物を抱《かか》えてきました。上座《かみざ》の窓《まど》の下でその荷物をほどくと、上座がいっぱいになるほどでした。

「あとで理由を話しますが、きれいに洗《あら》って煮るように」

と私が言うと、老人は大きい鍋《なべ》を洗って火にかけ、娘と老婦人《ふじん》は干し肉をたくさん洗って、切って鍋に入れました。鍋が煮え立つのを待ちながら、老人はゆっくりと身の上話を始めました。老人の言葉によると、

「息子《むすこ》が二人に娘が一人、何不自由なく暮《く》らしていましたが、どういうわけか知らないのですが、このごろは山へ行ってもシカの一頭もウサギの一匹《ぴき》もいないし、川へ行っても小魚の一匹も見えないので、食料がまったくなくなってしまいました。

それればかりではなしに、このような飢饉《ききん》のために備《そな》えて残してあった、干し肉も干し魚もいつの間にやら消えてしまうのです。

二人の息子は毎日狩《か》りに山へ行きましたが、まったく獲物《えもの》に出会わず、空《から》もどりばかりです。それで、私どものコタンでは食べ物がなくなり、このままではどうなることかと思っていたところです」

と聞かせてくれました。この話を聞いて私は、ここの家族が栄養の悪い顔色をしていたわけがわかりました。

そのうち、大鍋の肉が煮えて、食べられるばかりになったところへ、山へ行っていた二人の若者《わかもの》が帰ってきました。入口まで入ってきた若者たちは私の姿《すがた》を見て、後ずさりしてもう一度外へ出て、外で狩り用の身支度《みじたく》を解《と》いて家へ入ってきました。まず最初に、丁寧に私へあいさつをしてから父に向かって、

「お客様がどちらから来られたお方か聞かれましたか」

と尋《たず》ねました。その父が答えるには、

「聞いたどころの話ではない。うわさだけには、神のように、超人のように聞こえていた、ユペッ川のイクレスイェというお方だ。

来てくださっただけでもありがたいのに、このように山ほどの干し肉や干し魚を背《せ》

負《お》ってきてくださった。それをさっそく煮て、食べられるばかりになっている」

と言いました。

それを聞いた二人の若者は、もう一度改めて丁寧に丁寧にあいさつをしてくれました。そのあとで初めて、大鍋を下ろし、みんなで腹《はら》いっぱい肉を食べました。

食べ終わったあとで娘は鍋を洗うなど、きれいに後片《あとかた》づけなどが済《す》んだので、私は初めて、今日《きょう》の出来事を話しました。ケムラムカムイという、アイヌのコタンへ飢饉をもたらす悪い神を退治《たいじ》して、持っていた干し肉や干し魚を取りもどしてきた様子など、事細かに話をして聞かせました。老人たちは驚《おどろ》きのあまり、魂《たましい》が鼻や口から飛び出さないように、両手で口や鼻をふさぎながら聞いていました。

若者たちも一緒に私の話を聞いていましたが、聞き終わったあと、

「私たちも今日は、本当に恐《おそ》ろしいシカの足跡《あしあと》を見てきたのです」

と今日見てきた様子を、それぞれ語りはじめたのです。二人の若者が語る話は、

「このコタンからそう遠くない所にある沢《さわ》ですが、昔からその沢は、狩りに入ってはならない沢にされていました。けれども、あまりに獲物がいないので、今日は二人でその沢へ入っていきました。

少し進んでいくと、本当に珍《めずら》しく大きなシカの足跡を発見しました。しばらくシカ

を捕《と》ったことがないので、なんとか捕れればコタン中が助かると思い、その足跡を追いかけはじめたのです。沢《さわ》の中へ少し入って立ち木のある辺りまで行くと、シカらしいものが暴《あば》れながら沢を進んでいる様子、それはシカの角《つの》の高さで、シカが立ち木へ突進《とっしん》し、角で立ち木を突《つ》きわっているのです。それも、大人《おとな》が両手を広げて抱《かか》えても、指先と指先が届《とど》かないような太い立ち木に向かって走っていき、頭を斜《なな》めにして突進すると、立ち木の外側は大きく割《わ》った薪《まき》のようになって、割れて飛び散ります。割れて飛び散った薪のようなものが、沢の中いっぱいになっているほどでした。私たちはそれを遠くから見ただけで、シカの姿《すがた》もはっきり見ないまま逃《に》げ帰ってきたというわけです」

その話を聞いた父親は、

「よかった、よかった。あの沢は昔からウェンユㇰといって恐《おそ》ろしい人殺しジカがいる所で、今までにコタンの人が何十人と殺された所だ。逃げ帰れたのは、お前たちを神が守ってくれたのであろう」

と言いました。そして父親は、

「このコタンも昔は大勢のアイヌが暮《く》らしていたが、その化け物ジカに何十人も殺されてしまい、今ではこんな小さなコタンになってしまった」

と涙《なみだ》ながらにつけ加えました。

その夜はその家に泊《と》めてもらいました。次の朝になって、たくさんの肉をみんなで食べ終わってから、若者《わかもの》たちへ、

「さあ、昨日《きのう》見たという化け物ジカのいる沢へ案内しなさい」

と言うと、老人と若者たちは身を震《ふる》わせながら驚《おどろ》きました。

「イクレスイェ様、それはやめてください。これまで、どんなに度胸《どきょう》のある強いお方でも、生きて帰ってきた者は一人もおりません。どうぞ、あの沢へ入ることだけは思いとどまってください」

と老人は泣《な》きながら私を止めました。それを聞いた私は、

「今までいろいろな化け物を退治《たいじ》してきたが、化け物ジカをも退治するために、神が私を呼《よ》びよせたに違《ちが》いない。どうしても行く、さあ案内しなさい」

と言いながら、老人に向かって、

「そんな人殺しをする化け物ジカを、いつまで大事にしておきたいのですか」

と半ば怒鳴《どな》るようにしかりつけました。

それを聞いた老人は、泣きながら私を止めるのをやめ、若者たちはしぶしぶ私を案内して、その沢へ行きました。けれどもシカの足跡《あしあと》が見える所まで来ると、二人は私

のずうっと後ろになってしまいました。そして、

「その沢の奥《おく》へ行くと、化け物ジカがいる」

と口々に言いながら、見えかくれに私の後ろについて来ています。

私がずんずんと先へ進んでいくと、本当に太い木ち立が角で、カパッ、カパッとはがされていて、見るもすさまじい光景です。私は、これはちょっとやそっとのシカではない。どんな角をしていてこのように立木をはぎ取るのか、と思いながら用心深く一歩一歩沢の奥へと進みました。すると、化け物ジカは一本の太い太いカツラの木の陰《かげ》へ入っている様子で、その木から向こう側は角の跡が見えません。

そこで私は、カツラの木の神に、

「私はユペッから来たイクレスイェという者で、そこにいる化け物ジカを退治したい。どうぞ私に力を貸《か》してください」

と大声で頼《たの》みました。そして私は、

「今まで何十年もの間、人間を殺し続けたシカを、山の神も、立ち木の神も、水の神もそれをなんとかしようともせず、生かしているとは。そんな神々を私は許《ゆる》すことはできない。さあ今日《きょう》こそ、神々全部が私に味方せよ」

と叫《さけ》びました。そういいながら、立ち木の周りを見回しましたが、シカの姿が見え

ません。そこで私は、このような時は弓矢《ゆみや》を用いては勝てないと思い、手ごろの木を一本切り、手で握《にぎ》る部分を細く削《けず》りました。その棒《ぼう》を手に持って、

「さあ、化け物ジカ出てこい。神がそちらへ味方するならそちらが勝ち、こちらへ味方するなら私が勝つ」

そう言いながら、カツラの木の周りをゆっくりと回っていきました。私の声を聞いた若者《わかもの》二人は、はるか向こうの木の陰《かげ》から、ちらっ、ちらっと見ているだけです。足手まといの者がいるよりは安心と思った私は、より大声を出しながら、シカのいるカツラの木の周りを回っていました。

すると、大地からわき出たように大ジカが飛び出してきました。そのシカは普通《ふつう》の姿《すがた》のシカではなく、角《つの》の形といえば、アッシ（衣）を織《お》るへらを鼻から額《ひたい》にかけて立ちならべたような、見るも恐《おそ》ろしい形相《ぎょうそう》です。化け物ジカはさっと私に襲《おそ》いかかってきました。私はカツラの木の周りを走り、時には急に立ち止まって頭を殴《なぐ》り、また走っては顎《あご》を殴り、時に追いかけられるのではなしに、くるっと方向を変えて、前から額を殴るなどしました。

そうしながらも、大声でカツラの木の神へ助けを求め、時には大きく、時には小さく、木の周りを走り、化け物ジカの頭を殴り、顎を殴り、額を殴るなど、何回も何十

回も殴っているうちに、大ジカはすとんとあお向けにひっくり返りました。ここぞとばかり、私は棒《ぼう》を持ち直して殴りつけ、とうとう殴り殺すことができました。私はその化け物ジカを足で踏《ふ》みつけながら、

「今まで何十人も人を殺したとは。神に代わって罰《ばつ》を与《あた》える」

と言いながら、めちゃめちゃに踏みつけたり殴ったりしました。

そのあとで、若者たちに「シカを殺したぞお」と声をかけました。二人が走ってきたので、

「さあこれを皮のまま切りきざんで、その肉を風倒木《ふうとうぼく》の腐《くさ》ったのとか、腐った木の株《かぶ》などへ配りなさい」

と言うと、若者たちは私のいうとおりにしました。普通《ふつう》であれば、人間に自分の肉を食べてもらうことによって、神として魂《たましい》が復活《ふっかつ》できますが、このように腐った木の株とか、倒《たお》れて腐っている木に、皮のまま切りきざまれて配られると、その魂は復活できないものです。それで、シカでもクマでも、このようにされることをもっとも恐れています。人間が動物に与える最大の罰として、このようにするのです。

それが終わって帰り支度《じたく》を始めると、来る時には歩くのが遅《おそ》かった若者たちは逆《ぎゃく》に大急ぎで帰り、私が家へ入らないうちに、先を争って家へ飛びこみました。

そして、自分の親たちへ、かくかくしかじかと、私が化け物ジカを殺した様子を聞かせました。それを聞いた老人は、

「ずうっと昔から手におえない化け物でしたが、あなたが来てくださって、このように安心することができました。私が死んだあと、子どもたちのことを案じていましたが、これで心置きなく死ぬことができます」

と言って、泣《な》きながら何回も何回も私に礼をいいました。

その夜は、その家にもう一晩《ひとばん》泊《と》まりました。次の日にも泊まるようにいわれましたが、泊まらずに、「来年のちょうど今ごろまた来ます」と約束《やくそく》をして、家へ帰ることにし、途中《とちゅう》でシカを一頭捕《と》って帰ってきました。家へ帰ってきても、私は二泊《はく》三日の間の出来事を一言もしゃべりませんでした。

そうこうしているうちに、次の年の秋が来ました。私は「来年の今ごろ」と約束したことを思い出したのと、老人が元気でいるのか気がかりになったので、あの石狩《いしかり》へまたやって来ました。

私の顔を見た老人や若者たちは、

「さすがに偉《えら》い人だけあって、約束を守って来てくださった」

と大喜びです。私を迎《むか》えるために大量の酒を醸《かも》してありました。

次の日は、朝からコタンの人が集まってきて、酒を搾《しぼ》り、夕方から大宴会《だいえんかい》が始まりました。私はいちばん上等の席へ座《すわ》らせられ、サケイユㇱクㇽ（祭司《さいし》）という役までさせられて、おいしい酒をたくさん飲み、楽しい夜になりました。

家主の老人はコタンの若者にいいつけて、

「さあ、ユペッ川のイクレスイェ様に見せるため、踊《おど》りを踊《おど》ったり、ウウェペケレ（昔話）なども聞かせなさい」

と言いました。すると、若者《わかもの》たちは踊りを踊りはじめ、それはそれはにぎやかで、ユペッではあまり見たこともないような楽しいものばかりでした。しばらく踊りが続き、やがて終わると一人の若者が、

「私はユカㇻ（英雄叙事詩《じょじ》）をします」

と言いました。その若者は朝から来ていて、気のきく若者だなあと、私が心ひそかに思っていた若者でした。それを聞いた家主の老人は、ユカㇻどころか、昔話の一つも語ったのを聞いたことがないのにと、心配そうな顔と、からこしゃくなという顔で見ていました。

それでも若者は、「ユカㇻをします」と言いながら、ユカㇻを語りはじめました。

いや、その若者のユカㇻの上手《じょうず》なのには驚《おどろ》くほどで、コタンの人も顔を見合わせてい

るばかりです。

そのユカラの中には、コタンの名前や神々の名前が次から次へと並《なら》べたてられ、それを聞くだけでも大変参考になるのに、それどころか、私も初めて聞くような天の国の神々の名前まで出てくるのです。私はレプニという棒《ぼう》を手に持って、軽く炉縁《ろぶち》をたたいて拍子《ひょうし》をとりながら、若者が語るユカラに聞きほれました。

しばらくの間ユカラを聞いたあとで、家主の老人に、

「若者はお嫁《よめ》さんとか子どものいる人ですか」

と聞いてみますと、老人は、

「嫁もいないし、親もいない独《ひと》り者で、子どものころは私の家で育ったようなものですよ」

と聞かせてくれました。またこのごろでは、自分で小さい家を建てて、一人で暮《く》らしています、ということでした。

「それでは、私のコタンへ行って私の弟として暮らす気はないだろうか」

と老人に聞くと、老人は、

「本人さえよければ、かまいません」

という話です。

老人から話を聞いた私は、ユカラの終わったあと、若者に神々の名前を知っていることを褒《ほ》めるとともに、さしつかえなければ、私の弟になってユペッのコタンへ来てくれませんか、と聞いてみました。

すると、若者はまるで前々からそういわれることを知っていたか、予感していたかのように大喜びで、私の申し出を受けてくれました。今朝《けさ》からの若者らしいきびきびした動きを見て、このような若者を弟にもてれば、という思いがかなったので、私も大喜びです。

若者は次の朝早く来ましたが、私たちはその日もう一日滞在《たいざい》することになり、家主の老人やコタンの人とともに飲み食いして、一日いっぱい楽しい時を過《す》ごしました。

三日目の朝に、私は家主の老人や若者たちに丁寧《ていねい》に丁寧にお礼をいって、コタンへ帰ってきました。コタンへ帰ってきて妻《つま》には、

「いい若者なので、弟として一緒《いっしょ》に来てもらいました」

と言うと、妻もたいへん喜んで若者を迎《むか》えました。

それから何日か過ぎたある日のこと、妻もどこかへ行って留守《るす》の時に、若者の身の上話を聞いてみました。

「あなたは親もいない孤児《みなしご》と聞きましたが、どうしてあのようにユカラを知っている

うえに、古い時代の神々の名前まで覚えているのですか」

と尋《たず》ねました。そうすると、若者はせきを切ったように語りはじめました。

「私が物心ついたのは、先日イクレスイェ様が泊《と》まっておられた村おさの老人の家でした。両親も知らずにあの家で育てられ、一人で小魚釣《つ》りなどができるようになるまでは、夏も冬もあの家で暮らしていたものです。そのうちに、夏の間だけは山の方のかなり大きい沢《さわ》へ行って、そこへ小屋を建て、魚を釣っては生活をしていたものです。

魚釣りに行く沢は、いつも決まっているものですが、ある時から、私より少し年上の少年が来て、私の小屋の近くに小屋を建てました。そして、昼の間は一緒に釣りをして、夜になると、少年は魚を焼きながらいろいろと話を聞かせてくれました。

釣った魚は、焼いたあとで細かい紐《ひも》で編《あ》み下ろしては乾《かわ》かし、それを秋になったら背負《せお》って帰り、冬の間それを食べるのです。その食べ方は、何匹《びき》かの干《ほ》し魚を汁《しる》に入れて、それに夏の間干してあった山菜《さんさい》を入れるという具合でした。

そして、夏毎《ごと》に一緒《いっしょ》になる少年が、最初は昔話であったものが、次の年は神々の名前をユカラの調子で聞かせてくれ、次の年にはユカラをというように、一年また一年と、たくさんのユカラを聞かされ、教えられました。

このように何年もの間、夏だけではありましたが、ユカラを聞くのが仕事のようにして私は暮《く》らしたのです。そうして、あの少年が知っていたユカㇻの種類を全部私は覚えてしまいましたが、コタンでは一度もユカㇻをしたことはありませんでした。したがって、コタンの人のうちでも、私がユカㇻをやれるということを知っている者は、一人もいなかったのです。

どちらも一人前の青年になってからは、私が語り、相手が聞いてくれて、練習に励《はげ》みました。それで、ユカㇻを上手《じょうず》にやれるようになったのですが、あの青年のことを思うと懐《なつ》かしくてしようがありません。

それが、ある夏のこと、いつもと同じようにその青年と一夏を過《す》ごし、秋になって別れる時に、『これまで知っている限《かぎ》りのユカㇻやそのほかを教え終わったので、わたしは今年限りで神の国へ帰ります。来年からは、もう来ないので、アイヌの若者《わかもの》であるあなたも、ここへは来ないようにしなさい。それと、今のコタンにいるよりは、別のコタンへ行った方がいいでしょう。そうなるようにわたしが考えて、本当に精神《せいしん》のいい人が来て、あなたを誘《さそ》うように仕向けるので、誘われたら、その人と一緒に行きなさい。そうすれば、死ぬまであなたは幸せです』と、青年に身を変えていた神が教えてくれました。

そして、『行き先で落ち着いたら、神であるわたしの所に、イナウ（木を削《けず》って作った御幣）と酒を贈ってくれ』と言ったのです。そこで私は、『あなたはなんという神なのですか』と聞いたのです。すると、『ヤイモトソモイェカムイ（素性《すじょう》をいわない神）のもとへ、イナウと酒を贈るといえば受け取れる』と言って、本当の名前は教えてくれませんでした。

それからは、あの釣《つ》り場所の沢《さわ》へも行かずに、自分で小さい家を建てて、そこで暮らしていましたが、少しの酒でも手に入った時は、素性をいわない神へ贈るといっては、お酒やイナウを贈っていたのです」

と、長々とその身の上話を聞いた私（イクレスイェ）も本当に驚《おどろ》きました。その話を聞き終わった私は、すっかり安心して、この若者を本当の弟として私の家の神々へも報告《ほうこく》しました。

私はコタンの人とも仲《なか》よしになった若者のために、新しく家を一軒《いっけん》建て、コタンでいちばん精神のいい娘《むすめ》をお嫁《よめ》さんに迎《むか》えてあげました。若者が語るユカラを聞いて、コタンの人も次々とユカラを覚え、今では大勢の人がユカラをできるようになったのです。

こういうわけで、私が若い時は、ケムラムカムイという悪い神を退治《たいじ》したり、人殺しをしていた化け物ジカを退治したりしたけれど、今では私もすっかり年を取ってしまいました、とユペッというコタンのイクレスイェが語りながら世を去りました。

語り手　平取《びらとり》町本町《ほんちょう》　鹿戸まりや

（昭和36年11月7日採録）

解説

ウウェペケレ（昔話）には、「私は……」というふうに始まるものが多いのですが、この話ではイクレスイェという名前を出しています。イクレスイェは、いつの場合も悪い者を、あるいは悪い神をやっつける役で登場《とうじょう》して来る名前です。この話の中でも、コタン（村）へ飢饉《ききん》をもたらした悪い神を殺したり、あるいは化け物ジカを退治《たいじ》したりしています。

また、この話の中には、人間を襲《おそ》ったクマやシカを殺した時は、皮をはがさずにそのまぶつ切りにして、腐《くさ》った木の株《かぶ》へ配る話なども出ています。

それから、ユカラ（英雄叙事詩《じょじ》）を神様から聞いた若者《わかもの》の話では、ユカラという言葉は「まねる」という意味なので、神である青年が語り、アイヌ青年がまねたとなっています。

一般《いっぱん》のアイヌ社会というか、きわめて平凡《へいぼん》なアイヌの男でも、ウェンタラプオッタ アヌユカラというのがあるものですが、それは「夢《ゆめ》の中で聞いたユカラ」という意味で、夢の中で聞いたものは、そのまま続けて眠《ねむ》ると忘《わす》れてしまいます。

したがって夢で聞いたと気づいたらすぐに起きて、火をたき、自分の妻《つま》でも誰《だれ》にでもいいから今聞いたユカラを聞かせます。そうすると、自分は忘れてしまっても聞いた者が覚えていてくれる、と信じられていました。それは、アイヌ民族は、昔話でもユカラでも、神の国では神々がアイヌと同じに語り、それを聞くと考えていたからです。

このイクレスイェの話を聞かせてくれた鹿戸まりやフチ（おばあさん）は、宣教師《せんきょうし》のバチラー氏からもらったまりやという名前のほかに、アイヌ風にもう一つ名前をもっているといっていましたが、聞きもらしました。昔のアイヌ婦人《ふじん》が皆《みな》そうであったように、口のまわりにきれいに入墨《いれずみ》をしていました。丁寧《ていねい》にゆっくりとしゃべるあの口調《くちょう》は、忘れることができません。

■アイヌの民具■サカエカスプ（酒粥杓子《さけがゆしゃくし》）祝《いわ》いごとで酒を醸《かも》す時、サカエ（酒を造《つく》る粥）を大鍋《おおなべ》で炊《た》きます。その粥を冷ます杓子がサカエカスプです。長さ約八〇センチ。材料はプシニ（ホウノキ）です。冷めた粥にカムタチ（麹《こうじ》）を加えて樽《たる》に詰《つ》め、発酵《はっこう》させます。

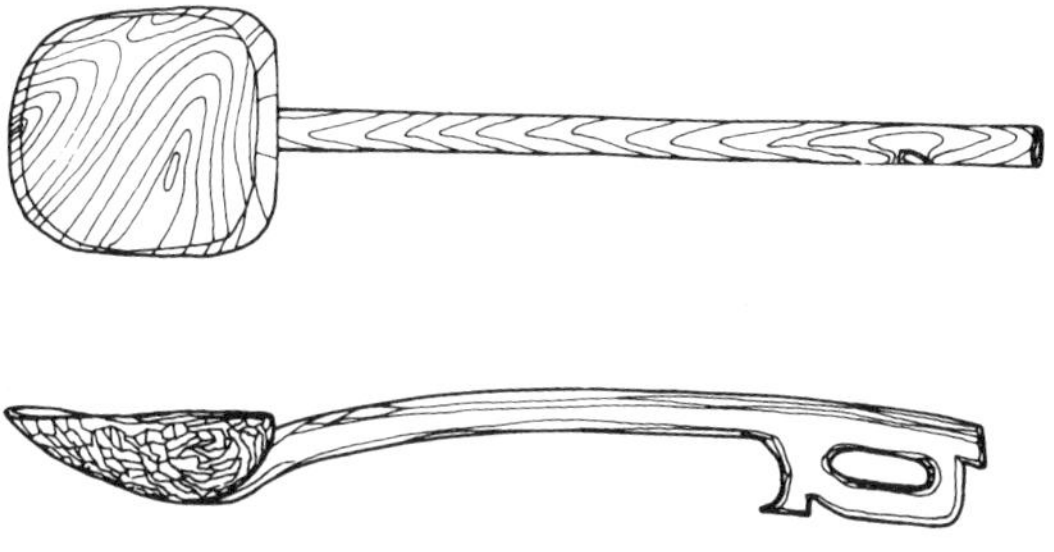

狩《かり》小《ご》屋《や》で クモ神が夢《ゆめ》を

私の名はバレアㇱクㇽといい、国中のどこにもいないような物持ちで、そればかりではなく、狩《か》りの名人でもありました。そして、住んでいる所はユペッというコタン（村）です。

私が狩りに行く時は、一人で行くことはなく、たいていの場合、若者《わかもの》を一人連れていきます。それも、コタンでいちばん精神《せいしん》もよく、気立ての優《やさ》しい若者と行きます。その若者を、泊《と》まりがけの狩りに行く時、あるいは日帰りの狩りの時でも連れていきます。

いつも二人で狩りに行っては、ユペッの川と石狩川《いしかりがわ》の境《さかい》の峰《みね》に立って石狩の方を見下ろしては、いつの日か石狩川の方へ行ってみようと話をしていました。

ある日のこと、いつものようにその若者を誘《さそ》って狩りに出かけ、石狩川の方へ下っていきました。一度は来てみたいと思っていた石狩へ下ってみると、想像《そうぞう》していたとおりに、林の下にはシカやクマの足跡《あしあと》が、ごちゃごちゃとありました。私たちは広い川原《かわら》へ出て、今晩泊まるための狩小屋《かりごや》を建てました。

一緒《いっしょ》に来ている若者は薪《たきぎ》を集めたり、水をくんで来て煮炊《にた》きの準備《じゅんび》などをして、夕《ゆう》暮《ぐ》れ近くには食事も終わりました。私は右座《みぎざ》の方に座《すわ》り、若者は左座の方に座っていました。

私は狩小屋の中ではあっても、いつものように矢《や》を削《けず》るのがつねでした。作った矢は若者と分けて使うことになっているので、感謝《かんしゃ》の気持ちから、なおさらのこと若者は多くの雑用《ざつよう》を一人でやってくれます。

私が矢を削っていると、向かい側に座っていた若者がこっくり、こっくりと居眠《いねむ》りを始めました。私は、山を越《こ》えてきたので疲《つか》れたのであろうと思いながら、その様子を見ていました。居眠《いねむ》りがだんだんと深くなり、若者《わかもの》は大きく二回、三回と横へ揺《ゆ》れ、あるいは前へ揺れていましたが、ドタッと横へ倒《たお》れ、そのまま眠ってしまいました。

その様子を見て、私はおかしくなって声をたてて笑《わら》いそうになりましたが、よほど疲れたのかなと思いながら、笑いをこらえていました。そんな若者を見ながら私は矢《や》を削《けず》っていましたが、しばらく眠っていた若者が、目をこすりながら起きました。

若者はきょとんとした顔をして私を見ながら、

「眠っている間に誰《だれ》か来て、ウウェペケレ（昔話）かユカラ（英雄叙事詩《じょじ》）をしませんでしたか」

と私に聞きました。私は、

「こんな山奥《やまおく》の狩小屋《かりごや》へ人が来るはずはないし、先ほどから、これこのように矢を削っていた」

と答えました。そうすると、若者はゆっくりと私に語りはじめました。

「わたしはあまりにも眠かったので、いつの間にかここへ横になって眠りましたが、その間に夢《ゆめ》を見ました。

わたしたちのこの狩小屋へ一人の男、神なので神にふさわしい容貌《ようぼう》の方が入ってこられ、横座《よこざ》へ座《すわ》り、『パレアシクルよ、あなたはなぜこの石狩《いしかり》へ来たのですか。今この石狩では大変なことが起こりそうなのです。

というのは、この石狩があまりにも獲物《えもの》が豊富《ほうふ》なので、天の国にいるチチケゥという恐《おそ》ろしい化け物がこの石狩へ降《お》りてきて、人間を皆殺《みな》しにしたあと、ここで暮《く》らそうと考えているのです。それを知ったのが人間を守っていた神々ですが、どの神もチチケゥという化け物にはかなわないのです。

そこで、神々が大変心配をしていろいろと相談をしました。チチケゥに勝てると思う神は、今この国にいないユカㇻの主人公のポンヤウンペという神だけだろう、ということになりました。

そのポンヤウンペは、何か気に入らないことがあって、この石狩から去り、シサム（和人《わじん》）の国へ行ってしまっていたのです。それで神々の方からお願いをして、ポンヤウンペに使いが走り、ポンヤウンペがチチケゥを退治《たいじ》するために、明日《あす》この石狩へシサムの国から帰ってくるのです。

そのようなわけで、神も人もどうなることかと息をひそめている矢先、お前たちが来るのが見えました。ユペッにもあれほどたくさんいる獲物なのに、なぜ無理《むり》にここへ来たのです。狩《か》りなど考えずに、明日の夜明けとともにユペッの方へ帰りなさい。そうでないと、どうなるかわかりません。ポンヤウンペとチチケゥとの戦いの様子は、ユペッの川が見える峰《みね》の上から見ていなさい。ここにいれば、お前たちの命はないものと思いなさい。

かくいう私は、石狩川のこの広場を守るために天国から降ろされたヤオシケㇷ゚カムイ（クモの神）です。生きて帰れたら、イナウ（木を削って作った御幣《ごへい》）でも酒でも贈《おく》ってよこしなさい』と、その神があなたに言っていたようにわたしは思いました」

若者は、一気に夢の話を私に聞かせてくれました。日ごろは、ユカラとか昔話などを語ったことも聞いたこともない若者が、そういう話を私に聞かせたので、聞いた私は震《ふる》えあがりました。私は矢を削ることなどはすぐにやめて、「私どもを守ってください」とクモの神様へオンカミ(礼拝《らいはい》)を重ね、その夜はすぐに寝《ね》ました。

次の朝、私たちはまだ夜の明けきらないうちに起きて、早々と食事を済《す》ませ、ユペッツの方へ帰るために歩きはじめました。昼近くにクモの神様が聞かせてくれた、石狩川とユペッ川の境《さかい》の峰まで来て、立ち止まり、石狩の方を見ていました。

すると、海の方から何やらギラギラと光るものが飛んできているのが見え、それは小さい鳥のようにも見えました。

ちょっと目を離《はな》すと、その光のような小鳥が一度見えなくなり、次に天の方から金の乗り物が降りてきました。乗り物の中には、そのチチケゥという化け物、一人は男の姿《すがた》、一人は女の姿で乗っているのが見えます。

すると先ほど海の方から来た鳥は、ふたたび姿を現《あらわ》し、光を隠《かく》し、スズメぐらいの小鳥になって、天から降《お》りてきた乗り物に乗りうつったのです。女の方がいうのには、「兄上よ、どうしたのか急に腹《はら》が痛《いた》くてどうにもなりません。天の国へ行って薬を取ってきます」

と言いながら乗り物とともに、天の方へ少し飛び上がりました。少し上がったと思うと、女は白骨化《はっこつ》し、バラバラと地上へ落ちるのが見えました。そして男の方も同じように白骨化し、地上へ落ちるのが見えたのです。

それが終わると、海の方から光りながら飛んできたものが、来た時と同じように海の向こうへ帰っていったのが見えました。たぶんあの神様は、昨夜夢《ゆめ》で知らされたポンヤウンペという神なのでしょう。

その様子を見た若者《わかもの》と私は顔を見合わせ、ほっと息をつき、逃《に》げるように山を駆《か》け、自分たちの狩小屋《かりごや》へも寄《よ》らずまっすぐに家へ帰ってきました。

その夜のこと、今度は私も夢を見ましたが、クモの神様が夢に出てきて、

「パレアㇱクㇽよ、私がいったとおりにしたので無事《ぶじ》に帰ることができたであろう。私へイナウと酒を贈《おく》りなさい。また、海の向こう側からアイヌのコタンの危機《きき》を救いに来てくれた、勇者のポンヤウンペ神にもお礼を贈りなさい。

この危機は、お前たちのコタンばかりではなく、ユペッ川の上の方のコタンや下の方のコタンの危機でもあったのだ。それぞれのコタンへ使いを走らせ、コタンの人たちからお礼のイナウと酒を贈るようにしなさい」

という夢を見ました。

次の朝、私は上のコタンや下のコタンへ使いの若者を走らせ、クモの神様に知らされたことや目で見たことを伝えました。

私の自分の家でたくさんの酒を醸《かも》し、イナウを削《けず》って、海の向こうのポンヤウンペという神へ贈りました。いうまでもありませんが、夢で知らせてくれたクモの神へも、別にたくさんの酒とイナウを贈りました。

その後は、石狩《いしかり》の方へは行かないことに決めていました。私も、そしてあの若者もすっかり年を取り、自分の子どもらに養われるようになりました。

子どもたちにいい遺《のこ》した言葉は、石狩の方へは狩《か》りに行ってはいけませんよということと、クモの神様を忘《わす》れないように祭りなさいということでした。

というわけで、それほど珍《めずら》しい話でもありませんが、若い時にクモの神様の助けがなかったら、危《あぶ》なく死ぬところでしたが、こんなに長生きしました、と一人の老人が語りながら世を去りました。

語り手　平取町《びらとり》荷負本村《におい ほんそん》　木村うしもんか
（昭和38年8月2日採録）

解説

アイヌのウウェペケレ（昔話）のおしまいは、ほとんどが「……が語りながら世を去りました」とあり、生まれた者は必ず死ぬ、それが当り前だよ、とはっきりする部分が日本民話との違《ちが》いでもあるでしょうか。

この話に出てくる化け物チチケゥというのは、どんな姿《すがた》をしているのでしょうか。実在《じつざい》するものではないので、想像《そうぞう》するほかありません。

語り手の木村うしもんかフチ（おばあさん）は、荷負本村《におい ほんそん》の方で、口のまわりに入墨《いれずみ》をしたきれいな方でした。フチはいつか私に、

「古い時代の沙流川《さるがわ》の大洪水《だいこうずい》の時、一軒《いっけん》のアイヌの家が流れていき、その家の上座《かみざ》の窓《まど》の外にある祭壇《さいだん》も流れた。その祭壇が流れる時に、その祭壇の所からサケハウ（男が酒を飲んだ時に出す声）が聞こえたものであった。あれは神の声であったのかもしれない」

と言いながら、サケハウを聞かせてくれました。その声を録音してあります。メノコユカラ（女が語る叙事詩《じょじし》）も上手《じょうず》な方でした。

このような話に出てくる地名について、語り手はあまり気にしないもので、同じ話でも話す人によって、石狩《いしかり》であったり十勝《とかち》であったりという具合です。

ここで出るユペッは、雄別《ゆうべつ》という地名が十勝の方にあるにはありますが、話の内容《ないよう》との関係はなさそうです。ただ、沙流川のアイヌは話の舞台《ぶたい》を石狩あるいは十勝としていますが、他の地方のアイヌが語る場合は、サルンクㇽアネヒーネ（私は沙流川の人）というふうに話を始めるものです。現実《げんじつ》に自分が暮《く》らしている土地のことよりも、他の土地のことにした方が面白かったのでしょう。

■アイヌの民具■ヤリカヨプ（樹皮《じゅひ》の矢筒《やづつ》） 狩《か》りの道具は軽くて持ちやすいのが第一です。ヤリカヨプはサクラやシラカバの樹皮を丸《まる》めて底板をつけて作ります。両側面をヤナギの木などで補強《ほきょう》し、タラ（背負縄《しょいなわ》）をつけて完成です。直径《ちょっけい》一二センチ、長さ六〇センチ、矢は十本くらい入ります。

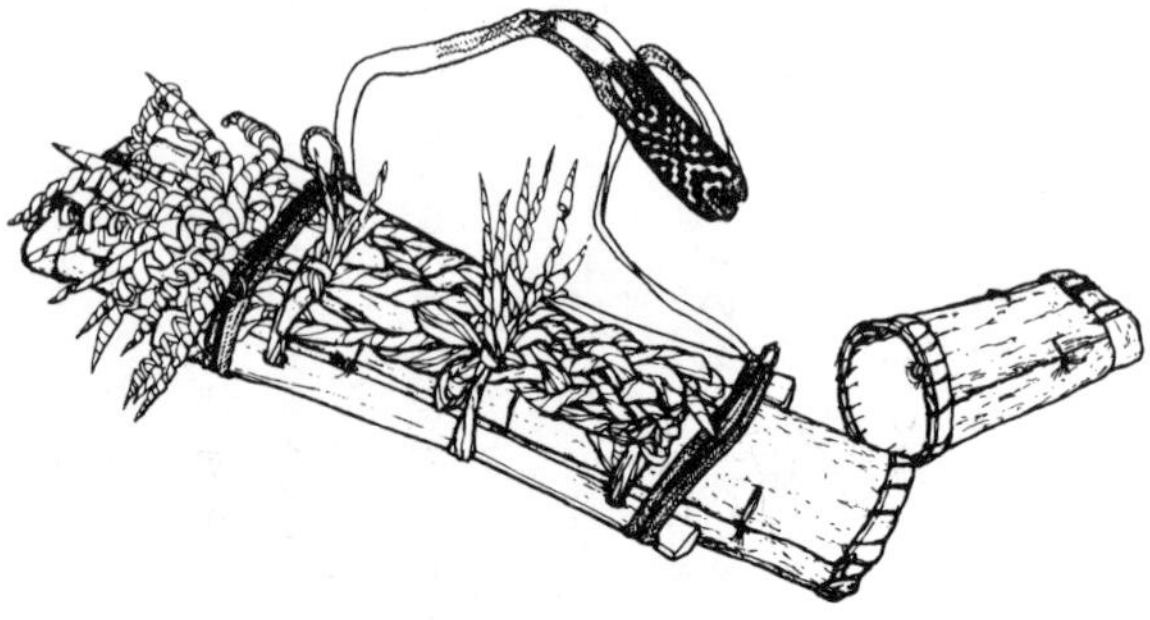

スズメの恩返《おんがえ》し

私は天の上にある神の国で、姉に育てられていた一羽《いちわ》のアマメチカッポ（スズメ）でありました。

同じぐらいの年の娘《むすめ》たちが、アイヌの国、十勝川《とかちがわ》のほとりにあるコタン（村）へ、食べ物をあさりに降《お》りていっては、ヒエやアワを大きな袋《ふくろ》に二つも三つも持って帰ってきます。

それを見ていた私は姉に、

「私もコタンの者と一緒《いっしょ》にアイヌの国へ行って、ヒエやアワを持ってきたい」

と言うと、姉は、

「私たちはアイヌの国へは行けない方の血統《けっとう》なので、行ってはいけません」と許《ゆる》してくれません。

でも、私はいつの日かアイヌの国へ行

ってみたいものだと、それればかり考えていました。

ある日のこと、姉が山菜《さんさい》を採りに山へ行って留守《るす》の時に、コタンの娘たちがアイヌのコタンへ行くという話がありました。それを聞いた私は、

「一緒に連れていってください」

とお願いをすると、

「いいよ、いいよ。でも、あとで姉さんにしかられないかい」

と友人たちは心よく承諾《しょうだく》してくれました。天の上から見るアイヌの国十勝川は、はるか下でしたが、私は仲間《なかま》たちと一気に飛び降りました。十勝川のほとりにあるコタンの村おさの家の前では、大勢の娘たちが臼《うす》を何個も並《なら》べてそれにヒエやアワを入れ、手に手に片手《かたて》で持つ杵《きね》を持ち、声をそろえて歌を歌いながら、つきものをしていました。きっと何かお祝《いわ》いごとでもあるのでしょう。

いつも来て慣《な》れている仲間《なかま》たちは、臼《うす》の周囲へ群《むら》がり、臼の中から飛び散るヒエ粒《つぶ》やアワ粒を、先を争って拾い集めています。私も一緒《いっしょ》になって拾っていると、一人の女が、

「どこから来た小鳥なのか、よくも人間を怖《こわ》がりもせずに足もとまで来るものだ。うるさいものだ」

と私たちを追い立てました。そういわれながらも私たちが臼に群がっていると、家の中からその声を聞いていたらしい村おさの娘《むすめ》が出てきて、

「こんな小さい鳥がヒエやアワを食ってみたって知れたものでしょう。あまりしかってはいけません」

と言いながら、臼の中からヒエを両方の掌《てのひら》で箕《み》の中へ二回、三回すくい上げ、それを女たちから少し離《はな》れた所へ持っていき、ぱっと空けてくれました。そして私たちに、

「さあさあ、たくさん食べなさい」

と言ってくれたのです。

顔が美しいばかりでなく、なんと心の優《やさ》しい方なのでしょう。私たちは心から感謝《かんしゃ》しながら腹《はら》いっぱい食べ、持ってきた袋《ふくろ》にもヒエをいっぱい詰《つ》めました。そして、私は仲間の娘たちと一緒に、神の国にある家へ帰ってきました。

山菜《さんさい》を採《と》りにいった姉が夕方帰ってきて、ヒエがいっぱい入っている三個の袋を見て、目を丸《まる》くして驚《おどろ》き、

「妹よ、これはどうしたの」

と私に聞きました。私は、

「今日《きょう》は姉さんの留守《るす》の間に、アイヌの国、十勝川《とかちがわ》のほとりにあるコタンの村おさの

家へ行き、そこの娘からこんなにたくさんのヒエをもらって来たのです」

と聞かせました。すると姉は、

「それはそれはありがたいことだ。あなたは神なのだから、これからはその精神《せいしん》のいい娘を守ってあげなさい」

と言って喜んでくれました。

そのことがあってから、どのくらいの年月がたったのでしょう。ある日のこと、ふとあのコタンの村おさの家を見ると、あれほど美しくて優しかった村おさの娘が急病で死んで、村おさやコタンの人が嘆《なげ》き悲しんでいるのが見えました。

そこで私は、神の力で娘の死んだ原因《げんいん》をほうぼう探《さぐ》ってみると、雲が大地へ突《つ》きさされるよりももっと遠い所にいる、トゥムンチカムイ・キムンアイヌ（山の男）という化け物が娘にほれて、その魂《たましい》を取っていったのを知りました。

それを見た私は、あんなに美しく心優しい娘であったのに、化け物の妻《つま》にしてはならないと思い、大急ぎで雲が大地へ突きささるよりももっと遠い、山の男という化け物の家へ行きました。

化け物の家へ着いた私は、大きな家の窓《まど》の所へ立って、歌を歌いながら右へ左へ踊《おど》ってみせましたが、化け物は私の方へは見向きもしません。そこで私は家の中へ入り、化け物の肩《かた》へとまって、右へ左へ移《うつ》りながら歌を歌って踊ると、化け物は大口を開けて笑《わら》いました。その時、化け物の口の中から、あの娘の魂がポロリと落ちて、コロコロッと転がりました。

私はその魂をさっと拾って口の中へ入れ、窓からぱっと外へ飛び出て、後ろ足であの家を踏《ふ》みつぶすと、大地が二つに割《わ》れて、化け物が家とともに奈落《ならく》の底へ落ちていく音が響《ひび》きわたりました。

その音を聞きながら、私は十勝川のほとりのあのコタンへ急ぎ、村おさの家の窓へとまりました。すると人々は、

「どこから来た小鳥だ。よくもこのように嘆き悲しんでいる家の窓へ来てとまるものだ」

と私に悪口を言いました。すると村おさは、

「ひょっとして、何かの神様が娘を案じて来たのかもしれない。しかってはいけません」

とコタンの人を制《せい》しました。

それを聞いた私は家の中へ入り、右座《みぎざ》へあるいは左座へ歌を歌いながら踊り、さっと死んでいる娘の遺体《いたい》の上へ乗りうつりました。そうするとコタンの人たちは、また

しても私に向かって悪口を浴びせました。すると父親である村おさは、

「ひょっとして娘《むすめ》を助けに来てくれた神様かもしれない。しかってはいけません」

と言いました。

私は、わざとコタンの人たちや神様にそう思わせて、娘の遺体《いたい》の死装束《しにしょうぞく》を解《と》かせました。コタンの人が大急ぎで解いた遺体の上を、私は歌を歌いながら娘の頭の先から足の指先まで、娘の魂《たましい》を擦《す》りつけました。

私が持ってきた娘の魂が溶《と》けるにしたがって、娘の体に血の気がよみがえり、たった今死んだようになりました。私の口の中の魂の玉がきれいに溶け終わったのと同時に、娘はすっかり生き返りました。

また私はコタンの人たちに神様と思わせて、湯を沸《わ》かせて飲ませるように仕向けてから、さっと窓《まど》から飛び出ると神の国の家へ帰ってきました。私は家へ帰ってきても、今日《きょう》の出来事を姉にも聞かせませんでした。

それから数日が過《す》ぎたある日のこと、神の国にある私の家の窓の所に、大きな杯《さかずき》の上に、キケウシパスイ（削《けず》りかけつき捧酒箸《ほうしゅばし》）がのせられていました。そして、その捧酒箸が、

「私は十勝川《とかちがわ》のほとりにあるコタンの村おさから頼《たの》まれてここへ来たのですが、娘を

助けた神の所へこの酒を届《とど》けにきました」

と杯の上で言いました。何も知らない姉は、

「それは違《ちが》います。私たちは人助けをしたこともありませんから」

と言いましたので、実はこういうわけでと私が姉に聞かせました。すると姉は、

「姉である私が何も知らないうちに、妹がいろいろとよいことをしてくれるおかげで」

と言い、丁寧《ていねい》にオンカミ（礼拝《らいはい》）しながら杯を受け取りました。姉はその大きな杯の酒を大きな酒桶《さかおけ》に移《うつ》し、上座《かみざ》へ六個、下座へ六個据《す》えて大量の酒を醸《かも》しました。

そして、神の国の神々を大勢招待《しょうたい》して大宴会《だいえんかい》を開き、姉は私がしたことを神々に報告《ほうこく》すると、酒を飲んだ神々は口々に私の行為《こうい》を褒《ほ》めそやしながら、上機嫌《じょうきげん》で歌い踊《おど》りました。

そのことがあってから、私たちスズメは自由にアイヌの国へ出入りができるようになり、またヒエやアワなどの穀物《こくもつ》を食べてもいい、と神様からも許《ゆる》されました。このようなわけで、アイヌの国中に私たちの仲間《なかま》が増《ふ》えたのです。

それと、収穫《しゅうかく》前のヒエの穂《ほ》などをついばんだ時に、アイヌの女からひどくしかられた時には、仲間を大勢誘《さそ》ってわざとその畑を荒《あ》らしますが、あまりしかられない時は、

なるべくその畑へは行かないようにしています。

十勝のあの美しく心優《やさ》しい娘は、精神《せいしん》のいい若者《わかもの》と結婚《けっこん》して、今でも私のことを忘《わす》れずに酒とかイナウを贈《おく》ってくれています。

というわけで、体の小さい私たちですが、時には死んだ人間を生かすようないいこともできるので、穀物を少し食べてもあまり怒《おこ》らないでください、と一羽《いちわ》のスズメが語りました。

語り手　平取町《びらとりちょう》ペナコリ　川上うっぷ
（昭和36年10月30日採録）

解説

スズメはアイヌ語で、アマメチカッポ（アマムは穀類《こくるい》の総称《そうしょう》、エは食う、チカッポは小鳥）といいます。子どものころ、私は近所の友達《ともだち》と一緒《いっしょ》に自分の家のカヤ屋根によじ登ってスズメのひなを取り出し、一緒に遊びました。その遊び方ですが、間もなく巣《す》立ちできそうなひなは、羽根《はね》がほぼそろっていてもまだ飛べません。そのひなの頭の毛を指先でつまんでぶら下げ、エコタヌタㇷ゚カㇻキーキーキー（お前のコタンの踊《おど》りを踊れ）、サポタㇷ゚カㇻキーキーキー（お前の姉の踊りを踊れ）、と何度も繰《く》り返していうのです。

遊びがすぎてひなが死ぬとスズメ送りをします。ヒエの精白《せいはく》を片手《かたて》の掌《てのひら》いっぱいに持って、外の祭壇《さいだん》の左端《ひだりはし》へ行き、死んだひなの頭を最初は手前へ向けて安置します。そして、「このヒエを持って神の国へ帰ると、あなたの父神や母神が大変喜んでくれるでしょう」といった引導《いんどう》わたしをし、それが終わるとひなの頭を神の国の方へ向けます。一昨年の夏、スズメが一羽《いちわ》窓《まど》ガラスにぶつかって死んでいたので、四歳《さい》になる孫の秀志と二人でスズメ送りをしました。欲《よく》ばりな私は、孫の心の奥底《おくそこ》になんとかしてアイヌの風習の一端《いったん》を焼きつけようと願っていたのです。

話の中のトゥムンチカムイ・キムンアイヌという化け物は、想像《そうぞう》上のもので、たぶん仙《せん》人《にん》に近い姿《すがた》をしていたらしいのです。その化け物の肩《かた》にとまって歌を歌い、外へ出てから化け物を家もろともに奈落《ならく》の底へけり落とす場面は、スズメの力とは思えず、ウウェペケレ（昔話）の面目躍如《めんもくやくじょ》たるところです。この話は、少しぐらいの穀物《こくもつ》をスズメが食ったからといって、たいしたことはないし、あまり文句《もんく》をいうなと教えています。アイヌ民族は、すべての動物に寛大《かんだい》で、クマが人間を襲《おそ》うと、「アイヌ社会でもイムといって、驚《おどろ》いた時には反射《はんしゃ》的に思わぬ行動をすることがある。それと同じことがクマの社会でもあるであろう」となります。つまり、少ない食べ物を、ありとあらゆる生き物と分け合って食べようというわけです。

■アイヌの民具■キケウㇱパスイ（削《けず》りかけつき捧酒箸《ほうしゅばし》）

イヨマンテ（クマ送り）の時に、イナウを削った残りのヤナギを四〇センチくらいの長さに切って作ります。クマ神に祈《いの》る時に使い、またクマ神が神の国へ帰る時、お土産《みやげ》として麹《こうじ》やクルミなどと一緒に持たせます。

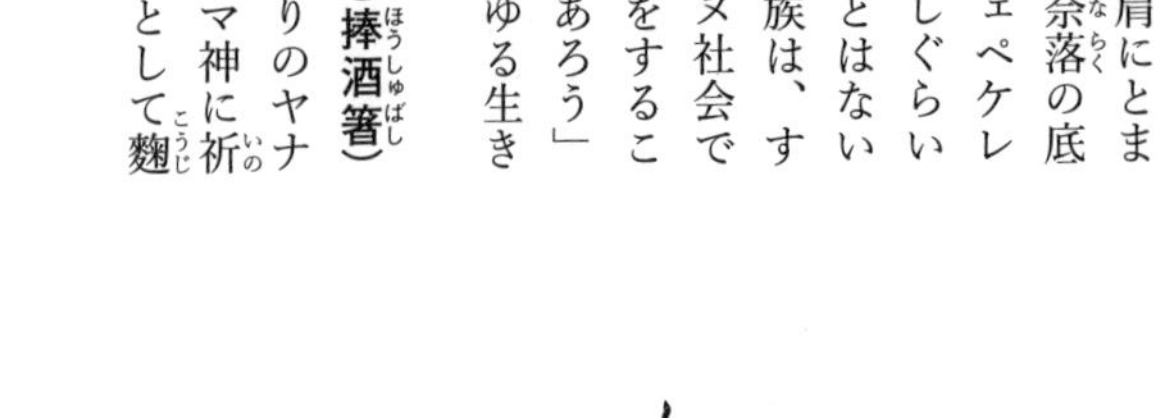

人食いじいさんと私

私が物心ついた時は、大きい家の中で一人のおじいさんに育てられていた、少女でありました。

　おじいさんは私を本当にかわいがってくれて、夜になると小さい私の体を、おじいさんの広い胸《むね》と太い腕《うで》でくるむようにして寝《ね》てくれます。昼になると、どこからか干《ほ》し肉や干し魚を持ってきてきれいに洗《あら》い、それを煮《に》て私に食べさせてくれます。そのようにして暮《く》らしていましたが、私はおじいさんのほかには人影《ひとかげ》一つ見たことがありません。

　私もだんだん大きくなって、今ではおじいさんの懐《ふところ》で寝ることもなく、一人で別に寝ることができるようになりました。そして私が自分で干し肉や干し魚を出してきては、それを煮ておじいさんに食べさせられるぐらいに、私の体は大きくなりました。それからというもの、おじいさんは囲炉裏端《いろりばた》で背中《せなか》あぶりをして寝てばかりいます。おじいさんが寝てばかりいるようになってからは、干し肉も干し魚も手に入らず、食べ物も不自由になってしまいました。

私は、毎日山へ行っては薪《たきぎ》を背負ってきて、囲炉裏端で寝ているおじいさんが寒くないように火をたいて暖《あたた》かくし、自分で採《と》ってきた山菜《さんさい》などを煮て食べさせていました。おじいさんは、私が作った食べ物を食べてはごろんと横になり、寝てばかりいるので、私もなんとなく気がめいるような日々です。

ある夜のこと、久しぶりに起き上がったおじいさんが私に話しかけました。

「娘《むすめ》よ聞いてくれ、実は私は人間ではない。本当は、ウウェアイヌといって、人間のお前とは違《ちが》う人食い人間なのだ。

そんな私がなぜお前を育ててきたかというと、お前が生まれて間もないころに、このコタン（村）に病気がはやり、コタンの人が全部死んでしまいそうになった。お前の父も死に、母も病気にかかって死にそうになった時に、お前の母が赤子《あかご》のお前を外へ持って出て、祭壇《さいだん》の後ろへそっと置いた。そしてお前の母がいった言葉は、

『夫が生きていた時は多くの神々を祭っていました。その神々のうちのどの神様でも

けっこうですから、この子どもを育ててください。

この子どもが生きのびることができたならば、その血統《けっとう》も絶《た》えることがなく、神々もお神酒《みき》やイナウ（木を削《けず》って作った御幣《ごへい》）を今までと同じように受け取ることができるでしょう』と言ったのだ。

そのままお前の母は死んでしまい、コタンの中で、お前以外の人間は一人残らず死んでしまった。お前の母の願いや、お前の泣《な》き声を聞いた神々はみんな顔を背《そむ》けて、神であるわれわれが人間の赤子を育て、糞《くそ》や小便をかけられてたまるものかといい、位の高い神々は、そのように思っただけで見向きもしなかった。

日ごろ共食いをするために普通《ふつう》の人間からは軽蔑《けいべつ》されて、位の低いウウェアイヌといわれる私であったが、赤子であるお前を見殺しにはできなかった。それで、私は人間の姿《すがた》になって、今が今までお前を育ててきた。

そして私もこんなに年を取って、お前はこんなに大きくなった。大きくなったお前を見て、私はこともあろうにお前を食いたくなったのだ。いくらがまんしようとしてもがまんができず、座《すわ》っていると今にもお前を食ってしまいそうになったので、お前の顔を見ないようにと寝《ね》てばかりいたのだ。

今まで育てたお前を食うわけにもいかないし、どうしようかと思っていた矢先《やさき》に、ちょうどいいことに、ここから歩いてさほど遠くない所へ、ユペッという所の村おさの息子《むすこ》二人が狩《か》りに来て、狩小屋《かりごや》にいるのが見えた。お前を食うよりも、明日《あす》の夜にあの若者《わかもの》たちの狩小屋へ行き、二人を殺して食って安心してから、私も人食い人間のコタンへ帰ってこようと思っている」

おじいさんにその話を聞いて、私は内心本当に驚《おどろ》きましたが、それを顔に出したらきっと食われると思ったので、

「そうだそうだ。明日の夜は一緒《いっしょ》に行きましょう」

と言いながら、おじいさんに夕飯を食べさせました。おじいさんはいつもと同じように夕飯を食べ終わると、すぐに囲炉裏端《いろりばた》へごろんと横になり、いびきをかいて眠《ねむ》ってしまいました。

おじいさんが眠ったのを見た私は、便所へ行くふりをして外へ出ました。二人の若者が来ている狩小屋は、私の家から上流の方へ向かって行くと聞いたので、家の近くでは足音をたてないように静かに歩き、家から少し離《はな》れてから大急ぎで歩きました。

上流へ向かっている一本の細道を、私は爪先《つまさき》で探《さぐ》るようにして歩き、しばらく行くと、ずうっと向こうに火の光が見えました。急いで近づいてみると、それは大きな狩小屋です。

狩小屋へ飛びこむように入ってみると、おじいさんがいったように、兄弟らしい二人の若者がいました。

「アイヌの若者たちよ、死にたくなければ早く逃《に》げなさい。人食いじいさんが、あなたたち二人を食いに来るということを聞いたので、私はかわいそうに思い、こっそり教えにきたのです」

私がそう言うと、二人の若者は持っていたものを手から落とすほどびっくりしながら、逃げる支度《したく》を始めました。私はそれを見ながら、その狩小屋を出ました。

小走りに今来た道を戻《もど》って、家の近くへ来ましたが、急に家の中へ入るのが恐《おそ》ろしいので、まず外の女用の便所へ入り、せきばらいなどをしながら家へ入りました。おじいさんは先ほどと同じようにいびきをかいて眠っていました。その様子を見た私は安心して、前々からと同じように振《ふ》る舞《ま》いながら、自分の寝床《ねどこ》へ入って眠りました。

次の朝も私は早く起きて、薪《たきぎ》を取りに山へ行ってくるなど、粗末《そまつ》なものではありましたが、昼の食事も済《す》ませ、夕方近くになりました。するとおじいさんは、「さあ行くぞ」と私を誘《さそ》い、上流目ざして歩きはじめましたが、私はわざと歩けないふり、疲れたふりをしてゆっくり歩くと、おじいさんは立ち止まって私を待っています。「私など歩いたこともないのに」と言いながらおじいさんに追いつくと、おじいさんはまた歩き、ようやくのこと昨夜も来た狩小屋《かりごや》近くへ来ました。

おじいさんは狩小屋のそばまで行って辺りを見回し、不審《ふしん》そうな顔をして、

「確《たし》かに人間がいたのを見てきたのに、火も見えないのはどうしたことだろう」

とぶつぶつ言いながら、狩小屋の中へ入っていきました。

私もおじいさんのあとから狩小屋の中へ入ってみると、若者《わかもの》たちは囲炉裏《いろり》の中の火をきちんと埋《う》めて、火の始末をして逃げたらしく、人の気配はまったくありません。

おじいさんは、食ってやろうと思っていた人間がいないことに、不満そうな顔をしながら辺りを見回し、干《ほ》し肉がたくさんあるのを見つけました。

おじいさんは、仕方がない、これでがまんしようかという顔をして、干し肉用の肉を煮《に》るイサカンケス（大鍋《おおなべ》）に、水をたっぷり入れて火にかけました。そして、鍋の下へ顔を入れるような格好《かっこう》をして火をたき、鍋があふれるほど干し肉を入れて煮立てて、その鍋を自分の前へ置いて肉を食べはじめました。おじいさんは私にも食べろ食べろといいながら腹《はら》いっぱいに食べたらしく、満足そうな顔をして、

「今晩《こんばん》はこの小屋に泊《と》まることにしよう」

と言いながら、いつもの癖《くせ》で炉端《ろばた》へごろんと横になりました。いびきをかいて眠《ねむ》っているおじいさんの様子を見た私は、このまま朝になって、今までがまんしていたが、

急にお前を食べたくなった、などといわれて食われやしないかと、急に心配になりました。

私は逃げようかと考えてみましたが、女の足では逃げてもそう遠くへは逃げられそうもないし、どうしようかと迷《まよ》いながら小屋の中を見回していると、カヤ壁《かべ》の内側へ弓弦《ゆづる》らしい太い糸が何本もかけてありました。私はその太い糸束《いとたば》を持って外へ出て、入口に積んであった薪《たきぎ》の中から長い棒《ぼう》をより取り、それらの棒を戸や窓《まど》へ外側から何本も横に当てて縛《しば》りつけました。そうしたあとで、私は家の外側からカヤ壁に火をつけ、大急ぎで家から離《はな》れて草原にうつ伏《ぶ》せになり、様子を見ていました。

おじいさんがいびきをかいて寝《ね》ている家は、あっという間に炎《ほのお》に包まれ、バリバリと音をたてて燃《も》え上がりました。炎に包まれた小屋の中からおじいさんの叫《さけ》び声がして、

「子どもよう、娘《むすめ》よう。火事だよう、火事だよう。小屋が燃える音がしているぞう。逃げたかあい、逃げたかあい」

と大声で叫びながら戸や窓へ走りよって、外へ出ようとしている様子です。しかし、戸や窓の外側から棒を当てて縛ってあるので、逃げ出すことができません。おじいさんは大声で私を呼《よ》びながら走り回り、そのうちに炎は屋根をも包み、小屋が前のめり

に倒《たお》れるのと同時に、おじいさんも炎に包まれて小屋の下敷《したじ》きになったのが見え、それっきりおじいさんの声が聞こえなくなりました。

その様子を見た私は、人食い人間とはいいながら、人間の子ども、赤子《あかご》であった私を今まで育ててくれたおじいさんを、自分の手で焼き殺すとは、なんて残酷《ざんこく》な私だろう。そう思うと急に悲しくなり、私はそこへ座《すわ》ったまま声をあげて泣《な》いてしまいました。

しばらく泣いていましたが、そのままここにいることもできないので、かすかな月の光を頼《たよ》りに、辺りを見ると、沢《さわ》の上流の方に細い道が見えました。立ち上がった私が、その細道をたどって歩きはじめると、道は沢から峰《みね》の方へ続いています。峰まで登ると、うっすらと夜が明けて、辺りがややはっきり見えるようになりました。そこで方角を見定めて、若者たちが降《お》りたらしい沢へ降りていきました。かなり歩くと、木を切った古い跡《あと》や新しく木を切った跡が目に入り、コタンの近いことを感じさせます。

そのうち太陽も高く昇《のぼ》り、私が歩いていると、遠くの方で犬のほえる声が聞こえてきました。犬のほえる声が聞こえるのは、コタンが近いということなので、私がほえる声を頼《たよ》りに歩いていくと、そこにはたくさんの家が並《なら》んでいました。

家々の前を通っていくと、コタンの中ほどに島ほどある大きい家が建っています。私はたぶんこの家があの狩小屋《かりごや》にいた村おさの息子《むすこ》たちの家であろうと思い、その家の前に立ちました。立ち止まった私は、自分の着物の袖《そで》をかみながらじっと立っていました。すると家の入口で音がして、上品な中年の女が濁《にご》り水を捨《す》てに出てきましたが、私を見ると家の中へ入り、家の主《あるじ》に、

「外に神だか人間だかわからないほど立派《りっぱ》な娘《むすめ》が来ています」

と言う声が聞こえました。すると、男の声で、

「男であれ女であれ、用事があってわが家の前へ来ているのであろう。いらんことをいわずに、きれいなござを敷《し》き、さっさと入ってもらいなさい」

と小声でしかられているのが聞こえました。

家の中では箒《ほうき》を使う音やござを敷く音がして、先ほどの女がまた出てきて私の手を取り、家の中へ招《まね》き入れてくれました。家の中へ入ってみると上品な中年の男がいて、私の手を取って入れてくれた女とは夫婦《ふうふ》のように見えました。辺りを見ると、若《わか》い娘もいるらしく、また若者の持ち物などもあり、狩《か》りの上手《じょうず》な方たちの住居《じゅうきょ》であることも一目でわかりました。

私が座《すわ》ると、男はさっそく私に、

「何か用事があって来られたのですか」

と尋《たず》ねてくれました。尋ねられた私は、それをいいに来たのだから隠《かく》す必要などまったくないと思い、今までの様子を事細かに語りはじめました。

「私は、どこでどうして生まれた者かも知らずに、物心ついた時は一人のおじいさんに育てられていました。おじいさんの話によれば、私の本当の父も流行病《はやりやまい》で死に、母も死にそうになった時に外の祭壇《さいだん》の後ろへ私を置き、祭壇を私の上へ押《お》したおしながら、『夫が祭っていた神々よ、この子どもを育ててください』と言ったそうです。

私の母の言葉を聞いた神々は、人間の子どもに糞《くそ》や小便をかけられることを汚《きたな》いと思い、どの神も私に見向きもしなかったそうです。それを見て私を育ててくれたのが、人食い人間の神であったわけです。

ほかの神々が見向きもしてくれない私を、今まで育ててくれたのはよかったのですが、大きくなった私を見たおじいさんは、人食い人間の本能《ほんのう》が出て私を食いたくなったということです。そこで、私を食うのをがまんするために寝《ね》てばかりいましたが、ある日のこと、起き上がっていうことには、『ユペッの村おさの息子が二人、近くへ狩りに来て、狩小屋を建てているのが見えた。明日《あす》の晩《ばん》にその二人の若者を食いにいき、食って安心をしたいので聞くがよい』と私に言ったのです。

その話を聞いた私は、おじいさんに何回も返事をしながら夕飯を食べさせ、おじいさんが眠《ねむ》っていたすきに、その時聞いた道順どおりに上流へ向かって走ったのです。すると、家の中に火の光が見えたので、家の入口から二人の若者に『人食いじいさんが来ます。逃《に》げなさい』と言っただけで家へ戻《もど》り、女用の便所へ入ってせきばらいをしながら、しばらくそこにいたあとで家へ入ると、おじいさんはいつものようにいびきをかいて眠っていました。

そして翌日《よくじつ》になって、おじいさんと二人で狩小屋へ行ってみると、いうまでもありませんが若者たちは逃げてしまい、狩小屋はもぬけの殻《から》でした。おじいさんは不審《ふしん》そうな顔をしながらではありましたが、干《ほ》し肉を煮《に》て食べたあと寝てしまいました。私は本当に罰《ばち》当たりのことをしたのですが、眠っていたおじいさんを家と一緒《いっしょ》に焼き殺してしまったのです。

そのことをお知らせして、罰《ばつ》を受けてもいいと思い、ここに来たのです」

と私は涙《なみだ》ながらに言いました。私の話を聞き終わった中年の夫婦《ふうふ》は、

「そうであったか。息子《むすこ》たちが私たちに聞かせてくれたので知ってはいたが、二人の息子を助けてくれたのはあなたでしたか」

と言いながら、改めて私の膝《ひざ》をなでたり押《お》さえたりしました。そして、

「これは目に見える人間であるあなたがしたことではなしに、何かの神様がそうさせたのであろう」

と言いながら私の労をねぎらってくれました。

「この話は聞きすててはおけないことだ。息子たちが帰ってきたら、明日《あす》にでも焼けた狩小屋《かりごや》へあなたと一緒《いっしょ》に行かせて、人食い人間の神が、これからは人間を食いたいと思わないように、また新しい神として神の国へ送り帰すようにしよう。そして、あなたの父や母の供養《くよう》もしよう。そうすることによって、罰《ばち》が当たることも、何かのさしさわりもなくなるであろう」

と代わる代わる言ってくれました。

そのように話をしている時、家の外で薪《たきぎ》の荷物を投げ落とす音がして、娘《むすめ》が一人入ってきました。私の顔を見た娘は、笑顔《えがお》で私の手を取って、まるで前々から私を知っていたかのように親しみのこもった表情《ひょうじょう》で私を歓迎《かんげい》してくれました。娘は夕食の準備《じゅんび》を始めましたが、その丁寧《ていねい》さは驚《おどろ》くばかりでした。

日暮《ひぐ》れ近くになると外で物音がしましたが、それは若者《わかもの》たちがシカ肉を背負《せお》って帰ってきたのでした。家の中に入ってきた若者たちの顔を見ると、あの夜私が逃《に》がした兄弟であることがすぐにわかりました。座《すわ》った若者の兄の方が、

「この娘に何か尋《たず》ねましたか」

と父親に聞きました。父親は、

「聞いたどころの話ではない。お前たちを逃がしてくれた娘であることがわかったばかりではなく、お前たちを食いにきた人食い人間をも焼き殺したということだ」

と言いました。すると、若者たちも私に丁寧にお礼をいってくれました。

若者たちも、父親がいったように、

「明日になったら、あの狩小屋へ行って、人食い人間を神の国へ送ることにしよう」

と言いました。母親の方は、必要な時に使うためにと、しまってあったヒエの精白《せいはく》とかを出してきて、明日の出発の準備をしてくれています。その夜は、今まで食べたこともないおいしいものを腹《はら》いっぱいに食べて、ゆっくり眠《ねむ》ることができました。

次の朝早く、二人の若者と一緒にあの狩小屋を目ざして歩きはじめて、昼近くに着くと、焼け落ちた小屋の入口の所で、おじいさんの焼けた骨《ほね》だけが白くなって残っていました。

若者たちはイナウを削《けず》り、祭壇《さいだん》を設《もう》けて、そのそばへおじいさんの骨を置き、兄の方が丁寧な言葉で次のようにいいました。

「人食い人間の神よ、お聞きください。あなたを家とともに焼き殺したこの娘は、自分でそう思ってしたのではなしに、火の神様がそのように思わせての行為《こうい》であったのでしょう。ということは、もしもあなたが私ども兄弟二人を殺して食ってしまっていたら、ほかの神々からあなたは罰《ばつ》を受けることになったのです。それを未然に防《ふせ》いでくれたのは、あなたが育てたこの娘です。

今日《きょう》は、このようにたくさんのイナウと、ヒエやアワの穀物《こくもつ》をあなたにあげますので、これらを持って神の国へお帰りください。そうすると神の国では、もう一段《いちだん》位の高い神として遇《ぐう》せられ、人殺しという大罪《たいざい》を犯《おか》さなかったことをほかの神々も喜んでくれると思います。これから後は、人間を食うなどという気持ちをもたずに、立派《りっぱ》な神になってください」

二人の若者のうち、兄の方が長々とそう言いました。その言葉を聞いた私はすっかり安心をしながら、その兄の若さに似合《にあ》わず雄弁《ゆうべん》なのに驚きました。あれほど私をかわいがってくれたおじいさんを、どうして自分の手で焼き殺したのかと思うと、涙《なみだ》が止まりませんでした。

おじいさんを神の国へ送る行事を終わらせたあとに、私が育てられたあの家へ行きました。若者たちは家の中で火をたき、火の神に向かい、今まであったいろいろなことを報告《ほうこく》しました。そして背負《せお》っていった干《ほ》し肉や干し魚、それに煙草《たばこ》とヒエなどを

たくさん辺りへまき散らしました。そうしながら兄の方がいうことには、

「コタンの人全部が病気で死んでしまい、ここにいる娘《むすめ》の父や母は供養《くよう》もされずに年月が過《す》ぎてしまいました。そこで改めて供養をするので、これらの供物《くもつ》を土産《みやげ》に神の国へお帰りください。女ではありますが、この娘がこのコタンの血統《けっとう》として生き残っています」

という意味のことを、火の神様を通して私の先祖《せんぞ》やコタンの人の魂《たましい》に呼《よ》びかけました。そしてつけ加えた言葉の中で、

「私たち二人はユペッの村おさの息子《むすこ》で、まだ妻《つま》がいませんので、いずれ時期をみて、この娘は弟に縛《しば》りつけようと思っています。そうすることによって、このコタンの血統も絶《た》えることがなく、神の国の先祖を供養することができるでありましょう」

とも言いました。その様子を見たり聞いたりしていた間、私の涙《なみだ》は止まりませんでした。

そのような供養を終えた後、おじいさんと暮《く》らしていたあの家に火をつけました。これは家の神様をも神の国へ送り帰すということです。育った家が炎《ほのお》に包まれ、ドタッと崩《くず》れ落ちるのを見たあとで、私たち三人はユペッの若者《わかもの》たちの家へ帰ってきました。そして、あの中年の若者たちの父に、今までのいきさつや神への行事の内容《ないよう》を、

若者たちは報告しています。

その夜のこと、私は夢《ゆめ》を見ました。私を育てたあのおじいさんが新しい小袖《こそで》を重ね着して、髪《かみ》もきれいに切りそろえ、にこやかな笑顔《えがお》で立っています。

「娘よ聞いてください。お前は私を焼き殺したけれど、お前の考えでしたのではなく、火の神様の手によってお前をそうさせたことが、死んで初めてわかりました。そのようにして殺してもらわなかったら、私は人を殺すという大きな罪《つみ》を犯《おか》すところでした。お前がそうしてくれたおかげで、罪を犯すこともなく、神として神の仲間《なかま》入りをすることができました。

これからはお前たち夫婦《ふうふ》を、そして、この家の精神《せいしん》のいい人々を神の国から見守ってあげましょう。それによってお前たちは、コタン中どころか国中にもいないほどの物持ちになることができるはずです」

という夢を見ました。この家の人々も同じような夢を見たらしく、朝になってから丁寧《ていねい》にオンカミ（礼拝《らいはい》）を繰《く》り返していました。

このことがあってからの私は、いつの間にかこの家の娘になったか、あるいはされたかのように、この家の実の娘と並《なら》んで座《すわ》り、針《はり》仕事などをしています。そして、みんなから上手《じょうず》だ上手だとおだてられているうちに、私は本当に針仕事が上手になりました。私がししゅうした着物は、なんとなく二人の若者の弟の方が着ています。

そのうち隣《となり》へ、新しく小さい家が建てられて、私は弟と結婚《けっこん》し、そこで暮《く》らすようになりました。狩《か》りの上手な夫なので、私は何を食べたいとも、何を欲《ほ》しいとも思わないほど楽しく暮らしていました。

そのようなある時から、私が下座《しもざ》へ行くと、夫は目で私を追いかけます。上座へ行くと、また私を目で追い、下座へ歩くと、またまた目で追うという日々で、何のためにそうされるのかわからず、私は不審《ふしん》に思っていました。

私自身は知らなかったのですが、私のおなかが大きくなっていたのでした。最初に生まれた子どもが男の子で、次から次へと大勢の子どもが生まれ、今では私は何不自由なく暮らしています。

というわけで、子どもの時には人食い人間のおじいさんに育てられ、危《あぶ》なく私も食われるところでしたが、火の神様に救われて、逆《ぎゃく》におじいさんを焼き殺したのです。

しかし、それによって不運になることもなく、殺したおじいさんに守られ、こんなに幸せに暮らして年を取りました、と一人の老女が語りながら世を去りました。

語り手　平取《びらとり》町二風谷《にぶたに》　貝沢とぅるしの

（昭和39年9月2日採録）

解説

語り手の貝沢とぅるしのフチ（おばあさん）は、二風谷《にぶたに》で生まれ育ち、それはそれは物知りの方でした。名前の由来ですが、とぅる（垢《あか》）、うし（つく）、の（まったく）で、「垢に包まれている者」という意味です。とぅるしのフチは、大勢生まれた兄弟たちが次々と死んでしまったところへ生まれたので、両親が「この子どもには垢にまみれた子どもと名前をつけたら、化け物もこの子の名前を聞いただけで汚《きたな》いと思い、手をつけない。そうすれば、死んでしまった兄や姉の分まで長生きをするだろう」と考えたのです。

そんな親たちの願いどおりに、フチは九十歳《さい》近くまで長生きして、筆者にたくさんのウウェペケレ（昔話）を聞かせてくれました。同時に、アイヌ文化保存《ほぞん》・伝承《でんしょう》に功績《こうせき》のあった方です。

話の内容《ないよう》は、ウウェアイヌ（人食い人間）が孤児《こじ》の娘《むすめ》を育ててくれた、という話です。病気でコタンの人が全滅《ぜんめつ》しそうになった時に、病気にかかった母親がいまわのきわに、神々になんとかこの子どもを育ててくださいと頼《たの》むわけです。それを位の高い神々は見向きもしないのに、日ごろ軽蔑《けいべつ》されていた人食い人間が、人間の姿《すがた》になって子どもを育て、育てた子どもが大きくなったのを見て食べたくなり、それをがまんして寝《ね》てばかり。狩《か》りに来ている若者《わかもの》を見て、食いに行くと聞かされたその娘が、若者たちを逃《に》がします。逃がしたあとにおじいさんを焼き殺しますが、人間がそう思ってしたのではなく、神が人間の手を煩《わずら》わせてそうさせました、と上手《じょうず》に逃げているあたりは、もっとも昔話らしい部分です。

アイヌの昔話の中で、むごいと思われる話は、たいていの場合、神のなせる業《わざ》と責任《せきにん》を神に転嫁《てんか》させることができるので、思いっきりむごい話を語ることもできるのです。

それと、「この娘は弟に縛《しば》りつけよう」（277ページ）という表現《ひょうげん》は、結婚《けっこん》とか一緒《いっしょ》にさせるとかいう表現より一歩進んで、なんとなく具体的で面白いなあと思いました。

■アイヌの民具■エアッチセ（片《かた》流れの小屋） アイヌ語で家のことをチセといいます。チ（われら）、セッ（寝床《ねどこ》）が原義です。エアッチセは、秋のマス漁やサケ漁の時の小屋です。イクシペ（柱）に横木を渡《わた》し、草をのせて屋根とします。長さ二メートル六〇センチくらい。

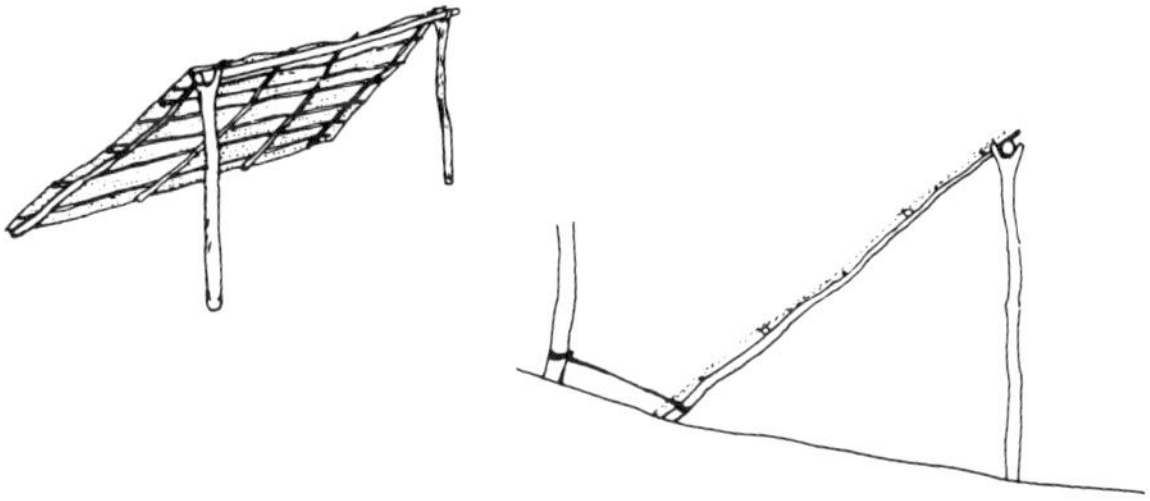

クマ神の横恋慕《よこれんぼ》

私は、ユペッというコタン（村）に暮《く》らしている一人の若者《わかもの》です。

父は村おさで狩《か》りの名人、それに母も本当に働き者なので、子どもの時から何を欲《ほ》しいとも何を食べたいとも思わないで大きくなりました。父が若い時にそうであったように、私も毎日毎日山へ行き、シカを捕《と》りクマを捕っては、その肉を父や母に食べさせ、何不自由なく暮らしていました。

そのようにして暮らしている私に、ある日のこと父がいう話は次のようなものでした。

「一人息子《むすこ》であるお前に聞いておいてもらいたいのだが、私が若い時にニイカップという所に暮らしている物持ちの友人から、宝物《たからもの》を借りてそのままになっている。自分で返しに行こうと思いながら、ついつい時間がたってしまい、大変気になっている。お前も毎日狩りに行って忙《いそが》しいだろうが、そのうち暇《ひま》をつくってその宝物を返しに行ってきてくれないか。

このまま年を取って返さないで死んでしまったら、あの友人に申しわけないばかりでなく、神々からも罰《ばつ》を受けることになるだろう。返す宝物を背負《せお》って行ってきてほしい」

と思い出したように言うのです。

その話を聞いたあとも、忙しさにかまけて父がいったニイカップへは行かないでいました。

すると父は、日にちをおいては、また繰《く》り返しいうので、私は父の心配を取りのぞくのも親孝行《おやこうこう》であろうと思い、ある日のことニイカップへ行くことにしました。

父が改めて道順を教えてくれるのを聞くと、途中《とちゅう》で一晩《ひとばん》泊《と》まらなければならないこと、そして、

「山で泊まる時は、立ち木の下というか枝《えだ》の下に寝《ね》ることになろうが、その立ち木を選ぶのにも、姿《すがた》の美しい木を選ぶものだ」

といった野宿《のじゅく》をする場合の心得《こころえ》なども聞かせてくれました。

その話を聞きながら、野宿に必要なもの、干《ほ》し肉や干し魚など、それに煙草《たばこ》好《ず》きな私は、それも荷物の中へ入れました。

いうまでもありませんが、ニイカップの人へ返す宝物《たからもの》のイコロ（宝刀《ほうとう》）と私の荷物を一まとめに縛《しば》り、背負《せお》って歩きやすいようにしました。その荷物を背負った私は、父に教えられた道順にしたがって、ニイカップ目ざして歩き、日の高いうちに海辺へ出ました。

海岸を歩いてしばらく行くと、日も西に傾《かたむ》き、泊まる用意をしなければならない時間になりました。どこに泊まろうかと思いながら歩いていくと、太いナラの木が立っているのが目にとまりました。その木をよく見ると枝ぶりも整っており、木の下も広くきれいなばかりでなく、幸いなことに近くに清らかな水も湧《わ》いていました。

私は、飲み水もあるし、ここで泊まることにしようと思い、荷物を下ろすと辺りを探《さが》し回って、一晩中火をたいても余《あま》るぐらいの枯《か》れ木《き》を集めました。枯れ木を集め終えた私は、そこへ大きな火をたき、火の神様への供物《くもつ》として、干し肉や干し魚、煙草などをあげました。

次にナラの木の神へも、同じように干し肉や干し魚、そして煙草などを木の根元へ

置きながら、

「今晩一晩、前庭《まえにわ》をお借りして泊めていただきますので、どうぞ私をお守りください」

と言いながら供物をあげました。

そうこうしているうちに日が暮《く》れて、辺りはすっかり真っ暗になってしまいましたが、大きくたいた火だけは赤い炎《ほのお》を上げています。

持ってきた食べ物を食べ終わり、寝《ね》ようかなと思いながら何気なしに先ほど歩いてきた方を見ると、何やら青く光るものが見えます。それも二つ並《なら》んだ強い星の光のようにです。しかも、その二つの星は、傾き、傾きしながら近づいてきて、やや近くなってみると、その光はクマの目であることがわかりました。

それも私の方へというか、焚火《たきび》に向かって来ていることがはっきりしたので、私は弓《ゆみ》と矢《や》だけを手に持ち、目の前にあるナラの木へ登って一本目の枝へ足をつけ、二本目の枝へ手をかけて見ていました。

私が木の上から見ているのを知ってか知らずか、クマは木の下へ来て、私がたいてある火のそばまで来て立ち止まりました。その姿《すがた》を見ると、体の前半分はサケの筋子《すじこ》をつぶした汁《しる》をかけたような赤い色、体の後ろ半分は、囲炉裏《いろり》の消し炭を歯でかみ砕《くだ》き、その汁をかけたような真っ黒い色です。

このような姿のクマを、エムコホ（半分に）チポロ（筋子）ペ（滴《しずく》）ア（それ）オタ（こぼす）アペコロ（ように）、またはエムコホチ（われ）クイ（かみ）パソ（炭を）ロ（通す）アクシテ（それ通す）アペコロ（ような）といい、どうもうなクマの代表とされています。父から話にだけは聞いていましたが、その姿を見るのは初めてです。その恐《おそ》ろしいクマが、姿や形に似合《にあ》わず、なんとなくしおれ切った様子で私を見上げたあと、焚火の前へ人間が座《すわ》るような座り方でぺたんと座りこんでしまいました。

そして、顔を大粒《おおつぶ》の涙《なみだ》がポロッ、ポロッと転がり落ちるのが見え、しばらく泣《な》いていたのか、クマの吐《は》く息は人間がしゃべる言葉のように聞こえました。

「木の上におられる若者《わかもの》よ、お聞きください。私はクマ神の世界では、ヌプリケスンプリウェンクル（峰尻《みねじり》に住むならず者）として、クマの仲間《なかま》はいうに及《およ》ばず、どんな神でも私より強い神はいないほどです。

私が暴《あば》れはじめると神々は逃《に》げてしまい、誰《だれ》一人止めようともしてくれないほどのわがままな乱暴者《らんぼうもの》です。それで私のことを誰いうとなく、峰尻に住むならず者と呼《よ》び、私はそれをいいことに乱暴を働き、自由気ままに暮《く》らしていました。

そのようなならず者の私が、こともあろうに人妻《ひとづま》に恋《こい》をしたのです。それも、あなたが暮らしているユペッ川の中ほどの村おさの妻《つま》にほれてしまったのです。村おさの妻はすごい美人なので、なんとかして、一回でもそばへ近よることができればと、すきをうかがっていました。それが仲間《なかま》の神々の知るところとなり、もしお前がそのようなことをすれば、神の仲間として暮《く》らせなくなるといわれました。

ほれたということは、村おさの妻を殺して、その魂《たましい》を取って神の国へ連れてくることなのです。そうでなければ結婚《けっこん》することも、そばへ近よることもできないので、私がこのまま生きていれば、急に思い出して村おさの妻を殺してしまうことになりそうです。

仲間の神々からは毎日毎日からかわれ、自分の思いを通そうとすれば、人殺しの大《たい》罪《ざい》を犯《おか》すことになる。同じ横恋慕《よこれんぼ》でもクマ同士なら力で取れるが、相手が人間なのでどうにもならないのです。

仲間の神々からは、もしも人妻《ひとづま》を殺したら、鳥も獣《けもの》もいない湿地《しっち》の国へけ落とされるであろう、と脅《おど》かされたり、しかられたりの日々です。

このような悩《なや》みをもって暮らしていましたが、今日《きょう》あなたが家を出て、ここへ来るのが見えました。このままでは罪《つみ》を犯してしまいそうなので、あなたの手にかかって神の国へ、神として送ってもらいたいと思い、ここへ来たのです。

お願いですから、あなたの矢《や》を一本か二本私にください。そうすれば、クマはクマらしく、神として神の国へ帰れるのです。

クマである私がここへ来たのを見て、あなたは木に登ったのでしょうが、あなたの雄弁《ゆうべん》さや精神《せいしん》のいいのを見こんで、私はわざわざ来たのです。今夜のうちに私を射殺《しゃさつ》して、明日《あす》になったらニイカップの村おさの所へ行き、改めて私を迎《むか》えに来てほしいのです」

クマが吐《は》く息は、まるで人間がしゃべる言葉と同じように聞こえました。いいたいことをいい終わったクマは、ゆっくりと立ち上がり、焚火《たきび》から離《はな》れて歩き出しました。

それを見た私は、大急ぎで木から下りて弓《ゆみ》を矢につがえ、片膝《かたひざ》を地につけてクマの脇腹《わきばら》にねらいを定め、パシッとばかりに矢を射《い》ました。一本の矢を受けたクマは、二、三歩フラフラッとよろめいたので、もう一本射こむと、クマは少し行っただけでドタッと横だおしに倒《たお》れて死んだようです。

しかし、夜のことでもあり、急に近づくのは危険《きけん》なので、死んだらしいクマのそばへは行かずに、火の神や、ナラの木の神へ、どうぞ私を守ってください、とお願いのお祈《いの》りをして、その夜はそのまま寝《ね》てしまいました。

次の朝早く、クマのそばへ行ってみると、やはりクマは死んでいました。そこで私は、クマのそばへ小さな火をたき、

「クマの神様、私がニイカップまで行って、大勢の若者《わかもの》を頼《たの》んできますので、それまでは火の神様とよもやま話などをして待っていてください」

そういい残した私は、普段《ふだん》から足の速い私ではありましたが、まるで宙《ちゅう》を飛ぶようにして、ニイカップのコタンへ着きました。コタンの中を通っていくと、中ほどに島ほどもある大きい家があり、その家の前で立っていると、中年の女が一人、濁《にご》り水を捨《す》てに家の外へ出てきて、ちらっと私の顔を見てから家へ入りました。家の中へ入った女の、

「外に神だか人間だかわからないような立派《りっぱ》な若者が一人来ています」

と言う声がしました。すると、老人らしい小さな声で、

「家の外へ来た人をじろじろ見たりせずに、家の中を掃除《そうじ》して早く入ってもらうようにいいなさい」

としかられているのが聞こえました。

そうすると、家の中から箒《ほうき》を使う音、ござを敷《し》く音などが聞こえてきました。その音が終わってから、先ほどの女が入口まで出てきて、

「どうぞお入りください」と言ってくれました。

私は腰《こし》をかがめて、遠慮《えんりょ》深く静かに家へ入っていきました。家へ入ってみると、先

ほどの女との夫婦《ふうふ》二人の暮《く》らしらしく、囲炉裏《いろり》の右座《みぎざ》に並《なら》んで座《すわ》っていた老人は丁寧《ていねい》に私を迎《むか》えてくれました。老人の顔を見た私は、内心驚《おどろ》きました。父も器量の優《すぐ》れた人と思っていましたが、その父が足もとにも及《およ》ばないぐらい立派《りっぱ》な老人でした。オンカミという礼拝《らいはい》のあいさつがお互《たが》いに終わったあとで、老人は、

「見たことのない若者《わかもの》のような気がするけれど、どちらから来られましたか」

と私に尋《たず》ねました。そこで私は、

「あなたから借《か》りた宝物《たからもの》があるので、返しに行ってきてくれるようにと、父から毎年毎年いわれていましたが、なかなか来られなくて、ついつい遅《おそ》くなったのですが、その宝物を返しにきました」

と言うと、老人は改めて私の膝《ひざ》の辺りをなでてくれながら、何回も礼拝をしてくれました。

そして老人がいうことには、

「あなたの父がいったことは本当ですし、もう一度お会いできることを念じて宝物をお貸《か》ししたのですが、気にしておられましたか」

と何回も言ってくれました。話が終わってから、父が私に持たせた宝物を渡《わた》すと、老人はそれを何回もおしいただきながら、座《すわ》っていた奥《おく》の方へしまいました。それが

終わってから、私は、

「ここへ来る途中《とちゅう》でクマを捕《と》ったので、その肉や毛皮や頭を持ってきて、この家から神の国へ送らせてほしいので、若者を何人か貸してください」

と話をしました。

すると老人は大喜びをして、すぐにコタンの人に知らせ、若い男女が私と一緒《いっしょ》に来てくれて、昨夜のクマの毛皮をはぎ、その肉を外しました。

肉は若者たちに背負《せお》ってもらい、私は毛皮のついたままの頭を背負いましたが、神自身が自分を軽くしているらしく、私はなんの苦もなく背負って、老人の家まで戻《もど》ってきました。

そして、自分でイナウ（木を削《けず》って作った御幣《ごへい》）の材料を切ってきてイナウを削り、丁寧《ていねい》にクマ神を神の国へ送ることにしました。送る時の言葉に、

「恋《こい》というものは神の国にもアイヌの国にもあることで、ましてや若者がもっている特権《とっけん》でもありますし、クマ神の若者がアイヌの人妻《ひとづま》に片《かた》思いをしても悪いことではないでしょう。

それも、殺してまでもという衝動《しょうどう》を自制《じせい》し、涙《なみだ》ながらにそれを告白して、自分自身が犯《おか》しそうになった罪《つみ》を未然に防《ふせ》いだことは、普通《ふつう》のクマ神ではできないことです。

神の国の仲間《なかま》のクマ神たちもそれを認《みと》めて、あまりしかることのないように」などなど、できるだけ丁寧に、他の神々へも伝えました。

その夜のこと、あのクマ神が夢枕《ゆめまくら》に立った様子は、赤いひげを胸《むね》いっぱいに広げ、赤い髪《かみ》を顎《あご》の所で切りそろえ、にこやかな笑《え》みをたたえています。

「ユペッの若者よ、本当にありがとうございました。あなたの言葉のおかげで、私自身も顔が立ったし、仲間の神々も、人殺しという罪を犯さなかった私のことを喜んでくれました。

これからは人間の女にほれるなどと思わないで、いいクマ神として暮《く》らします。それとお礼の意味で、何年かあとにもう一度あなたの所へ遊びに行くことにしたいと思っています。

もう一つのお礼は、あなたがこれからもらうお嫁《よめ》さんに、私の方から呪術《じゅじゅつ》ができる能力《のうりょく》を与《あた》えることにしましょう。そうすると、いろいろな悩《なや》みごとや心配ごと、病気の原因《げんいん》の相談を受けて、それを解決《かいけつ》し、たくさんお礼をもらえるようになるでしょう」

という夢を見ました。

ここの家主の老人も私と同じように、クマ神からのお礼の夢を見た、といいながら何回も礼拝をしていました。クマを神の国へ送ることなどで、何日も滞在《たいざい》した私が帰

り支度《じたく》を始めると、老人は、

「クマの肉を持っていきなさい」

と言って肉を出してくれましたが、私は、

「家にはたくさんあります。どうぞコタンの人たちと食べてください」

と断《ことわ》りました。すると老人は何度もお礼をいいながら、座《すわ》っている後ろの宝箱《たからばこ》を開けて、その中から白金《しろがね》作りの刀の鍔《つば》を出しました。そしていうことには、

「あなたの父やあなたが、あまりにも精神《せいしん》のいいのには驚《おどろ》くばかりで、何か記念にあげようと思いますが、適当《てきとう》なものがありません。この鍔は、大昔から私の先祖《せんぞ》代々の宝物、それも第一等のものとして持っていましたが、若《わか》いあなたに差し上げます。これを持っていると、さらに幸せになれるでありましょう」

と言いながら、白金の鍔を一個《こ》私にくれました。

私は心からお礼をいいながらその鍔をもらい受け、それとは別に、宿を貸《か》してくださったナラの木の神への供物《くもつ》として、クマの肉を少しだけ持って、あの木の所まで来ました。イナウも一緒《いっしょ》に持ってきたので、クマの肉とともにナラの木の神へあげ、改めて丁寧《ていねい》にお礼をいいながらそこに一晩《ひとばん》泊《と》まり、次の日にユペッの家まで帰ってきました。

父へは、今までの出来事などを事細かに聞かせ、もらって来た刀の鍔を渡《わた》すと、なおさら喜んでくれて、

「一人息子《むすこ》であったが、精神さえよければクマ神からまで頼《たよ》られる」

と言いながら、父はもらってきた刀の鍔の寝床《ねどこ》をイナウで作り、大事な宝としてしまいこみました。そして、父は借りたものを返すことができたので、何一つ心配もなく死ぬことができると喜んでくれました。

その事があってから、特別《とくべつ》多くの獲物《えもの》に恵《めぐ》まれ、日一日と物持ちになり、何不自由なく暮《く》らしていました。

ある日父は、若者がいつまでも一人でいることはよくない、とユペッの川下《かわしも》の村おさの二人娘《むすめ》の妹の方を私のお嫁《よめ》さんにもらいました。働き者である妻《つま》が来てからは、母の手に何一つ触《ふ》れることなく、母も悠々《ゆうゆう》と暮らすことができて、本当に安心しています。

そうこうしているうちに、クマ神が約束《やくそく》してくれたように、妻は特別《とくべつ》な呪術者《じゅじゅつしゃ》になり、病人が出たら病気の原因《げんいん》を知らせ、困《こま》ったことや悩《なや》みごとを千里眼《せんりがん》的な能力《のうりょく》をもって教えます。それで、なおのことコタンの人から頼られ、たくさんの物をもらえるなど、まるで私が歩く前の方や後ろの方へ宝物が降《ふ》るような気がするほどです。

ある日のこと、狩《か》りに行くと見覚えのあるあのクマが私の矢《や》を受けてくれました。夢枕《ゆめまくら》に立った時に約束してくれたとおりに、私の家へ客としてきてくれたのでしょう。それを知った私は、特別丁寧にイナウを削《けず》って、神の国へ送り返しました。

私の妻も男の子と女の子を産み、その子どもたちも大きくなったのを見て、父も母も相次いで世を去り、私もすっかり年を取ってしまいました。

そこで、私が子どもにいい聞かせたのは、

「これまで私を守ってくれていた神は、神の国での手余《あま》され者、峰尻《みねじり》に住むならず者なのだ。これからいろいろな神を祭る場合、他の神を忘《わす》れても、その神へイナウや、酒を贈《おく》ることを忘れないように」

といい聞かせました。

そのようなわけで、若い時にいい精神をもっていた父の使いの途中《とちゅう》、私はクマ神から頼《たの》まれてそれを助け、一生幸せに暮らすことができたのです。

だから、今いる人々もいい精神で暮らしなさい。そうするとよいことがあるものです、と一人のアイヌが語りながら世を去りました。

語り手　平取町《びらとり》二風谷《にぶたに》　貝沢とぅるしの

（昭和40年1月18日採録）

解説

昔は、必要があって宝物《たからもの》を貸《か》したり借りたりするのではなく、仲《なか》よしの友人の間では、物を貸し借りすることによって、それを返しに行ってまた会えるということから行われました。

というわけで、この話は父が若《わか》い時に借りてあったものを主人公が返しに行き、その途《と》中《ちゅう》に横恋慕《よこれんぼ》をしたクマに助けを求められ、そのクマを望みどおりに殺してやるというものです。

話の中で、木登りをして一本目の枝《えだ》に足をかけるという部分がありますが、クマに追われて木登りをしても、一本目の枝より上へ行くものではありません。その理由は、一本目の枝にいればクマが追いかけて登ってきたとしても、ナタ（鉈）とかタシロ（山刀《やまがたな》）でクマの手を切ることもできますが、枝のいっぱいあるところまで行ったら人間はクマにはかないません。それで、この話ではさりげなく狩猟《しゅりょう》民族の心得《こころえ》を教えているのです。

したがって、山で見るクマの足跡《あしあと》は、人間が右足を左足の外側へ立てたような形についているものです。足跡によってどうもうなクマかどうかを判断《はんだん》することもできます。足跡に爪《つめ》が四本しかついていないクマは、イネウレペッウシペ（四つ爪グマ）といって恐《おそ》ろしいものとされています。これは人間でいうと、前足の小指を薬指に重ねるか、親指を人差し指に重ねたような状態《じょうたい》のクマの足跡をいいます。このような足跡を見たら、注意をしなければなりません。しかし、この話のように、ウウェペケレ（昔話）に出てくるクマはヌプリケスン　プリウェンクル（峰尻《みねじり》に住むならず者）と呼《よ》ばれながらも、実際《じっさい》は気が弱くて自分の思いを遂《と》げる度胸《どきょう》もない、かわいい悪役として登場してくる場合が多いようです。

ヌプリケㇱというのは峰尻のことで、位の高いクマは高い山の上にいて、位の低いクマは峰尻にいるとされています。

■アイヌの民具■カリンパウンク（サクラの木の皮を巻《ま》いた弓《ゆみ》）　節《ふし》のないクネニ（イチイ）の木の皮をはぎ、弓の形に曲げ、さらにサクラの木の皮をらせん状に巻きつけます。皮の裏側《うらがわ》にサケの皮を歯でかみくだいたものをにかわの代わりに塗《ぬ》ると、皮が締《し》まり、弓の弾力性《だんりょくせい》が増《ま》します。

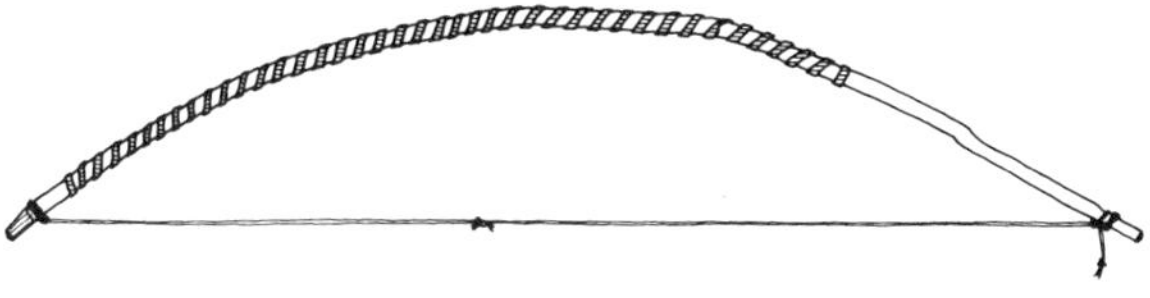

消えたちんちん

私は父がいて母がいて、ユペッという川筋《かわすじ》のコタン（村）で育てられていた一人の娘《むすめ》でありました。

父や母は口ではいえないほどの貧乏夫婦《びんぼうふうふ》で、私は子どもの時から食べ物に不自由させられ、他の家は貧乏だといっても山菜《さんさい》の寄《よ》せ煮《に》のような食べ物があるのに、わが家にはそれもありませんでした。

何を食べて、どうやって生きてきたかわからないほどでしたが、私もようやくのこと、山菜を採《と》りに行けるぐらいの年ごろになりました。

コタンの中で暮《く》らしていくのも父たちは恥《は》ずかしくなったらしく、コタンの入口の方のやや山陰《やまかげ》になった場所に家を建て、そこへ引っこしをしました。ここならコタンの人たちに見られることもなく、同じ貧乏をしていてもいいと思ったらしいのです。

山陰になった場所へ移《うつ》ってからの方が、私もいくらか気が楽になり、山菜採りに山へ行く時には、コタンの娘たちと一緒《いっしょ》に歩くようになりました。そして、自分で食べ物を作れるようになってからの方が、いくらかましなものを父たちに食べさせることができるようになりました。

このようにコタンの娘たちと山へ行って働いている時に出たうわさによると、村おさの所に一人息子《むすこ》がいて、狩《か》りの上手《じょうず》なことや器量のいいことは、とても人間とは思えないので、あるいは神かもしれないという話でした。

私はその話を聞いても、どうせ私のような貧乏な家の娘などには及《およ》びもつかないことと思いながら、うわさだけを聞いていました。

そのような話に口をはさむのも、耳を傾《かたむ》けるのも恥《は》ずかしいような気がしたからですが、いつの日か遠くから姿《すがた》だけでも見たいものだなあとは考えていました。

私は食べ物に不自由しながらも、どうやら年を取って一人前の娘《むすめ》に成長していました。そのようなある日のこと、窓《まど》の所で物音がして、ふと見ると、うわさに聞いていた若者《わかもの》らしい方が、弓《ゆみ》の先へクマの脂身《あぶらみ》を結わえつけて、ユラユラと振《ふ》っています。

それを見て私は驚《おどろ》きました。というのは、そのようにして脂身の肉を持ってくるのは、恋人《こいびと》へか、新妻《にいづま》へか、かわいい子どもへだけ、アイヌの狩人《かりゅうど》がするやり方であるからです。私の家には、私の父と母と私だけしかいません。してみると、私へ持ってきてくれたものであることはまちがいありません。

しかし、貧乏人《びんぼうにん》の娘である私に村おさの一人息子《むすこ》からの求愛《きゅうあい》などあろうはずはなく、そう思っただけでうれしいのと恥ずかしいのがごちゃまぜになって、二度と顔を上げることができませんでした。

顔を上げない私の様子を見たらしい若者は、脂身の肉を弓の先から外して、窓の内側の所へ置いて立ち去りました。それが次の日も、また次の日もというふうに、若者が弓の先へ脂身をつけて通ってきます。その様子を見た父は、

「もしや本当にあの若者は、貧乏人の私の一人娘をお嫁《よめ》に欲《ほ》しいと思って来てくれているのではないだろうか。本気でそうであるなら、こんなうれしいことはない」

と涙《なみだ》ながらに喜んでいます。

ところが、そのうち弓の先の脂身ばかりでなく、時にはシカの足肉を一本のまま持ってきたり、一頭分丸《まる》ごと持ってきたりするようになりました。

私はそれらの肉を食べてみて、何とおいしい食べ物だろう。狩《か》りが上手《じょうず》な男とはこ

のようなものかと思い、改めて父の顔を恨《うら》めしい思いで見直しました。父はまったく狩りができないのかしないのか、私は生まれた時から肉などは食べたことがなかったからです。

村おさの息子が最初に肉を持ってきてくれた時には、私のような貧乏娘が、村おさの一人息子の嫁になどなれるものかと、あきらめていました。しかし日がたって、月が過《す》ぎるにしたがって、もしやあのような方のお嫁にとはいかなくとも、水くみ女にでもなれないだろうかと、私の心の中にほのかな恋心《こいごころ》めいたものが芽生《めば》えてきました。

そのように肉を運んでもらい、おいしいものを食べられるようになった私の父や母、そして私はすっかり明るくなり、本当に村おさの息子のお嫁さんになれそうな気になりました。

このような食べ物に困《こま》らない楽しい月日が流れ、私はししゅうを練習するほど、心にゆとりめいたものができました。

ところが、ある時からあの若者がばったりと見えなくなりました。それからというものは、私は今日《きょう》は来るか明日《あす》は来るかと、心待ちにしていましたが、半月、一か月、とうとう半年たっても来てくれません。食べ物はたくさん運んでもらってあったので、とりあえずは食べるには困りませんが、どうにも気になってしようがありません。

最初はなんとも思っていなかった私でしたが、いつの間にか恋煩《こいわずら》いとやらの病気にかかったらしく、食べ物ものどを通らずやせてしまい、骨《ほね》と皮ばかりになってしまいました。

このままでは死んでしまうかもしれないと、自分で思うくらい弱ってしまったある日のこと、父や母が、

「娘よ、このまま一人娘のお前が死んでしまったら、私たちはどうなるのだ。それに、あの若者が帰ってきた時に、お前が死んでしまったと聞いたら、どんなにがっかりするだろう。頼《たの》むから少しだけでも食べ物を食べて、元気をつけて待とう。あの方が、たくさんの肉を運んでくれたではないか。残っているものを食べて生きていてくれ」

と泣《な》きながら、私に話しかけてくれました。

それを聞いた私は、もしかして若者は生きていて、また来てくれるかもしれない、待ってみよう、と思った私は少しだけ食べ物を口にして、ほんのわずかずつですが次第に元気になりました。

ある日のこと、山へ薪《たきぎ》を取りにいってみたいと思い、背負縄《しょいなわ》を腰《こし》に下げて山へ行き、自分で背負《せお》って帰れるぐらいの薪を集め、それを縛《しば》ってその上へ座《すわ》りました。そして声高らかに歌を歌いはじめましたが、愛《いと》しい若者《わかもの》のことを思い、半分涙《なみだ》声になりな

がらも歌い続けました。

貧乏人《びんぼうにん》の親を持ち　食うことや着ることも　人間らしい思いもなく　恋《こい》というものの夢《ゆめ》のまた夢　自分をあきらめていた時に　目の前へ現《あらわ》れ出た　神のようなあの若者　眠《ねむ》っていた恋心を　若い力で揺《ゆ》り動かし　乙女心《おとめごころ》を目覚めさせ　若い体を確《たし》かめ合うに　今一歩という矢先《やさき》に　天に昇《のぼ》ったか地に潜《もぐ》ったか　虹《にじ》のように消えてしまった　この世に神がいるとするなら　若者の所へ行かせてくれ　ここへ若者を呼《よ》んでくれ

私は顔の表を流れる、滝《たき》のような涙をふきもしないで歌っていました。すると、私の肩《かた》へ誰《だれ》かがそっと両手を当てたので、驚《おどろ》いて振《ふ》り向くと、あの若者が立っていました。私は恥《は》ずかしさとうれしさで顔を上げることもできず、自分の体で襞《ひだ》を作ってそこへ隠《かく》れたいほどの思いでした。

しかし、若者にもなにか悩《なや》みごとでもあったらしく、すっかり面《おも》やつれして顔色もよくありませんでした。そして、私の前の方へ回り、薪に腰をかけて私と並《なら》んで座り、ゆっくり話をしはじめました。

「娘《むすめ》よお聞きください。私のコタンにも大勢娘がいて、器量のいい娘や精神《せいしん》のいい娘がいるけれど、それらに負けない器量と、いい精神をもっているのがあなたです。

あなたの家は貧乏ですが、そのこととは関係なく、あなたをお嫁《よめ》にしたいと思っていました。私はあなたの顔を何回も見て知っていましたが、あなたは私の顔を見たことがなかったのでしょう。それで、私はあなたの家へ肉を運び、食料を送り続けていました。

さて、あなたと近いうちに結婚《けっこん》しようと思っていたある朝のこと、私のちんちんが消えてしまいました。落としたわけでもなければ外したわけでもないのに、跡形《あとかた》もなく消えてしまい、男にとってこれ以上大切なものはないのにそれがない。それからというもの仕事にも手がつかないし、狩《か》りに行けるはずもありませんでした。

父や母はそれを知らずに、『息子《むすこ》よ、どうした。何か欲《ほ》しいものがあったら聞かせなさい。どんなに高い代償《だいしょう》を出してでも、それを持ってきてあげよう』と言ってくれましたが、私のちんちんが見えなくなったとはいえませんでした。それが悩《なや》みで食事ものどを通らず、私はこのまま死んでしまうかと思っていました。

私の悩みを知らない父は、ただひたすら神々の名を呼びならべて、このまま一人息子が死んでしまったら、今まで贈《おく》っていた酒も、イナウ（木を削《けず》って作った御幣《ごへい》）も贈ることができなくなり、神は神としての力を失うであろう。息子の悩みを、息子の病気を、一日も早く治してくれるようにと、家の中の火の神を仲介《ちゅうかい》に立てて諸々《もろもろ》の神に訴《うった》え続ける日々でした。それは夜も昼も続き、父は目を覚ましている間はいつも神々へ抗議《こうぎ》したり、哀願《あいがん》したりしていたのです。そしてその間に、『息子よ、どうしたのだ。何か食べたいものがあるのかい。聞かせてくれ』と同じことをいい続けていました。

それがある夜のこと、私は夢《ゆめ》を見ました。夢枕《ゆめまくら》に立ったのは、一人の神らしい娘でした。

その娘が言うことには、

『若者よお聞きください。私は天の国に暮《く》らしているケソラプカムイといって、美しい羽根《はね》を持っている大きな鳥の神です。

私は天の国で結婚《けっこん》相手にふさわしい若者を探《さが》しましたが見つからず、アイヌの国へ目を転じてみるとあなたが目に入りました。その器量から精神まで、神である私の夫としてふさわしい人はこの若者のほかにはいないと思い、あなたの魂《たましい》を取ってきて神の国で結婚しようと考えました。

それで、いつの日かあなたを迎《むか》えに行こうと思っていながら、ついうっかりしていると、あなたは人間の娘を好きになり、せっせと食料を運んでいるのが見えました。このままにしていて、人間の女と結婚《けっこん》されては大変と思ったので、男のもっとも大事なものを神の力でもぎ取りました。それで、あなたが悩《なや》みに悩んで死んだら、魂《たましい》を取ってこようと思っていましたが、それは大違《おおちが》いでした。

というのは、あなたの父である村おさは、ほかにいないほどの雄弁《ゆうべん》な人で、夜も昼も神々にありとあらゆる言葉をもって抗議《こうぎ》に抗議を重ね、その抗議の言葉は他の神々から私の所へ続々と来ました。このまま若者《わかもの》の命を奪《うば》えば、神である私も私の親ももろともに、神の国から湿地《しっち》の国へけり落とすといわれました。

それればかりではありません。若者であるあなたは、その昔、パヨカカムイといって病気をまき散らす神がコタンを歩いた時に、その神があなたの母の器量にほれて、この女が神であったら結婚したいものだと思ったために、あなたの母が身ごもりました。それで生まれたのがあなたで、あなたは神の落とし胤《だね》なのです。あの娘《むすめ》も今は貧乏《びんぼう》な家にいますが、やはり神の落とし胤なので、実はあなたたちは結婚することになっていた二人でした。

私はこれであきらめて、あなたの大事な持ちものをもとのように戻《もど》します。だから、あなたはあの娘と結婚してください。そして結婚してから酒を醸《かも》して、私のことを神々にとりなしてほしいものです。そうすれば、私はあなたたち夫婦《ふうふ》を守り、あなたたちは私たち鳥のように、たくさんの子どもに恵《めぐ》まれるでありましょう』

という夢《ゆめ》を見ました。目を覚ましてみると、私の大事な持ちものはもとのように元気であり、そのことを父に全部聞かせると、父はさっそく酒を醸し、神々にお礼をいったり、しかったりしたのです。

私は一日も早くあなたの顔を見たいばかりに、少しずつ食べ物を食べて、ようやくこのくらい元気になりました。それぞれがもとのような体になったら、すぐに結婚式を挙《あ》げるので安心してください」

と聞かせてくれました。私にその話を聞かせてから若者は自分の家へ帰り、私も薪《たきぎ》を背負《せお》って帰ってきました。

それから私は日一日と元気になり、もとのような体になったある日のこと、私が薪を背負って帰ってくると、家の中で聞いたことのない男の声が聞こえ、入ってみると、うわさに聞いていた村おさがいました。村おさは私に軽くあいさつをしただけで帰っていきましたが、父の話では、私を息子《むすこ》のお嫁《よめ》に来てほしいので、父親が来た、ということでした。

私は、すでに山で若者から聞いていたのですが、夢が現実《げんじつ》になりそうなので心からうれしくなりました。

それから数日たつと、村おさの妻《つま》という中年の女が気のきいた召《め》し使いを連れて、私と父や母の着る着物を持ってきました。

私たちに着替《きが》えをさせて一緒《いっしょ》に村おさの家へ着くと、そこには大勢のコタンの人が集まっており、大宴会《だいえんかい》が開かれました。私はウェチューサケという結婚のための酒を飲まされ、晴れて若者と結婚しました。

父や母の家もコタンの入口の山陰《やまかげ》ではいけないということで、村おさの家の近くへ新しく家が建てられて、何不自由なく暮《く》らせるようになりました。

私たちも、鳥の神、ケソラㇷ゚カムイがいってくれたようにたくさんの子どもが生まれ、何を欲《ほ》しいとも何を食べたいとも思わないで暮らしています。そのうち私の姑《しゅうとめ》たちも亡くなり、父や母も亡くなり、それぞれ丁寧《ていねい》に送りました。私はたくさんいる子どもに、「威張《いば》った態度《たいど》をとってはいけません。そうすると、昔は貧乏人であったくせにと、コタンの人から疎《うと》んじられることになる」といつも言い聞かせていました。

今では私もたくさんの孫に囲まれ、何不自由なく暮らし、すっかり年を取りました。しかし若い時には、許嫁《いいなずけ》のちんちんが消えるなど大変でしたが、逆《ぎゃく》に鳥の神、ケソラㇷ゚カムイに守られ、幸せな一生を送りました、と一人の老女が語りながら世を去りました。

語り手　平取町《びらとりちょう》荷負本村《におい ほんそん》　西島てる
（昭和40年2月3日採録）

解説

ここに出てくるケソラプカムイ（ケソは斑点《はんてん》、ラプは羽根《はね》、カムイは神）は、羽根に斑点がある鳥の神様ということです。昔、老人たちに聞いた話ではクジャクではないだろうか、ということでした。

この話で、息子《むすこ》が食事もとらず、このままでは死ぬかもしれないとなった時、父の村おさは得意《とくい》の雄弁《ゆうべん》で、夜も昼も、あらゆる言葉を駆使《くし》して、神々に抗議《こうぎ》を重ねます。

神でも悪いことをしたら許《ゆる》さない。アイヌと神はまったく対等なのです。そして、その誤《あやま》りの行為《こうい》に対しても、あくまで言葉で相手にわからせる。なんとすばらしいことではありませんか。

語り手の西島てるフチ（おばあさん）は、六十一年十二月で九十歳《さい》になった元気のいい物知りのフチで、平取《びらとり》村荷負本村《におい　ほんそん》で生まれ育ち、現在《げんざい》もそこで暮《く》らしています。

現役《げんえき》の語り手としては第一等の方で、ユカㇻ（英雄叙事詩《じょじし》）、カムイユカㇻ（神謡《しんよう》）、ウパシクマ（言伝え）などを知っており、アイヌの口承《こうしょう》文芸などの伝承伝授者《でんしょうでんじゅしゃ》として長生きしてほしい方です。

この話をアイヌ語そのままで聞くと、もっともっと色気もあるのですが、和訳《わやく》すると、その部分がかなり薄《うす》まるような気がします。子どものころから聞きなれている娘《むすめ》や若者《わかもの》は「お色気」を別に気にするふうもなく、みんなと一緒《いっしょ》に楽しく聞いていたものでした。

■アイヌの民具■エニヌイペ（枕《まくら》）　シキナ（ガマクサ）で幅《はば》三〇センチ、長さ五〇センチくらいのトマ（ござ）を編《あ》み、中にケロムン（ヤマアワ）という草を詰《つ》めこみ、両端《りょうはし》を布《ぬの》でたすきがけにしてでき上がりです。エニヌイペは軽く、涼《すず》しくて、夏の昼寝《ひるね》にはとてもよいものでした。ウウェペケレ（昔話）ではエニヌイペといっていますが、ユカラではムクルといっています。ちなみに、昔の寝具《しんぐ》は、クマやシカの毛皮やトマなどを使っていたのでしょう。

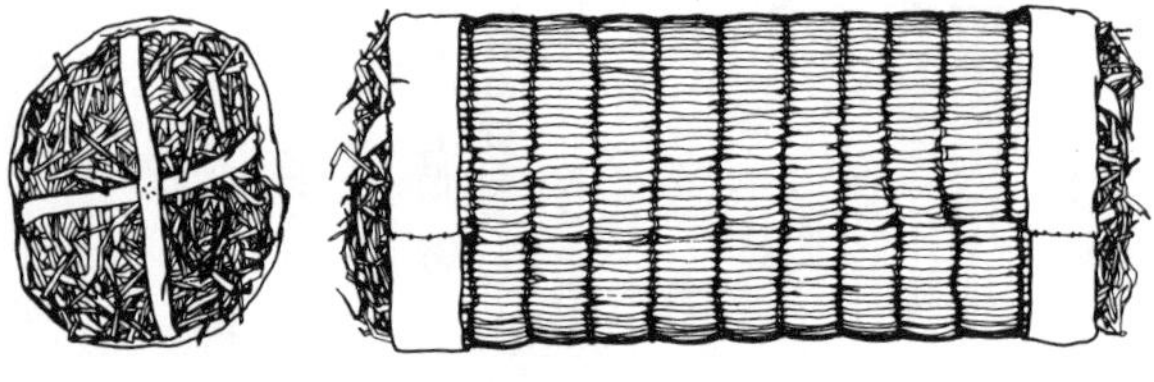

着物の片袖《かたそで》

私は沙流川《さるがわ》がシシリムカと呼ばれていた大昔に、沙流川の河口《かこう》から上流の方へ、一〇キロほど来た所のスムンコッというコタン（村）で暮《く》らしていた一人のアイヌで、私には二人の弟がいます。

私は最初に結婚《けっこん》したお嫁《よめ》さんとの間に子どもが生まれなかったので、もう一人お嫁さんをもらいました。二人目にもらったお嫁さんが間もなくかわいい男の子を産んでくれたので、その子どもを大事に育て何不自由なく暮らしていました。

男の子は、ヨチヨチ歩きをするぐらいに大きくなりました。本当に本当にかわいい子どもで、近所の人たちは口々に、「かわいい子どもですこと。首飾《くびかざ》りにして私の胸《むね》に下げたいほど」と言って褒《ほ》めてくれます。

ある朝のこと、私は日帰りの狩《か》りに行ってきたいと思い、矢筒《やづつ》を背中《せなか》に、弓《ゆみ》と槍《やり》を手に持って家を出ようとしました。それを見た私の子どもは、私の着物の裾《すそ》を両方の手でしっかりと握《にぎ》って、火のついたように泣《な》いて離《はな》しません。狩りに行くのに、嫌《いや》なことと思いながら子どもを抱《だ》き上げ、囲炉裏端《いろりばた》へ座《すわ》りました。そうすると子どもが泣きやんでニコニコしているので、機嫌《きげん》がよくなったと思い、そおっと立ち上がり外へ出ようとすると、前と同じように着物の裾を握って泣いて離してくれないのです。

私はもう一度座って子どもを抱くと、また泣きやみました。泣きやんだのを見た私は、子どもを母親の背中へおぶわせながら、

「家の中を歩きながら子守歌でも歌ってあげなさい」

と言いました。子どもをおぶった私の妻《つま》は、家の中を歩きながら低い声で子守歌を歌っています。その様子を見た私がこっそりと立ち上がり、家の外へ出ようとしましたが、外まで出ないうちに子どもはまた火のついたように泣《な》きはじめました。

三度までも子どもが泣くとは……。私は何か不吉《ふきつ》な予感を感じながら急いで家から遠ざかりました。子どもの泣き声を背《せ》に急ぎましたが、その泣き声がなかなか耳から離《はな》れないのを気にしながらも狩場《かりば》へ急ぎました。

山へ入ってはみたものの、その日に限《かぎ》ってさっぱり獲物《えもの》も目に入らず昼も過《す》ぎてしまいました。さて帰ろうかと思いながら歩いていると、昨夜降《ふ》った薄《うす》い雪の上にクマが横切った足跡《あしあと》がありました。足跡を見ると、たいして大きいクマではないけれど、イネウレペッウシペ（四つ爪《づめ》グマ）とって質《たち》の悪いどうもうなクマであることがわかりました。

一緒《いっしょ》に来ていた勇敢《ゆうかん》な雌犬《めす》も、クマの臭《にお》いをかいだらしく背中の毛を立て警戒《けいかい》の姿《し》勢《せい》に入っています。一瞬《いっしゅん》私は、明日《あす》弟たちと三人で来ようと思いましたが、日も高いし一人でもやれると思い、クマの足跡をつけはじめました。すると、四つ爪のこのクマが、ヤイルカエホシピといって、クマ自身が歩いていった足跡の外側を大きく回り、戻《もど》ってきては太い立木の陰《かげ》に隠《かく》れ、私を待ちぶせした跡があります。その足跡を見た私は、今日《きょう》は狩《か》りをやめようかと何度も思いましたが、何くそと思い、体中を耳にするような気持ちで一歩一歩と前に進んでいきました。

太い立木の陰にはとくに細心の注意を払《はら》いながら進むうちに、日は西に傾《かたむ》き、辺りがやや見通しづらくなりました。今日はこれまでにして帰り、明日出直そうと思ったそのとたん、目の前のくぼみから黒い塊《かたまり》が突進《とっしん》してきました。四つ爪グマが私の数歩先を行っていた犬の上を飛びこえるように、わっと私に襲《おそ》いかかってきたのです。私は槍《やり》を構《かま》える暇《ひま》もなく組みふせられてしまいました。

　このような時の用心のために、アイヌは左側の腰《こし》にタシロ（山刀《やまがたな》）を下げ、右側の腰《こし》にマキリ（小刀《こがたな》）を下げていますが、それはどちらかの手で刃物《はもの》を抜《ぬ》いて、クマを刺《さ》すことができるからです。しかし、どうもうな四つ爪グマはそのようなすきを私に与《あた》えず、いきなりリコシノッ（相手を上へ投げ上げては受ける動作）に移《うつ》りました。これは、ネコがネズミを取った時に上へ投げては受け、また上に投げては受ける、あのやり方とまったく同じことをやるクマがいると聞いていた、そのやり方であったのです。

　私は上へ投げられながらも、高い声を出して神々に助けを求めながら、タシロを抜き、少しでもこのクマに痛手《いたで》を負わせようとしましたが、それも思うとおりにはいきませんでした。上へ投げ上げられるたびに木の枝《えだ》にひっかかり、着物は破《やぶ》れ、だんだんとけがはひどくなり、私は気が遠くなって、死んだのか眠《ねむ》ったのかわからなくなりました。


　話かわって妻《つま》が語ります。

　夫が朝早く、日帰りで狩りに行こうとして家を出ようとすると、わたしの子どもが着物の裾《すそ》にすがりつき、火のついたように泣いてその手を離《はな》しませんでした。夫は子どもを何度もあやし、子どもが安心したすきを見て、山へ狩りに行ってしまいました。今までそうしたことのない子どもだったので、わたしは大変気がかりに思いながら、夫の帰りを待っていました。

帰る予定の時間になっても夫が帰ってこないので、わたしは家から出たり入ったりしながら待っていましたが、そのうちに辺りはすっかり暗くなってしまいました。夫が帰ってきやしないかと、外へ出て暗い山の方を見ていると、今朝《けさ》夫と一緒に山へ行った犬が走ってきました。

家の中へ飛びこんできた犬の様子を見ると、白い犬が血で真っ赤《まっか》に染《そ》まって、その口には夫の着物の片袖《かたそで》をくわえているのです。それを見たわたしは、山で何が起こったのかすぐわかりました。わたしは、「ウォーイ、ウォーイ」と危急《ききゅう》を知らせる叫《さけ》び声をあげました。わたしの叫び声を聞いたコタンの人たちが、あっという間にわたしの家にあふれるほど大勢集まってきました。

話を聞いたコタンの人たちは、

「さっそくみんなで山へ行こう」

と言ってくれましたが、夫の弟たちは、

「万が一にもコタンの人にけが人などが出るようなことになっては申しわけがない。

今夜は私どもも身内だけで様子を見に行くことにしますので、あなた方は明日《あす》の朝に私どもを捜《さが》しに来てください」

と丁寧《ていねい》に断《ことわ》りました。

子どもを夫の本妻《ほんさい》に預《あず》けたわたしは、夫の弟二人と三人で夫を捜しに山へ行くことにしました。夫の弟二人は槍《やり》の柄《え》を新しく入れ、目釘《めくぎ》を締《し》めて銘々《めいめい》が槍《やり》を持ち、女であるわたしは明かり持ちの役目です。

明かりにする材料は、カヤで作りますが、束《たば》の太さを大人《おとな》の両方の手の指先と指先で丸を作ったぐらい（直径《ちょっけい》約一五センチ）の太さにします。小束にしたカヤ束を何十本もわたしは背負《せお》い、犬を道案内にして真っ暗い山へ向かって歩きはじめました。

夫がクマに襲《おそ》われた近くに来ると、犬が小声でヒュン、ヒュンと鳴きはじめました。

そこでわたしは背中からカヤ束を下ろして太めの束に火をつけ、それを高々と上げて辺りを見ると、さっと降《ふ》った雪の上に人間の血かクマの血かわかりませんが、白い雪を真《ま》っ赤《か》に染《そ》めています。リコシノッされたらしく人間の腸が木の枝《えだ》にだらりと下がっているのが見え、夫が殺されたことがはっきりわかりました。

二人の弟が槍を構《かま》えて一歩一歩前に進んでいくそのあとから、火を消さないように、わたしは何本ものカヤ束を小脇《こわき》に抱《かか》え、次から次へとカヤ束に火をつけて前へ進みました。

しばらく行くと、あまり広くない草むらの中で、クマが物を食っている音、それも骨《ほね》をかみ砕《くだ》いている音がパリッ、パリッと聞こえてきました。わたしは身ぶるいしましたが、夫の敵《かたき》の化け物グマに負けてはならないと、なおいっそう太いカヤ束に火をつけ、それを高々と上げて弟たちの足もとを照らしました。草むら近くへ行った上の方の弟が、

「化け物グマ出てこい。兄の敵を討《う》ちに来たぞ」

と高い声でどなりました。

そうすると、食っていた音がぴたりとやんで、四つ爪《づめ》グマは、人間が立ったような姿《すがた》でこちらへ向いて歩いてきたのです。それを見た下の方の弟は、五、六歩後ずさりで逃《に》げましたが、はっと気づいて向きを変え、四つ爪グマへ向かって突進《とっしん》しました。

上の方の弟は大きく開けている四つ爪グマの口へ、下の方の弟は心臓《しんぞう》目がけて槍を一突《ひとつ》きに刺《さ》し、四つ爪グマを倒《たお》すことができました。

何回も何回も槍で突いて、完全に四つ爪グマが死んだのを見てから、辺りを捜しましたが、夫の姿はなく、着物の切れ端《はし》や、骨の残りが散らばっているばかりです。

わたしたち三人は、泣《な》きながら骨を拾い集めてみましたが、それは三分の一も残っ

ていないぐらいです。そのあとで、弟たちは代わる代わる四つ爪グマの頭へ小便をひっかけながら、

「このように人間を襲い殺したクマは、神の国へも行けずに神々からも人間からも罰《ばつ》を受けるものだ」

と何回も何回も言いました。わたしたちは、そのようにして泣きながら夜を明かしました。

夜明けとともにコタンの人たちは、たくさんの食べ物やござなどを背負って来てくれました。辺りの様子を見てわたしたちの無事《ぶじ》を喜び、わたしの夫の死を悲しんでくれながら、さっそくござで大型の拝《おが》み小屋を建ててくれました。その小屋の中で夫の着物を広げ、足りない骨を着物の中へ並《なら》べて遺体《いたい》のように作りました。その場所で夫を埋葬《まいそう》することになったからですが、このように変死した時は家へ不幸を持ちこまないために、その場で送ることになっているからです。コタンの人が背負ってきた食べ物を供《そな》え、本当の家でする葬式とまったく同じに、ござで建てた仮小屋《かりごや》の中で葬式を済《す》ませたのです。

あの四つ爪グマは頭だけを切り取って、木の株《かぶ》の上へ鼻というか口を上向きに置き、男も女も次々と小便をかけ、上へ糞《くそ》をして、人間側から与《あた》えられる重い罰を与えまし

た。

肉は皮もはがさずにぶつ切りにして、神ではない朽《く》ち果てた木の株《かぶ》へ配るなどして、全部捨《す》ててしまいました。こうされることで、四つ爪《づめ》グマはもとのクマになることもできず、そのまま朽ちてしまいます。これは神にとっては、もっとも不名誉《ふめいよ》なことになるのです。このようにして、四つ爪グマを山で投げすてるようにしてから、コタンの人たちと一緒《いっしょ》にコタンへ帰ってきました。

思えば、あの朝に子どもが自分の父親の身を案じ、狩《か》りに行かせまいとして泣《な》いて取りすがったのに、夫は運がなく山へ行ってクマに殺されてしまいました。

だから、今いるアイヌよ、ものをいえない子どもが、あまりにも泣いてすがった時は山へ行くものではありません、と沙流川《さるがわ》の河口《かこう》の上流、スムンコッというコタンに暮らしていた一人の女が語りました。

語り手　平取町《びらとり》二風谷《にぶたに》　貝沢前太郎
（昭和38年3月14日採録）

解説

これは実話であり、それを聞いて知っていた貝沢前太郎さんが私に聞かせてくれたものを、私がウウェペケレ（昔話）風にまとめました。
イネウレペッウシペ（四つ爪《づめ》グマ）については『クマ神の横恋慕《よこれんぼ》』の解説《かいせつ》を参照してください（296ページ）。
また、リコシノッというのは、ネコがネズミを取った時にネズミを殺してしまわずに、生殺しにして上へ投げ上げては受けておもちゃにするというものです。それとまったく同じことをクマは人間にする、それをリコシノッ（リッは上、オはそれ、シノッは遊ぶ）、リッオシノッを続けていうと、リコシノッになります。私の母方の祖父《そふ》が、クマにこのやられ方をしましたが、死にはせずに、昭和十年ころまで生きていて、その傷跡《きずあと》を何回か見たことがあったものです。孫の私に背中《せなか》をかいてくれと、着ているものを後ろへずり落として出した背中は、クマの爪傷だらけであったことを記憶《きおく》しています。（拙著『おれの二風谷』参照）
それからヤイルカエホシピ（自分の足跡の外側を大きく回り人間を待ちぶせする）クマは今もいます。女が明かりを持っていくのですが、ここで女ができることは「夫の敵討《かたきう》ち」でしたので、彼女は勇敢《ゆうかん》にクマに向かっていったわけです。

二人行った兄弟のうち、クマが出た時に弟の方が五、六歩ほど後ろへ向いて逃《に》げますが、この人は、元来物事に驚《おどろ》きやすい性質《せいしつ》で、瞬間《しゅんかん》的にそうするイムの癖《くせ》のあった若者《わかもの》でしたが、すぐに気づいて戻《もど》ってきたのです。

「クマに殺された人の血統《けっとう》は生きているのですか」と前太郎さんに聞くと、「為やんという人がその血統のはずだが」ということでした。実話、それがこのような形で何代も語りつがれて、年代が古くなるにしたがって昔話のように語り継がれたのでしょう。

■アイヌの民具■チンル（堅雪《かたゆき》用かんじき）　二月末ごろ、雪の表面だけが凍《こお》り、堅雪の状態《じょうたい》の上を歩く時チンルをつけます。長さ五四センチくらい、最大幅《はば》で二五センチくらいです。材料はクツチプンカラ（コクワヅル）にチポプテニペㇱ（煮《に》たシナノキの皮）の紐《ひも》をつけます。

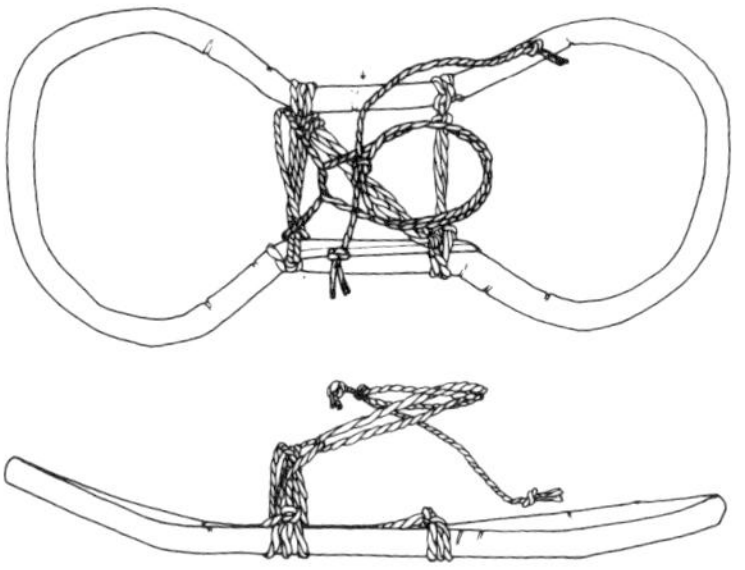

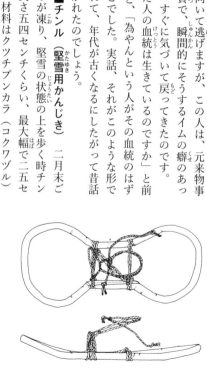

カツラの木の女神《めがみ》

私は一人の娘《むすめ》で、父がいて母がいて、大きい兄がいて、小さい兄もいますが、二人の兄は父たちや私と別に暮《く》らしています。

兄たちはクマを捕《と》りシカを捕っても、肉のいい所を私たちにはくれようともしないで、肉の切れ端《はし》や魚の切れ端を少しずつくれるだけです。

その肉の切れ端や魚の切れ端を煮《に》て父たちに食べさせると、父は、

「あの者たちは、子どもの時にあれほどかわいがって育てて大きくしたのに」

と少しだけ愚痴《ぐち》を言いながら暮らしていました。

それにしても、あんなにたくさん捕れるシカの肉を、もう少し多くくれてもよ

さそうなものを、どうしてあのように食い根性《こんじょう》が悪いのだろうと、父や母は嘆《なげ》いています。

ある日のこと、父がいうのには、

「私たちが住んでいる所のこの川を上流へ行くと、右の方へ別の小さな沢《さわ》が入っているので、その沢を登りつめると別の川が見える。その川を少し降《お》りると大勢の人が住んでいるコタン（村）があるので、そのコタンへ行って干《ほ》し肉や干し魚を分けてもらってきてくれないかい」

と私に言いました。

「行ってきてもいいですよ」

と私が返事をすると、もっと丁寧《ていねい》に道順を教えてくれながら、食べ物と取りかえる宝物《たからもの》を出してくれました。それはイコロ（宝刀《ほうとう》）ですが、何本かまとめて縛《しば》って背負《せお》いやすくしていると、それを見ていた母が、

「兄たちも、お前が行こうとしているコタンへ行く準備《じゅんび》をしていた」

と聞かせてくれました。

兄たちは兄たちで、私は別に行くのだと思いながら荷物をまとめて、それを背負い、父が教えてくれた道順どおりに歩きはじめました。

しばらく行って、山越《ご》えのために少し斜面《しゃめん》を登りはじめると、一本のカツラの木が立っていて、その立ち姿《すがた》の美しいこと。枝《えだ》は四方に広がり、見るからに神々しい感じです。

そのカツラの木の周りには、いかにも私たちはこの木の子どもですよというように、背丈《せたけ》の低いカツラの木がたくさん生えていました。それを見た私は、背負っていた荷物を下ろし、腰《こし》に下げていたタシロ（山刀《やまがたな》）を抜《ぬ》き、辺りに生えていた柴《しば》を切って片《かた》屋根の小屋を造《つく》りました。

造った小屋のそばで焚火《たきび》をたき、たくさん生えているカツラの木のうち、姿のいい木を一本、私と同じ背丈に切りました。そして、顔の面になる部分をさっと削《けず》って白くしてから、自分のマタンプシ（鉢巻《はちま》き）の半分を裂《さ》き、削った木にマタンプシをさせました。

マタンプシをさせた棒《ぼう》を小屋の前へ立て、私は、

「これから山の向こうのコタンへ、食料を分けてもらいに行ってきたいと思っています。それについては、初めて行くコタンであり、大変に心細く思うので、カツラの木の女神《めがみ》の娘であるあなたに、マタンプシの半分を差し上げてお願いをします。私が行く道筋《みちすじ》を守ってくださることや、神の力でたくさんの食料を手に入れることができるようにしてほしいのです。

思うように食料が手に入ったら、家へ帰り、父に話をしてイナウ（木を削って作った御幣《ごへい》）とお酒でお礼をしたいと思います。カツラの木の女神の娘よ、どうぞ私を守ってください」

そのようにお願いをしてから荷物を背負って山を登り、別の方の沢を下っていきました。そうすると、遠くの方で犬のほえる声が聞こえ、その声がだんだん近くなりました。目の前がパッと明るくなると大きなコタンが見え、そのコタンの中ほどには島ほどもある大きい家がありました。

私がその家の前へ行って荷物を下ろし、「エヘン、エヘン」とせきばらいをすると、家の中から美しい娘《むすめ》が出てきて、私の顔をちらっと見てから家へ入りました。

そしてその娘がいうのには、

「外へきれいな娘が一人来ているけれど、何を思いわずらってか、顔の面に憂《うれ》いの色が出ている娘です」

と家の者に言ったのが聞こえました。すると、

「いらんことをいわなくてもよい。家の前へ来た方は、男でも女でもさっさと入ってもらいなさい」

と老人の声で言うのが聞こえました。

すると娘はもう一度出てきて、

「どうぞお入りください」

と言いながら、片方《かたほう》の手で私の荷物を持ち、もう片方の手で私の手を引いて家の中へ入りました。

家の中へ入ってみると、上品な老夫婦《ふうふ》、それに若者《わかもの》が二人ぐらいいるらしく、私を迎《むか》え入れてくれた人は一人娘のように見えました。家の外側でもそうでしたが、家の中の屋根裏《うら》まで、シカの肉やクマの肉がたくさん掛《か》けて干《ほ》してあります。

私の顔を見た老人は丁寧《ていねい》にあいさつをしてから、

「どちらから、何の用事で来られたのですか」

と聞いてくれました。そう聞かれた私は、

「このコタンの西側の山の向こうの沢尻《さわじり》に、コタンをもっている私の父の使いで来た者です。私には年老いた父と母、兄が二人いますが、兄たちは別々に家をもっていて、私たちにはシカの肉などもあまり持ってきてくれないのです。

それで父はこのようなものを私に持たせて、山の向こうのコタンへ行き、食べ物と取りかえてくるようにといったので、ここへ来たのです」

と私は言いながら、父が持たせてよこしたイコロを出しました。

私の話を聞いた老人は、

「それはそれはご苦労なことだ。親不孝《おやふこう》というものは、世の中でいちばんよくないことなのに、どうしてそうなのだろうか」

と大変同情《どうじょう》してくれました。

老人は自分の娘に、

「急いで夕食の仕度《したく》をして、この娘に食べさせてあげなさい」

と言いつけると、娘はさっそく夕食の準備《じゅんび》にとりかかりました。

そのうち外で人の気配がして、シカを背負《せお》った若者たちが狩《か》りから帰ってきた様子です。母親が肉を家の中へ入れるために外へ出ながら、私が来ていることをいったらしく、二人の若者は狩り用の装束《しょうぞく》を外で解《と》いて入ってきました。

見ると、一人はようやくひげが生えたぐらいで、もう一人はまだ顎《あご》ひげもない若者でした。座《すわ》り直した若者のうち、兄の方が、

「どこから来た娘なのですか。何か聞かれたのですか」

と父親へ尋《たず》ねました。

「話を聞いて驚《おどろ》いたところだが、この人は前々からお前たちにも話を聞かせたことのある方で、山の向こう側の村おさで私も知っている方の娘だそうだ。兄が二人いるが、

シカを捕《と》っても、父や母、そしてこの娘に肉をほとんどくれないので食べ物に困《こま》って、食べ物を分けてもらいたいと来たのだ」

それを聞いた二人の若者はあきれながら、

「それはそれは、気の毒なことだ」

と言って、「さあ食べなさい」と、おいしい肉をたくさん出して私に食べさせてくれました。父や母が腹《はら》をすかせていることを思うと、一人で腹いっぱい食べるのがもったいないような気がして、お椀《わん》の中の肉を父たちに残そうと、こっそり別にしました。それを見た家の人々は、「そのようなことをしなくても、たくさん持たせるので食べなさい」と言ってくれるなどしながら、次の朝になりました。

朝になると、若者たちは山の向こうの下り坂になる所まで送ってあげようといいながら、干《ほ》し肉や干し魚を束《たば》にして縛《しば》ってくれています。そうしながらいうことには、「昨日《きのう》山から帰る途中《とちゅう》で、あなたの兄らしい二人連れがこのコタンの下隣《しもどなり》のコタンへ行ったのが見えました」

と私に聞かせてくれました。

二人の若者《わかもの》は肉の束を重ねては縛って、男が二人背負《せお》う荷物を作り、私には軽く背負える分を作ってくれました。また、二人の若者は私を送ってくれることになり、私は老夫婦《ふうふ》や家の娘《むすめ》に丁寧《ていねい》にお礼をいってから、三人でその家を出ました。

昨日来た沢《さわ》の中を三人で歩き、私のコタンの方へ流れている沢まで来ました。

そこで私は、昨日来る途中の、カツラの木で神をつくったあの場所を見られるのが嫌《いや》で、若者たちに、

「ここまで来たらコタンは近いので、あとは一人で帰ることができます」

と言いました。すると、二人の若者は「そうだ、そうだ」と言いながら荷物を下ろし、二人で背負ってきた干し肉の荷物と、私が背負った分を合わせて、きっちりと縛ってくれました。

若者たちがこのように簡単《かんたん》に戻《もど》る気になったのは、たぶん神様がそのように思わせたのでしょう。若者たちにお礼をいった私は、荷物を背負って坂を下り、二人は斜面《しゃめん》を登って帰っていきました。

ゆっくりゆっくり下っていくと、昨日小屋を造《つく》った辺りに家が一軒《いっけん》見え、その家からは煙《けむり》が出ています。近づいてみると、私と同じくらいの美しい娘が黒いマタンプシをして、笑顔《えがお》で私を迎《むか》えてくれました。そしていうことには、

「昨日は本当にありがとうございました。神の国で、娘たちがいちばん欲《ほ》しがっているものは、人間の娘が頭に巻《ま》いている黒いマタンプシなのです。

それをあなたは知っていたかのように、自分が大事にしている黒いマタンプシを惜《お》しげもなく半分に裂《さ》いて、私にくれました。それを見ていた父神や母神から私は、『大変にありがたいことだ。さあ早く、ありったけの呪術《じゅじゅつ》を使ってあの娘を守りなさい』といわれました。それで私は人間の姿《すがた》になって、あなたの行く手を見守り、老人や若者たちが特別《とくべつ》あなたを大事にするように仕向けたのです。

ここまで来て、二人が一緒《いっしょ》にいるのを見られるのが嫌だったので、近くから戻るように思わせたのです」

と聞かせてくれました。

それを聞いた私は荷物をほどいて、干し肉や干し魚をたくさん出して、神様にお世話になったお礼にといいながらカツラの木の根元へ置きました。その様子を見ながら、女神《めがみ》の娘は、

「これから一生あなたの守り神になってあげます」

と言ってくれました。そして、

「神である私が、精神《せいしん》のいい若者をあなたの夫にさせるためにあなたのもとへ行かせるので、ためらうことなく結婚《けっこん》しなさい。それから、二人の兄は生まれながらに悪い憑《つ》き神がついていて、親不孝《おやふこう》をしているので仕方がありません。兄たちを恨《うら》むことな

くあなた一人で親孝行をするように」

と聞かされました。

女神に何度もお礼をいった私は、

「家へ帰って父に一部始終を聞かせて、イナウだけでもお礼をさせます」

と言いました。すると女神は、

「さあさあお帰りなさい。私があとを見守っているので、荷物も重くはないでしょう」

と言いました。私は女神にお礼をいってその場を立ち去り、しばらく歩いて振《ふ》り返ってみると、家も煙もまったく見えません。そこで改めて、その女が神であったことを知り、オンカミ（礼拝《らいはい》）をしながら家へ帰ってきました。

父や母へは、行きながらのことや、行った先の家族が親切にしてくれたこと、カツラの木の女神がいろいろと私のためになるように、人間の若者たちへ仕向けてくれたことを細かく聞かせました。

背負《せお》って来た荷物をほどくと、ぐっと増《ふ》えて横座《よこざ》いっぱいに、干《ほ》し肉や干し魚の山ができました。父や母やそれを見て涙《なみだ》を流して喜び、何回も何回も礼拝《らいはい》を繰《く》り返しています。

そして、持っていったイコロも向こうの老人は受け取らず、荷物の中からふたたび出たのを見て、なおさら父は感謝《かんしゃ》している様子です。さっそく父はイナウを削《けず》って、カツラの木の女神《めがみ》へそれを贈《おく》ってくれました。

私が背負《せお》ってきた干し肉を食べ終わらないうちに、どこからか立派《りっぱ》な若者《わかもの》が来て、わが家へ住みつき、毎日毎日私たちのために狩《か》りに行き、たくさんのシカやクマを捕《と》ってきます。カツラの木の女神が聞かせてくれてあったことなので、私はその若者と結婚《けっこん》しました。

夫は狩りの名人なので、何を欲《ほ》しいとも何を食べたいとも思わないで暮《く》らしているうちに、私も大勢の子どもを産み、父も母も年を取って世を去りました。そのうちに兄たちは、だんだんと狩りが下手《へた》になってきたのか、シカもクマも捕ることができず、ひどく貧《まず》しい暮らしをしています。

私もすっかり年を取ってしまったので、子どもたちにカツラの木の女神へお酒やイナウを贈ることを忘《わす》れないように頼《たの》みました。

だから、今いるアイヌよ、親孝行《おやこうこう》をしなければいけませんよ、と一人の老女が語りながら世を去りました。

語り手　平取《びらとり》町二風谷《にぶたに》　貝沢とぅるしの
（昭和40年1月18日採録）

解説

上の兄二人が親不孝《おやふこう》をするので、娘《むすめ》が親孝行のために食料を求めにいく途中《とちゅう》で、自分の頭に巻《ま》いているマタンプシ（鉢巻《はちま》き）の半分を神の娘に贈《おく》ります。それをもらった神の娘は、かねてから欲《ほ》しいと思っていたものを贈られて大喜びをし、人間の娘を助けます。古い時代の女のマタンプシには、ししゅうはしてないものばかり、ただの黒布《くろぬの》だけでした。

この話の中では食い根性《こんじょう》の悪い兄たちのことを、神様が、あの人間が悪いのではなしに憑《つ》き神が悪いと教えて、目に見える人間を恨《うら》むものではないよ、と聞かせています。その辺りが、アイヌのウウェペケレ（昔話）らしいおおらかさを感じさせます。どんなことがあっても、なるべく人間が人間を憎《にく》むことのないように、というわけです。

娘がおいしい肉を出されると、父や母のためにそっとお椀《わん》から取り出して別へ置くくだりは、いかにも孝行娘という感じのするところです。

なお、アイヌでは、食べ物を残して持ち帰ることをコメカレといいます。

親犬は山へ行ってウサギなどを殺し、その肉を腹《はら》いっぱい食い、飼《か》われている家へ帰ってきて子犬の前で吐《は》き、それを子犬に食わせます。これもコ（それ）、メカレ（残す）といいます。食い根性の悪いことを、イペウナラというのですが、「イペウナラ　アナッネ　チヌカラ　アイヌパテッ　アコエウナラプソモネ　カムイカ　アコイペウナラプ　ネクス　アシトマプネ（食い根性の悪いことは、目に見える人間にだけではなしに、神へも食わせないことになるので恐《おそ》ろしいものだ）」というわけで、食い根性の悪いということは皆《みな》に嫌《きら》われるものですから、アイヌは、とっても食い根性のいい人が多いものです。

■アイヌの民具■イエオマプ（おぶい紐《ひも》）　イエ（それで）オマ（かわいがる）プ（もの）で、子どもを背負《せお》う用具です。タラ（背負縄《しょいなわ》）にケネ（ハンノキ）の横棒《ぼう》をつけたもの。子どもを着物の内側に入れて背負い、着物の外側からイエオマプを下げ、横棒に子どもを座《すわ》らせます。

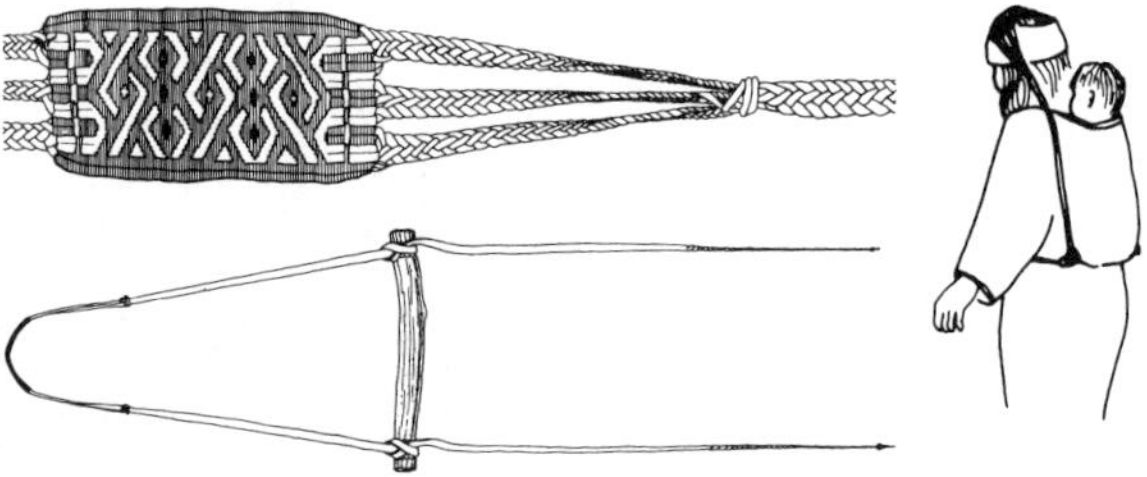

魔法《まほう》の小袖《こそで》

私は一人の少年で、父と母、そして一人の弟がいました。私たちが暮《く》らしている場所は、高い高い山の西側の、あまり日当たりもよくない所でした。そこに隠《かく》れるように一軒《いっけん》の家が建っていて、私たちはその家でひっそりと暮らしていました。

父は狩《か》りの上手《じょうず》な人であるらしく、毎日山へ行ってはシカを捕《と》りクマを捕り、その肉を私たちに食べさせてくれるので、食べ物にはまったく不自由したことはありません。

しかし、近くには一軒の家もなく、私は父や母、そして弟のほかには人間というものを見たことがないので、なんとかしてほかの人間を見たいものだなあと考えてばかりいました。

少し大きくなってからは、父に連れられて山へ狩りに行っても、私たちのほかには人間を見ることがなく、それだけが寂《さび》しいなあと思っていたものです。弟も大きくなり、私と一緒《いっしょ》に狩りに行けるようになってからは、父と二人で山へ行くことが少なくなり、大方は弟と二人で狩りに出かけていました。

弟と二人で山へ行った時には、どこかで人に会うことができないだろうかと、狩りの合間にわざわざ二つの山を越《こ》え、三つの山を越えるというふうに遠くへ行ってみても、人を見たことがありませんでした。

それでも、私たちはシカを捕りクマを捕っては、その肉を父や母に食べさせて親孝《おやこう》行《こう》をしていたものです。

そのようなある日に、母が突然《とつぜん》死んでしまいました。病気にかかった様子もなかったのに、どうしたのだろうと思いましたが、死んだ母を見た父は、あまり悲しい顔もしていません。

父は、母の死体を引きずるようにして外へ出し、家から少し離《はな》れた所にあった、太い風倒木《ふうとうぼく》の下へ押《お》しこむように入れてしまいました。

近くに人が住んでいる家があるわけでもないので、人間が死んだのを見たことのない私たち兄弟は、人が死んだらそのようにするものかなあと思っただけでした。

そして、家の中を見回しても、鍋《なべ》が二個と狩猟《しゅりょう》用具のほかには、これといっためぼしいものはなく、たった一つだけ大切そうに見えたものは、家の東隅《すみ》近くの梁《はり》の上の横棒《ぼう》の上にあるアネスオプ（細型の箱《はこ》）二個だけです。その箱には何が入っているのか、私は箱の中を見たことがありませんでした。

私たちは母が亡《な》くなってからは父を大事にし、おいしい肉や魚を食べさせ、孝行していました。

そのようなある日のこと、父が病気になってしまい、私は父があと何日も生きてはいられないのではないかと思っていました。父は自分の死期が近づいたことを予感したらしく、私たち兄弟を枕元《まくらもと》へ呼《よ》び、

「私は病気にかかっており、近いうちに死んでしまうであろう。死んだら、母と同じように風倒木の下へ押しこんでくれ。そのあとで、梁の上の横棒へ乗せてある二個の細長い箱を下ろし、大きい方の箱の中にコソンテ（小袖《こそで》）を二枚《まい》入れてあるので、一枚ずつ着るがよい。そうしたら、どうなるかわかるであろう」

そのように遺言《ゆいごん》して父は死んでしまいました。父にいわれたとおりに、父の遺体《いたい》を弟と二人で家から引っぱり出し、家の近くにあった太い風倒木の下へ押しこみました。

そうしたあとで家の中へ入り、梁の上の横棒から二個の細長い箱を下ろし、大きい方を開けてみると、本当に二枚の小袖が入っていました。

その小袖を一枚ずつ着ると、どういうわけか知らないけれど、小袖は溶《と》けて肌《はだ》の中へ沈《しず》んでしまい、肌の上からはまったく見えません。それればかりではなく、小袖を着たのと同時に、私ども兄弟は口がきけなくなったのです。

弟も何かいいたいらしいのですが、一言もしゃべることができず、口をモゴモゴさせるだけです。私もまったく同じように口がきけません。

私はあの小袖《こそで》を脱《ぬ》げば口がきけるようになると思いましたが、脱ぎたいけれども肝《かん》心《じん》の小袖が消えたというか、肌《はだ》に溶《と》けこんでしまったので、どうにもなりません。

それからというものは、たった二人の兄弟なのにものもいえず、それでなくとも寂《さび》しいのに声も出ず、ただただ二人で顔を見合わせては泣《な》いてばかりいました。

このままでは、ここで死んでしまいそうに思ったので、弟に目顔で合図をして、どこかへ人を捜《さが》しに行こうと相談をしました。弟は私の合図を理解《りかい》したらしいので、この場所を離《はな》れてどこかへ行くことにしました。

私はほかに何が入っているのかわからないあの箱《はこ》と、わずかばかりの着替《きが》えを背負《せお》い、弟には二個の鍋《なべ》と、お椀《わん》、それに干《ほ》し肉や干し魚を背負わせました。そして、目の前を流れている川に沿《そ》って下ることにして、二人で歩きはじめました。狩《か》りで歩く時は宙《ちゅう》を飛ぶように歩いた私たちも、目当てがあって歩くのでもなく、しゃべりたくても口もきけず、ただ黙々《もくもく》と歩きました。日が暮《く》れると野宿《のじゅく》をして、夜が明けると歩くというふうに、何日も何日も歩き続けました。

ある日のこと、川岸に人が歩いたような細道を見つけました。顔を見合わせて喜んだ私たちは、その細道なりに川下へずんずんと急いだのです。

しばらく行くと、行く手に何軒《なんけん》かの家が見えました。だんだんと近づいてみると、それはかなり大きいコタン（村）で、道はコタンの中ほどへ入るようになっていて、私たちがたどり着いたのは、コタンの中でいちばん大きい家の前でした。

家の前へ行ってみると狩りの上手《じょうず》な人の家らしく、家の東側の祭壇《さいだん》には古いクマの頭の骨《ほね》や、新しいクマの頭の骨がたくさん並《なら》んでいます。

家の前へ立った私たちは声を出すこともできないので、家の外側の壁《かべ》をにぎりこぶしで軽くトントンとたたきました。家の中の人がその音を聞いたらしく、立派《りっぱ》な中年の女が一人出てきました。入口から私たちを一目見ると、後ずさりして家の中へ戻《もど》りました。そして、その女がもう一度出てきて、

「どうぞお入りください」

と言ってくれました。

家の中へ入ってみると、二人の若者《わかもの》と二人の娘《むすめ》、それに今私たちを迎《むか》え入れてくれた中年の女の夫らしい初老の男もいます。私たちを見た若者や初老の男が、次々と丁《てい》寧《ねい》にあいさつをしてくれましたが、言葉がしゃべれないので声を出してお礼のあいさつもできません。そこで私たちも、若者や初老の男がやったあいさつの仕方をまねてお返しのあいさつをしました。

その様子を見ていた初老の男は、私が背負ってきた細長い箱を取って横座《よこざ》の方へ行き、私たちへ背中を向けるように座《すわ》って箱をほどいて中を見ていました。

箱の中のものを見終わった初老の男は、囲炉裏端《いろりばた》へ来て、二人の息子《むすこ》に、

「明日《あす》の朝は早く起きて、ウェンヌサ、イワンヌサ（悪い祭壇六か所）、ピリカヌサ、イワンヌサ（よい祭壇六か所）を大急ぎで作るのだ。

それと、よい祭壇にはよい清め草を、悪い祭壇には悪い清め草を、それぞれ六組ずつそろえるように」

と言いました。

その夜は、おいしい食べ物を食べさせてもらい、私たちは早々と寝《ね》ました。

次の朝、夜明けとともに二人の若者は外へ出ていきましたが、しばらくして、祭壇

を作り終わったことを父親へ知らせにきました。

するると、初老の男は私たち二人を家の外へ連れて出て、着ていた着物を全部脱《ぬ》がせて、別の着物、それもぼろぼろの着物で、袖も裾《すそ》もあるのかないのかわからないようなもので包ませました。

そして、初老の男とその妻《つま》も私たち兄弟と同じようなぼろぼろの着物に身を包み、人間とは思えない姿《すがた》になった私たちをコタンの入口に作られてあった悪い祭壇《さいだん》の前へ立たせたのです。六か所に作られて並《なら》んでいる祭壇の下端《しもはじ》から、一か所ごとに初老の男が長々とお祈《いの》りをすると、その妻《つま》が清め草を両手に持ち、私たちを代わる代わるはらい清めてくれます。

悪い祭壇の前にある清め草は、ヨモギと刺《とげ》のあるフレアユㇱニ（赤いイチゴ）の柴《しば》で作られてあり、それでパシッ、パシッと体中がはらわれると、肌《はだ》に刺が刺《さ》さって血が流れるほどです。悪い祭壇の前六か所で、それが六回繰り返されるごとに、体に巻《ま》いてあったぼろ布が鎌《かま》で切りさかれたようになっていきます。

次はよい方の祭壇六か所を、一か所ごとに同じように初老の男がお祈りをし、その妻がはらい清めるという具合に繰り返しました。それが終わってから、家の西側の便所の前へ来て、便所の神へ長々とお祈りが続き、そのあとにまた清め草で清められて、私たちはきれいな着物に着替《きが》えさせられ、家の東側へ来ました。

そして、家の東側にある本当の祭壇の前でのお祈りが終わったあと、家へ入ろうとする前に家の入口の神へのお祈りとおはらいがあって、ようやく家の中へ入れられました。

その夜は、上座《かみざ》の窓《まど》の下に弟と二人分の寝床《ねどこ》が敷《し》かれて、私たちはそこで寝ました。すると その晩《ばん》に私は夢《ゆめ》を見ました。黒い小袖《こそで》を着た神らしい男が窓の簾《すだれ》をさっと上げていうのには、

「アイヌの若者《わかもの》たちよお聞きください。私はお前たち二人が暮《く》らしていた高い山の東側を守っているクマ神ですが、お前の父親ほど精神《せいしん》の悪い人間はいなかったのです。ここの家の初老の男はお前たちの父の兄で、お前たちからいうと伯父《おじ》になる人で、本当に精神のいい人です。

お前たちの父もこのコタンで生まれ育った人だったのですが、先祖《せんぞ》から伝えられた宝物《たからもの》を、兄であるこの家の主《あるじ》が一人で持つことをねたみ、その宝を持ちにげしたのです。お前たちの母を連れて、あのように山の中へ入って隠《かく》れて暮らしましたが、隠れて暮らしても普通《ふつう》の隠れ方ではなく、山の西側をつかさどっているトゥムンチカムイ（魔神《まじん》）に願掛《がんか》けをしたのです。その願掛けの方法も特別《とくべつ》なもので、姿は人間でも

行動は魔神と同じようになりたいので、人間側から見ても絶対《ぜったい》に見られないように覆《おお》いかくしてくれというものでした。

その見返りとして、お前たち二人の息子《むすこ》も魔神の子孫にするからと頼《たの》み、二人の親が死んだ後に小袖を着ると、ものがいえなくなるようにと魔法の小袖をもらってあったのです。

そのことを知らないお前たちは、精神の悪い父親の遺言《ゆいごん》に従《したが》い、あの小袖の着物を着たので、ものがいえなくなったのです。

しかし、憑《つ》き神の強いお前たちは、魔神の目を逃《のが》れて伯父の家へたどり着いたのです。ものをいえない二人の若者を見て不思議《ふしぎ》に思った伯父が、二人が持ってきた箱《はこ》を開けて、それが自分の弟が持ちにげしたものであったことを知ったのでした。

そこで伯父たちは、魔法を解《と》くためにあのように長い長いお祈りをし、位の高いクマ神である私に助けを求めたのです。

位の高い神である私の所へは、立派《りっぱ》なイナウ（木を削《けず》って作った御幣《ごへい》）が山ほど贈《おく》られてきて、これは何のために誰《だれ》が贈ってくれたのかと思い、イナウが贈られた道を逆《ぎゃく》にたどってみると、この家の主からのものでした。それで、事の次第がわかり、私はここへ来たのです。

これからお前たちが閉《と》じこめられている殻《から》を神の力で解いてあげましょう。そうすると以前と同じようにお前たちはものがいえるようになるので、安心しなさい。そのお礼にお前たちが酒を醸《かも》した時に、あの高い山の東側を守っているクマ神へ贈るといって、酒やイナウなどを贈ってほしい。そのようにしてくれれば、一生幸せになるように守ってあげましょう」

と黒い小袖を着た神様が私にいったような夢を見ました。

ただの夢かと思いながら私が目を覚ますと、手を伸《の》ばしても足を伸《の》ばしても、体が軽くなったようないい気持ちになりました。

夜が明けてみると、着た時に肌《はだ》へ溶《と》けこんでしまったあの恨《うら》みの小袖《こそで》が、私と弟の体から脱《ぬ》げ落ちて、私たちの寝《ね》ている足もとにありました。

そのうちに私たちの伯父《おじ》である家主の初老の男も起きてきて、私と同じ夢《ゆめ》を見たらしく、二枚《まい》の小袖を持って外へ出ていきましたが、どのように始末《しまつ》したかはわかりません。

それから後は、弟も私ももとのように、ものがいえるようになり、伯父やいとこたちへ、今までの出来事を語りはじめました。

母が死んだ時のこと、父の遺言《ゆいごん》のことや小袖を着たら口がきけなくなったこと、家の中にあったものは狩《か》りのための道具、それに二個の鍋《なべ》と細長い二個の箱《はこ》だけであった様子など、事細かに聞かせせました。

私たちの話を聞いた伯父は、自分の弟であった父のことを、

「たいした宝《たから》でもないのにそれを欲《ほ》しがり、ついに持ちにげするような格好《かっこう》で家を出てしまった。コタンの人全部で何年も何年も捜《さが》し回ったが、行方《ゆくえ》がわからなかった。魔神《まじん》に頼《たの》んで覆《おお》いかくしてもらっていたのならば、人間の目には見えなかったわけだ」

と言いながら怒《おこ》ったり悲しんだりしています。

その後、私たち兄弟は、いとこたちと一緒《いっしょ》に狩りに行ってはシカやクマをたくさん捕《と》って、何不自由なく暮《く》らしていました。

ある時伯父が、

「甥《おい》たちが他人と結婚《けっこん》して、宝物を持ちにげした者の血統《けっとう》とか魔神の子孫などと軽蔑《けいべつ》されてはかわいそうだ。甥のうちの兄の方は、二人いる娘《むすめ》の姉と結婚し、弟は妹と結婚するように」

と言ってくれました。そこで、私たちは伯父からいわれたとおりに、兄である私は姉娘と、弟は妹娘と結婚しました。

さっそく私たちは近くへそれぞれの家を建て、別々に暮らすことになりました。伯父は自分の家にあったものを、自分の息子《むすこ》二人と私たち二人のために同じように分け、それぞれの新しい家へ運び入れました。

伯父は本当に精神《せいしん》のいい人で、私が狩りに行って帰りが少しでも遅《おそ》いと、外へ出て帰ってくるまで立って待っていてくれるほどです。

そのようなわけで、私たちはいとこたちとも仲《なか》よくして、おいしい肉があれば伯父や伯母《おば》である老人、今では父と呼《よ》び、母と呼んでいる伯父たちの所へ持っていき、喜んでもらっていました。

私の所にも弟の所にも、いとこたちの所にもたくさんの子どもが生まれました。父たちもすっかり年を取って亡《な》くなったので、私たちは丁寧《ていねい》に送りました。

というわけで、若《わか》い時に精神の悪い父にのろわれ、一時は口がきけなくなりましたが、古いことや古い言葉を知っていた雄弁《ゆうべん》な伯父が、悪い神へは悪いイナウをやって、いい神へはいいイナウを贈《おく》り、助けを求めました。そのおかげで私たちは、もとのようにしゃべれるようになったものです。

したがって、魔神の呪術《じゅじゅつ》の殻《から》を神の力で解《と》いてくれたクマ神へ、イナウと酒を贈ることを忘《わす》れないように。そうすると一生幸せに暮らせるでしょう。

だから、私の子どもたちよ、宝物などを欲しがることよりも、兄弟が仲よく暮らすことがいちばんいいことなのだから、仲よく暮らしなさい、と一人の老人が語りながら世を去りました。

語り手　平取《びらとり》町荷負本村《におい ほんそん》　黒川てしめ
（昭和40年2月4日採録）

解説

アイヌ語で小袖《こそで》のことを、コソンテといっていますが、私の所には今から百年以上昔のものと思われる、俗《ぞく》にコソンテといわれる着物が一枚《まい》あります。

このコソンテは日高《ひだか》管内三石《みついし》町のアイヌの家で買い求めたもので、かなり昔にアイヌの手に渡《わた》ったものと思われます。

この話は、宝物《たからもの》を兄が独《ひと》り占《じ》めするのをねたんだ弟が持ちにげする話です。弟は山奥《やまおく》へ行って、トゥムンチカムイ（魔神《まじん》）に話をつけてその仲間《なかま》になってしまい、魔法のコソンテをもらいます。それを着ると口がきけなくなることを、弟である精神《せいしん》の悪い父親は知っていながら、子どもたちに自分が死んだら着るようにいいのこすのです。そのことを知らない二人の息子《むすこ》は、それを着てものがいえなくなりますが、精神のいい伯父《おじ》の祈《いの》りによって助けられます。

この場合のウェンヌサ（悪い祭壇《さいだん》）の材料は、ニワトコ・サワシバなどを用いますが、タクサという清め草も用います。なお簡単《かんたん》にする時は、ヨモギだけを用います。

赤いイチゴは刺《とげ》があるので、肌《はだ》に触れると刺が刺《さ》さり、ましてや人間に取り憑《つ》いた化け物というか魔神をはらい落とすために、パシッ、パシッと力を入れるので、本当に血が流れるぐらいにやったものでした。実際《じっさい》にもヨモギと赤いイチゴの柴《しば》を両方の手に軽く握《にぎ》り、おはらいをする時は強く握ってパシッ、パシッとやるもので、昭和三十年代までは、この種のおはらいは私のコタン（村）の二風谷《にぶたに》でもしばしば見かけたものでした。

このウウェペケレ（昔話）に似たような話で、昭和二十年代に、隣《となり》のコタンのペナコリの村おさであった、川上サノウッノという人が急に口がきけなくなりました。その時、私の父、貝沢アレッアイヌが行って、この昔話とまったく同じおはらいをして口がきけるようになったものです。

■アイヌの民具■イコロオスオプ（宝刀《ほうとう》をしまう箱《はこ》）

昔、板がとても貴重《きちょう》で、珍《めずら》しい時代に、漂着《ひょうちゃく》した舟《ふね》の古板をはがしたり、交易《こうえき》で入手したりしました。その板に彫刻《ちょうこく》をしてオスオプ（箱）類を作りました。飾《かざ》り刀や守り神などをしまっておくのがこの箱で、長さは六〇センチくらいです。

エゾマツの女神《めがみ》

私は石狩川《いしかりがわ》の上流のコタン（村）に暮《く》らしている一人の娘《むすめ》で、父がいて母がいて、兄が二人と姉が一人の四人兄弟で暮らしていました。

父や母は年寄《としよ》りなので、あまり仕事はできませんので仕事をさせることもなく、私たち四人兄弟で二人の親を大切に養い、何不自由なく仲《なか》よく暮らしていました。兄二人が狩《か》りに行っている間に、私と姉は薪《たきぎ》を取りに山へ行ったり、少しばかりの畑を耕《たがや》しに近くの山へ行くなどしていたものです。

ある日のこと、いつもと同じように姉と二人で近くの山へ薪を取りに行き、薪集めをしていると、どこかで子どもの泣《な》き声が聞こえます。こんなところで誰《だれ》の子どもが泣いているのだろうと思いながら、声のする方へ歩いていくと、声がだんだんと遠くなっていくような気がして、いつの間にかかなり山奥《やまおく》まで来てしまいました。

ようやく泣いている子どもを見つけ、近づいてみると、それはそれはかわいらしい男の赤ちゃんです。見ると、きれいにししゅうがしてある大人《おとな》ものの着物に包まれているので、これは人間の子どもにまちがいないと思い、さっと抱《だ》き上げました。

私の顔を見た赤ちゃんは、安心したのかニコニコしているので、私はあまりのかわいさにほおずりをしながら、姉のいる所まで抱いてきました。姉は赤ちゃんの顔を見て驚《おどろ》きながら、

「これは人間の子どもではなく、何かの化け物かもしれない。あった所へ置いてきなさい」

と私に言いました。

そのようにいわれたけれど、あのように遠い山の中へ置いてきて、死んでしまってはかわいそうだと思いましたので、姉のいうことを聞かずに、私は赤ちゃんをおぶって帰ってきました。

赤ちゃんをおぶって帰ってきた私を見た父や母は、

「そんな者をどこから持ってきたのか。その器量から想像《そうぞう》すると、コシンプという海

の精《せい》か山の精であろう。さっさと持っていって、あった所へ捨《す》ててきなさい」

としかられました。もしも、その赤ちゃんを育て、そのまま大きくなったら、コタン中の者が食い殺されるか、のろい殺されると、誰《だれ》一人として人間の赤ちゃんだといってくれません。

父や母、それに二人の兄に姉までも加わって私をいじめましたが、私は赤ちゃんを捨てずに育てていました。乳《ちち》があるわけでもないので、食べ物を口の中でかんでは口移《うつ》しに吸《す》わせるというふうにしながら、どんな仕事をする時でも背中《せなか》へくくりつけるようにおぶっていました。もしも私が目を離《はな》したすきに、家族のうちの誰かがこの赤ちゃんを殺しては大変と思ったからです。

それにしても、私は朝晩《あさばん》しかられてばかりいるので嫌気《いやけ》がさし、いっそのことこの赤ちゃんと二人で死んでしまおうかと思いましたが、日一日とかわいらしくなる赤ちゃんを見るとそれもできません。

初めは、はうこともできない赤ちゃんでしたが、家の中をはい回れるぐらいになった子どもを見た私は、このまま家にいて二人一緒《いっしょ》に殺されるより、どこかへ逃《に》げようと思うようになりました。

それからというものは、逃げた先での生活に必要な鍋《なべ》とか小さいムカラ（まさかり）

などをこっそり持ち出し、逃げていく予定の場所近くへ隠《かく》しておきました。

ある夜のこと、家の者が寝《ね》静まったのを見計らって、子どもをおぶってこっそり家を出て、上流の方へずんずんと歩きました。

途中《とちゅう》何回も野宿《のじゅく》をしながら、峰《みね》を越《こ》えて別の方の川へ下ると、そこにはきれいな小さい沢《さわ》があって、小魚も見えるし、山菜《さんさい》も手に入れることができそうな場所がありました。

辺りを見回すと、立ち姿《すがた》の美しい、太いエゾマツが見えたので近づくと、下の方の枝《えだ》の先が地表に届《とど》くほどになっていて、まるで自然の家のようになっています。そこで私は、しばらくの間ここで暮《く》らそうと思い、太いエゾマツの根元をきれいにして、マツの枝《えだ》などを敷《し》きならべ、囲いにマツの枝を立てて寝る場所を造《つく》りました。そして、

「エゾマツの女神《めがみ》よ、私は山の中で拾った子どもを助けるために家出をしてきた者で、悪人ではありません。どうかしばらくの間、宿を貸《か》してください」

とお願いをして、その夜は泊《と》まりました。

次の日から山菜や小魚をとっては、子どもと二人で食べて暮らしているうちに、はい回っていた子どももヨチヨチ歩きをするぐらいに大きくなりました。

ある日のこと、いつもと同じように子どもを小屋へ残し、薪《たきぎ》を取りに山へ入ってい

くと、夏に倒《たお》れた木らしく、ガサガサの枯《か》れ葉《は》がいっぱいついた太い木が見えました。その枝を取ろうと思いながら近づくと、枯れ葉の下に一頭のクマがいて、頭をそっと上げたり低く下げたりしながら、私をねらっている様子です。

それを見た私は、独《ひと》り言《ごと》をいいながら辺りの柴《しば》を切って薪を集めるふりをしながら、だんだんとクマがいる風倒木《ふうとうぼく》の上へあがりました。クマの姿といえば、体の前半分はサケの筋子《すじこ》を歯でかみつぶし、その汁《しる》をかけたような赤い色、後ろ半分は囲炉裏《いろり》の消《け》し炭《ずみ》を歯でかみつぶした汁をかけたような黒い色です。このような毛色のクマは、もっともどうもうなクマとしてアイヌたちが恐《おそ》れているクマであることがわかりました。

しかし、クマの方は相手が女であるのを見て、いくらか油断《ゆだん》しているかに見えたので、私は木の上を歩いていてクマが伏《ふ》せている真上まで行きました。そして、片手《かたて》に持っていたまさかりに力をこめて、クマの脳天目《のうてんめ》がけて振《ふ》り下ろしました。不意をつかれたクマは、たけり狂《くる》って私に向かって襲《おそ》いかかってきましたが、最初の一撃《いちげき》がきいていたらしく、それほどのことはありませんでした。

思いのほか簡単《かんたん》にクマ一頭を捕《と》ることができた私は、さっそく皮をはぎ、肉を外し、何回にもわけて肉を小屋まで運びました。そして肉を煮《に》てはトゥナ（火棚《ひだな》）に上げて、たくさんの干《ほ》し肉をこしらえて子どもと二人で食べていました。

肉や小魚を食べながら春から夏が過《す》ぎ、秋近くになったある日のこと、私は薪《たきぎ》を取りに山へ入っていきました。そして何気なく太い風倒木《ふうとうぼく》をまたぐと、その陰《かげ》に私を待ちぶせしていたらしい大グマがいて、私に飛びかかってきたのです。

襲《おそ》われながらも大グマの姿《すがた》を見ると、春に殺したあのクマであるように思えました。女の私に殺されたのを恨《うら》みに思い、神の力でもとの姿になれたのでしょう。私も腰《こし》のまさかりを手に持って抵抗《ていこう》しましたが、かまれるやら引っかかれるやら、今度は殺されるかもしれません。

どのくらいの時間が過ぎたのか、私が気づくと、降《ふ》るような星空が目に入ってきました。クマと出あったのは朝であったのに、星が瞬《またた》いているところをみると、死んだのか眠《ねむ》ったのかわからずに夜になってしまったようです。

真っ先に思い出したのは子どものことでしたが、体中がクマにやられたかみ傷《きず》や爪《つめ》傷《きず》だらけなので、身動き一つできない状態《じょうたい》です。しかし、私がこのまま死んでしまったら、子どもはどうなることでしょう。そう思った私は、泣《な》きながら子どもを思う一心で自分の体を自分で引きずるようにして、小屋まではって来ました。

小屋へたどり着いた私は、自分の着替《きが》えなどを引っぱり出して、それを枕《まくら》に寝《ね》たのだけは覚えていますが、後は死んだのか眠ったのか、まったくわからなくなってしまいました。

ここで話がかわって、ユペッの若者《わかもの》が語ります。

わたしはユペッという川筋《かわすじ》で暮《く》らしていた一人の若者で、兄が一人と二人の妹がいましたが、兄にお嫁《よめ》さんが来て、男の子が生まれました。その子がまだ本当に赤ちゃんの時に、兄嫁がその子を連れてウバユリを掘《ほ》りに山へ行き、ウバユリを掘っている間に、赤ちゃんが何者かに盗《ぬす》まれてしまいました。

コタンの人たちが何日も何日も捜《さが》し回ったのですが、赤ちゃんを発見することができず、捜索《そうさく》をあきらめました。それを気に病んだ兄嫁は、憔悴《しょうすい》のあまり死んでしまいました。

そのようなわけで、赤ちゃんの行方《ゆくえ》不明や兄嫁の死という不幸に見まわれ、家族一同ゆううつな日々を送っていたある夜のことです。みんなが寝静まったあとにどこか遠くの方で、ペゥタンケ（危急《ききゅう》を知らせる叫《さけ》び声）の「ウォーイ、ウォーイ」という女の声が聞こえてきました。

枕から頭を離《はな》すとその声が聞こえず、また枕の上へ頭を置くと聞こえるという具合です。不思議《ふしぎ》に思ったわたしは、まだ夜明け前に寝床《ねどこ》から起き出て、父にその話をしました。

父も起きてきて、

「それはただごとでないかもしれない。一人で行かせるのは心配なので、兄と二人で声のした方へ行ってみなさい」

とわたしに言いました。妹も起きてきて食事の用意をしてくれたので、兄とそれを食べ、大急ぎで身支度《みじたく》を整え、少しばかりの干し肉を矢筒《やづつ》に結わえて、叫《さけ》び声が聞こえた上流の方へ走りはじめました。

そのうちに夜が明けて辺りが明るくなりましたので、声を確《たし》かめようと立ち止まると声が聞こえず、走るとまた聞こえます。

どのぐらい走ったのでしょうか。わたしたちは広い広い原っぱへたどり着き、辺りを見ると人間とクマが格闘《かくとう》したらしい跡《あと》がありました。

よくよく見ると、クマの血や人間の血らしい血痕《けっこん》が生々しく残っていて、少し行くと大きなクマが、ドタッと横倒《だお》しになって死んでいました。

それを見ながらさらに行くと、人間が自分の体を引きずるようにしていった跡があって、前の方に、大空に届《とど》くかと思われるほど太いエゾマツが見えました。近づくと、太い木の枝《えだ》にエゾマツの葉を立てかけて、小さい家のようになっています。

その家というか小屋の前で、ヨチヨチ歩きの男の子が見えましたが、わたしたちの姿《すがた》を見て小屋の中へ入ったのが見えましたので、わたしたちもその後から入ってみました。入ってみると、一人の女が全身傷《きず》だらけで死んでいますが、その顔の美しいこと。まるでその顔から後光《ごこう》がさしているかと思えるほどです。

その様子を見て、事の次第は想像《そうぞう》できたものの、どのようにしたらよいものかわからず、とりあえず持ってきた干《ほ》し肉を小さい鍋《なべ》に入れて煮《に》ました。それを子どもに食べさせようとしましたが、子どもは死んでいる母親らしい女から離《はな》れず、食べ物を口にしようとはしませんでした。

そこでわたしたちはエゾマツの女神《めがみ》に、

「エゾマツの女神よ、あなたが宿を貸《か》していた女がこのようにクマに襲《おそ》われて死んでいますが、どうしてこうなったのかお知らせください」

とお願いをしました。それが終わってから、囲炉裏《いろり》を挟《はさ》むようにして兄も一緒《いっしょ》に眠《ねむ》りました。

どのくらい眠ったのかよくわからないのですが、夢《ゆめ》の中でエゾマツの上から一人の女神が降《お》りてきて、

「若者《わかもの》よ、私はエゾマツの女神です」

と言いながら、次のような話を聞かせてくれました。

「ここにいる女は、石狩川《いしかりがわ》の上流の村おさの娘《むすめ》で、兄が二人と姉が一人いるのですが、あなたたちが見たとおりのこの器量に、先ほど死体を見てきたであろうあのクマがほれたのです。

クマはなんとかして娘を殺してその魂《たましい》を奪《うば》い取り、神の国で結婚《けっこん》したいと思って一計を案じたのです。そのやり方は、ここにいる男の子をウェンレラ（巻《ま》き風）の神に頼《たの》んで盗《ぬす》ませて、わざと心の優《やさ》しいこの娘の近くへ置き、子どもを拾わせて家へ持ち帰らせたのです。

それを見た親たちや兄に姉、家中の者に娘をいじめさせて、わざと家出をするようにさせたのです。そしてクマは、娘が山へ来たら殺してその魂を奪い取ろうと思い、それを実行しました。娘はクマが思ったようにここへ来たのです。

そのたくらみを見た私、エゾマツの女神は、これは大変と思い、わざと自分の家を貸してこの娘を守ることにしました。一回目は娘に力を貸して、そのクマを殺させたのです。

しかし、あのクマはそれに腹《はら》を立てて、すぐに生き返って娘をふたたびねらっていました。神である私はそれを知っていたので、目を離さないつもりでいたのに、今日《きょう》はどういうわけか、うっかりしていたのです。それで、娘はクマを殺し、娘も死んでしまいました。

死んだ娘の魂をクマが奪い取っていますが、クマから娘の魂を取りもどすのはこの場所ではできないので、大急ぎで娘の死体をあなたたちの家へ持ち帰り、父親に渡《わた》すのがよいでしょう。

それと、これは私が持っていた神の薬なので、これも持っていって傷《きず》に塗《ぬ》ると、傷の治りが早いでしょう」

と言いながら、エゾマツの女神は白い袋《ふくろ》と赤い袋をそこへ置き、

「それとあのクマ、ヌプリケスン　プリウェンクル（峰尻《みねじり》に住むならず者）とあだ名されたクマのことですが、娘の魂を取りもどしたら、あのクマはそのままに投げすてても罰《ばち》は当たらないでしょう」

と言いました。夢かと思いわたしが目を覚ますと、目の前に薬が入った赤い袋と白い袋があり、兄も同じ夢を見たといいます。そしてここにいる男の子が、自分の子どもとわかった兄は泣《な》いて喜びました。

わたしは娘の死体をぶらんぶらんさせながら肩《かた》に担《かつ》ぎ、兄は自分の子どもとわかった男の子をおぶって、神からもらった薬を手に持ち、宙《ちゅう》を飛ぶようにわが家目ざして

走りました。

家へ着いたわたしは、父の前へ娘の死体をドサッと置きながら、

「この娘を生き返らせてくれればあなたも生かしておくが、生き返らすことができなければ、わたしの刀の下であなたの命は露《つゆ》と消えるでしょう」

と父に言いました。それを聞いた父は、さっとばかり立ち上がって、ラマッタッイコロ（魂《たましい》を呼《よ》びもどす宝物《たからもの》）を取り出し、娘《むすめ》の胸《むね》のあたりをさすりながら、神々の名をいい並《なら》べて助けを求めています。

それに呼応《こおう》するかのように、母は娘の傷口《きずぐち》を改め、深い傷や浅い傷を見ては、白い袋《ふくろ》から出した薬を娘の頭の先からつま先まで塗《ぬ》り、次は赤い薬というふうに使い分けています。

騒《さわ》ぎを聞いて駆《か》けつけたコタンの人たちも、次々と別々の神へ助けを求めるお願いをし、特別《とくべつ》にあの峰尻《みねじり》のならず者であるクマを、多くの神々へ訴《うった》えました。すると、あのクマが神々からしかられ、娘の魂を戻《もど》したらしく、ようやくのこと娘は息をふき返しました。

母は小さい鍋《なべ》を火にかけて薬を作り、少しずつ娘の口に含《ふく》ませると、娘は一口飲み二口飲みして、どうやら元気が出たようです。自分が生き返ったことに気づいてから

は、涙《なみだ》を流して喜んでいます、その間にも、あの子どもは母と思っている娘の懐《ふところ》へ潜《もぐ》りこみ、わたしたちへは近づこうとせず、そうこうしているうちに数か月が過《す》ぎました。

娘が自分でしゃべれるようになったある日のこと、わたしたちがエゾマツの小屋から持ってきてあった娘の荷物から、娘は一枚《まい》の着物を取り出しました。子どもが包まれていたというししゅうのある着物は、紛《まぎ》れもなく兄嫁《よめ》がししゅうしたものでした。娘は子どもを拾った話やクマを殺した話、それにクマに待ちぶせされた話などを事細かに聞かせてくれながら、クマを先に見ていたならば、負けることはなかったでしょうと悔《くや》しがっています。

娘が元気になるのがはっきりしてから、わたしたちはたくさんの酒を醸《かも》してエゾマツの女神《めがみ》や諸々《もろもろ》の神々にお礼として贈《おく》りました。けれども、峰尻に住むならず者であるクマは、神々から罰《ばつ》を受けたことでありましょう。

クマから頼《たの》まれてやったことであっても、直接《ちょくせつ》子どもをさらっていった巻《ま》き風の神へも、神々から厳重《げんじゅう》に注意するように、わたしたちは火の神を通してお願いをしました。

そして、娘の両親と兄や姉などは、エゾマツの女神がわたしたち兄弟に夢《ゆめ》を見せたころから、妹や赤ちゃんをいじめたことに気づき、それを気に病んで寝《ね》てばかりいるということでした。歩けるようになった娘と兄の子どもを連れて見まいに行こうというこ とになり、わたしたち兄弟と、娘と兄の子どもも一緒《いっしょ》に石狩川《いしかりがわ》の上流のコタンへ行きました。

家の近くに来ると、一足先に走っていった娘は、家の中へ飛び込み、母親と抱《だ》き合って泣《な》いている様子です。しばらくしてから母親が家の外へ出てきましたが、その顔を見ると髪《かみ》は肩《かた》を覆《おお》うほど長く伸《の》び、泣いてばかりいたらしく、まつげが埋《う》まったように見えるほどまぶたが腫《は》れています。

わたしたちに「どうぞお入りください」と言ってくれたので、わたしと兄が家の中へ入ると、あの娘の父と二人の兄、それに姉もおり、家中の者が丁寧《ていねい》に迎《むか》えてくれました。そこの父親がいうのには、

「これほどかわいい男の子を連れてきた娘をいじめて家出させるとは、悪い神に術《じゅつ》をかけられたにしても本当にすまなかった」

と何度も何度もわびました。

そのあと、石狩川の上流にある娘のコタンで酒が醸され、わたしたちは何日も滞在《たいざい》し、娘の無事《ぶじ》を祝《いわ》う大宴会《だいえんかい》にも加わり、多くのコタンの人から娘を助けたお礼をいわ

れました。

それが終わってから、あの娘も兄の子どもと一緒にユペッの上流にあるわたしたちのコタンへ帰ってきました。


ここで話はもとに戻《もど》って、また娘が語ります。

子どもと一緒にユペッへ来た私は、ユペッの若者《わかもの》の弟の方と結婚《けっこん》し、私の姉は新しい夫の兄、つまり今でも私が育てている男の子の父と結婚しました。石狩の兄たちの所へは夫の妹たちが嫁に行き、それぞれが仲《なか》よく暮《く》らしています。

私も夫との間にたくさんの子どもが生まれましたが、最初の子どもであるかのように命がけで守った男の子は、私に特別《とくべつ》に孝行《こうこう》をしてくれます。でも、「本当の父はあの方です」と教えてはいるのですが、聞いたのか聞かないのか、毎日シカやクマを捕《と》っては持ってきてくれるので、私は何を欲《ほ》しいとも何を食べたいとも思わないで暮《く》らしています。

というわけで、娘《むすめ》時代に峰尻《みねじり》に住むならず者というクマにほれられ、一度は死んだのですが、エゾマツの女神《めがみ》に助けられ、このように長生きをしています。

だから、私の子どもや孫がエゾマツの女神を祭ることによって、いつまでも食うことに困《こま》らない者になれるのですからそうしなさい、と一人の老女が語りながら世を去りました。

語り手　平取町《びらとり》ペナコリ　木村きみ
（昭和40年1月25日採録）

解説

この話はヌプリケスン　プリウェンクル（峰尻《みねじり》に住むならず者）と神の国でも嫌《きら》われているクマが、人間の娘《むすめ》に恋《こい》をして、その娘の魂《たましい》を取るために仕組んだ話です。ならず者のクマは、ウェンレラ（巻《ま》き風）の神に頼《たの》んで子どもを盗《ぬす》ませて、娘に拾わせます。娘はそれによって家族にいじめられ、家出をすることになります。

この話の中でウェンレラが出てきますが、ウェンは悪い、レラは風という意味です。普《ふ》通《つう》は風をレラといいます。その上へ、ウェンがつくと巻き風のことをいい、竜巻《たつまき》の規模《きぼ》の小さいものをいいます。畑仕事などしている時、はるか遠くの方から巻き風がこちらへ向かってくるのが見えると、アイヌはイヨッペ（鎌《かま》）を持って待っていて、巻き風目がけて投げつけます。すると、巻き風はさっと消えると信じていたものです。

また、巻き風が消えたあとへ行って鎌を見ると、血がついているものだ、ともいいます。巻き風が来るのを見ると、木の葉やごみを巻き上げるというか、吸《す》い上げながら移動《いどう》する様子を見ると、人間の赤ちゃんぐらいは持っていけるのかもしれません。

もう一つ、コシンプ（精《せい》）という言葉が出てきますが、コシンプにはいろいろあり、海の精はルルコシンプ、山の精はイワコシンプなどといわれていて、それはそれは器量のいい者だ、とウウェペケレ（昔話）などに出てきます。

　語り手の木村きみフチ（おばあさん）は、平取《びらとり》町ペナコリに住んでいる物知りの方で、町から無《む》形《けい》文《ぶん》化《か》財《ざい》保《ほ》持《じ》者《しゃ》として認定《にんてい》され、また昨年、道庁から北海道文化財保護功労者賞を授与《じゅよ》されています。

　昔話をたくさん知っていて、誰《だれ》にでも気軽に聞かせてくれる気立ての優《やさ》しいフチです。

■アイヌの民具■トゥナ（火棚《ひだな》）　アペオイ（囲《い》炉裏《ろり》）の上に家の梁《はり》からつり下げられている棚です。火の粉《こ》が屋根裏《うら》につき火事になるのを防《ふせ》ぐ役目をします。中央の丸太《まるた》にスワッ（炉かぎ）をつり下げ、鍋《なべ》をかけて煮《に》炊《た》きをします。キ（火棚の簀《す》）はオニガヤを編《あ》んで作ります。

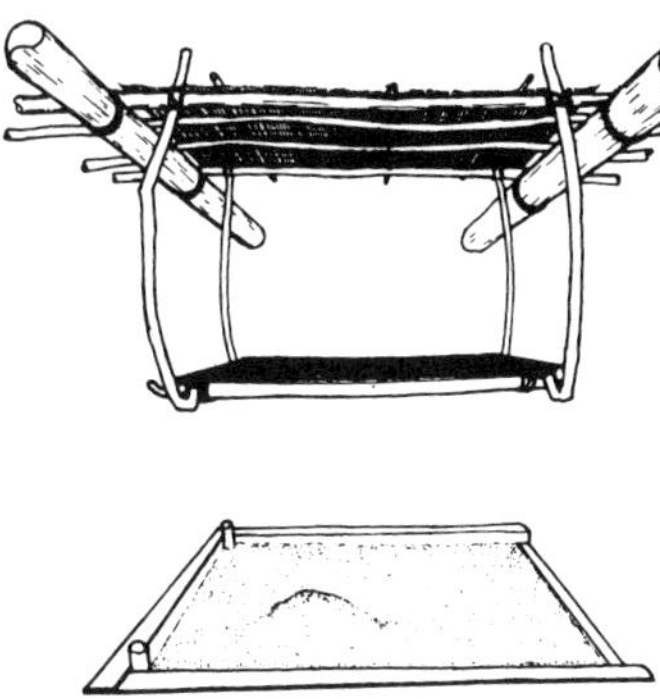

からっぽやみの女

私は本当に物持ちの村おさで、コタン（村）の人たちとのつき合いの仕方も、食べ物に不自由しない人や、貧乏《びんぼう》している人とかを区別することなく、仲《なか》よく暮《く》らしていました。

このように精神《せいしん》のいい私を、コタンの人は心から大事にしてくれて、コタンの人全部が何不自由なく豊《ゆた》かに暮らしていました。そのようなわけで、コタンの人に無理《むり》をいう必要もなく、辺りのコタンからもうらやましがられるほどの平穏《へいおん》なコタンでした。私たちのコタンはこういったふうですが、このごろのうわさによると、ずうっと上流にあるコタンの村おさが病気にかかり、そのコタンの人が心配しているということです。

近くのコタンや遠くのコタンから、呪術《じゅじゅつ》の上手《じょうず》な人や祈《き》とうのできる人たちが頼《たの》まれて行ったり、村おさの身を案じて自《みずか》ら進んで行く人などもいると聞きました。その話を聞いた私も、友人であるあの村おさのために、お見まいに行ってみたいものだと考えていましたが、途中《とちゅう》で一晩《ひとばん》野宿《のじゅく》しなければ行けない距離《きょり》なので、なかなか行けずにいました。

ある朝のこと、どういうわけか急に行ってみたくなったので、大急ぎで身支度《みじたく》を整え、上流目ざして歩きはじめました。夕方近くになって、以前に来た時に泊《と》まった大きな川の縁《ふち》に建てた仮小屋《かりごや》へ着きましたが、しばらく来ていなかったので小屋の壁《かべ》がずり落ち、内側へごみもたまっていました。その様子を見た私は、その後私のほかには誰《だれ》も泊まらなかったのだなあと思いながら、屋根や壁を締《し》め直し、ごみも外へ出して、小屋の中をきれいに掃除《そうじ》しました。

そのあとで囲炉裏《いろり》に火をたき、火の神様へ、

「こういうわけで、上流のコタンの村おさの病気見まいに行くために、今夜はここへ泊まりますが、行く道筋《みちすじ》が無事《ぶじ》でありますようにお守りください」

とお願いしました。

外はまだ明るかったのですが、火をたいたのでお祈《いの》りをしたのです。私の祈りが終

わると同時に、上流の方からカラスが一羽《いちわ》声を出しながら飛んできました。そして、仮小屋の外に立っている木の枝《えだ》へとまったかと思うと、別にもう一羽のカラスが下流の方から声を出しながら飛んできて、もう一本の木の枝へとまりました。

その様子を見た私は、二羽のカラスを無遠慮《ぶえんりょ》にジロジロ見るのが嫌《いや》なので、壁のすき間からそっと見ただけで、見ないふりをして、火の神へともカラスの神へともつかないが丁寧《ていねい》にオンカミ（礼拝《らいはい》）を続けました。すると、浜《はま》から来たカラスが、山から来たカラスに、

「あなたは山の方から来て、アイヌの所にでも神の所にでも、何か心配ごとはありませんか」

と尋《たず》ねました。すると、山から来たカラスが答えるのには、

「山の方では、神々の中に心配なことは一つもないけれども、アイヌのコタンでは村おさが病気なので心配なのです。

その病気の原因《げんいん》は村おさの妻《つま》がつくっているのですが、それを誰も気づかないので、早くなんとかしなければ、あと二日か三日で村おさは死んでしまいそうです。

というのは、村おさの妻は家の中を掃除する時に上座《かみざ》の方から箒《ほうき》がけをしてきて、そのごみやちりを入口の所へそのままにしておいている骨惜《ほねお》しみの女なのです。入口

には、アパサムンカムイ（家の入口を守る神）がいるのですが、その神はごみやちりの中へ埋《う》まり苦しい思いをしており、なんとか助けてほしいと思っているのです。

それで、入口におられる神が村おさを病気にさせて、なんとか他の人に気づかせようとしたのですが、頼まれていった呪術者のうち誰一人として、それには気づきませんでした。

村おさの病気は日一日と重くなり、今は死を待つばかりになっています。原因《げんいん》も知らずに、神々に祈《き》とうしても、神々も手のつけようもないのですが、ここへ泊《と》まっている人でなければ、村おさの病気を治すことはできないでしょう」

と山から来たカラスが言うのが聞こえました。それを聞いた私は本当に驚《おどろ》きました。

次に山から来たカラスが浜《はま》から来たカラスに、

「浜の方から来たあなたには、神の所かアイヌの所で何か心配ごとはありませんか」

と尋《たず》ねました。すると、浜から来たカラスがいうのには、

「神の所では何も心配なことはないのですが、ここに泊まっている村おさが留守《るす》の間に妻《つま》が死ぬことになっていて、それだけが心配なのです。というのも、ここにいる村おさの家の東側にネシコ（クルミ）と、キキンニ（エゾノウワミズザクラ）という二本の木が生えています。そのうちのネシコが村おさの妻にほれて、なんとか殺してその

魂《たましい》を取って神の国へ連れていき、結婚《けっこん》しようと思っていたのです。それでネシコは根を延《の》ばしていって、村おさと妻の寝床《ねどこ》の下まで行き、今夜にも腹《ふく》痛《つう》を起こさせて殺すことになっていて、そのことがアイヌの所での心配の種なのです」

と浜から来たカラスが言ったのが聞こえました。

それまでの二羽《にわ》のカラスの声は、人間がしゃべる言葉ほどはっきりしていませんでしたが、私の耳へは人間の言葉のように聞きとれました。それだけいうと、二羽のカラスは、一声か二声、カアカアと鳴いて、さっと両方へ飛び去りました。

二羽のカラスの話を聞いた私は、妻がネシコに殺されるかもしれないことと、友人である上流のコタンの村おさの病気の原因をも聞いたし、どちらへ行こうかと大いに迷《まよ》いました。慎重《しんちょう》に考えた末、友人の見まいに行く途中《とちゅう》で神のお告げのようなカラスの声を聞き、妻のことが心配だからといって、男としてここから戻《もど》ることはできない。そう思った私は、夜明けとともに上流の村おさの家を目ざして走りはじめ、昼近くにそのコタンへ着きました。

村おさの家へ飛びこむようにして入ってみると、うわさのとおり、村おさはただ息をしているというだけで、死んだ人間と同じように見えました。村おさの身を案じて集まっているコタンの人へのあいさつもそこそこに辺りを見ると、カラスがいっていたように、家の入口の両側はごみの山です。

座《すわ》りなおした私は村おさの妻を、

「神や人間へ、何か悪いことをしていないかい。夫が病気になった原因は、お前がつくっていることを知らないのかい」

とどなるようにしかりつけました。すると女は、

「神や人間の怒《いか》りを招《まね》くようなことはしていません」

と言いました。

立ち上がった私は、村おさの妻を引きずるようにして家の入口へ行き、ごみの山を指差し、

「このごみの山の下で神様が苦しんでおられる。さあ大急ぎでごみを外へ出し、掃除《そうじ》をしなさい」

と大声で言いました。座っていた別の女たちへも、

「さあさあ急いで神をごみの中から掘《ほ》り出して、ごみを外へ出しなさい」

と言うと、女たちもいっせいに立って掃除を始めました。

よく見ると、簾《すだれ》とござを重ねて敷《し》いてある所から家の柱の根本まで、盛《も》り上がるよ

うにごみやちりが山になっていました。私は村おさの妻へ、

「このごみを外へ出すのに、どのくらいの手間がかかるのだ。骨惜《ほねお》しみをして、ごみを外へ捨《す》てに行かず山にしておいたために神を苦しめ、夫を病気にさせたのだ」

と殴《なぐ》りつけんばかりにしかりました。すると女は、

「私が悪かった。私が悪いばかりに神を苦しめ、夫を病気にさせてしまいました」

と泣《な》いてわびています。その間にコタンの女たちが大掃除《おおそうじ》をして、入口の神を掘《ほ》り出したので、私は新しいイナウ（木を削《けず》って作った御幣《ごへい》）をつけて形を整え、心からおわびのお祈《いの》りをしました。

その次に、ラマッタッイコロ（魂《たましい》を呼《よ》びもどす宝《たから》）を出し、村おさの胸《むね》へ当てながら神々の名を呼びならべて、その助けを求めました。そうすると、友人である私の声が聞こえたらしく、村おさはうっすらと目を開けましたが、ものをいうことができません。

自分で鍋《なべ》に水を入れて湯を沸《わ》かした私は、沸かした湯へヤナギで削ったイナウに、村おさが元気になれるようにと特別《とくべつ》の言葉を添《そ》えて入れ、その湯を一口か二口村おさに飲ませました。

そうすると、ようやくのこと村おさは口がきけるようになり、目に涙《なみだ》を浮《う》かべなが

ら、

「もう死んでしまったと思っていたのに、友人のおかげで生き返ることができました」

と泣《な》きながら喜んでくれました。村おさの妻《つま》へも、

「うっかりして、そうしていたことであろうけれど、これからはごみを家の中で盛《も》り上げておかずに、きれいに掃除をするように」

と言い聞かせました。いろいろといい聞かせたあとで、

「私も自分の家の心配ごとがあるので、後でまた遊びに来ます」

と言い残して村おさの家を出ました。

私は宙《ちゅう》を飛ぶように走り、昨夜泊《と》まった仮小屋《かりごや》へ着いたのは、まだ日のあるうちでした。泊まっていくわけにはいかないので、そのまま走り続けて、自分の家へ着いたのは夜明けごろでした。

家へ入ってみると、妻はやはり死んでいて、コタンの人たちが泣いているところです。それを見た私は、妻が死んだ原因《げんいん》を知っているので、自分では泣きもせずにコタンの人たちへ、

「トンカ（鍬《くわ》）を持っている者はトンカを持ち、クッカ（鋤《すき》）を持っている者はクッ

力を持ってこい」

と頼《たの》みました。そして、

「さあ、私の妻を生き返らせるために、このネシコの根を掘ってくれ。太い根から細い根まで少しも残さず掘り起こせ」

と言うと、コタンの人は不審《ふしん》そうな顔をしながら掘りはじめました。掘り取った根をコタンの入口よりもっと遠くへ運ばせ、その上へごみなどを積み上げ、火をつけて燃《も》させました。枝《えだ》から細い根まで全部燃やして、少しの煙《けむり》も出なくなってから家へ入り、死んでいる妻の死装束《しにしょうぞく》をほどかせました。

そして、魂を呼びもどす宝を持ち出し、妻の胸へ当てながら神々の名を呼びならべて、

「このまま私の妻が死んだならば、神々がアイヌを守っていなかったことになり、神々も恥《はじ》をかくことになる」

などと、大声をあげて妻の魂を呼びもどすお祈りをしました。その言葉の中で私は、「神は神同士で結婚《けっこん》するものなのに、人間の女にほれるとは何ごとか。このまま妻が生き返らなければ、樹木《じゅもく》の本当のもとの神にまで罰《ばち》が当たるぞ」と言いました。

そうしているうちに、コタンの人もようやくそのわけがわかり、湯を沸かして妻の

口へ入れるなどして、どうやら、間が遠くだけれど息をして、やっとのことで妻は息をふき返しました。

妻は私の顔を見て、留守《るす》だったはずなのにと、不思議《ふしぎ》そうな顔をしていましたが、一時は死んだらしいことを思い出したようです。妻が泣きながらいうことには、

「急に腹《はら》が痛《いた》みだしたが、それっきり気を失い、死んでしまったらしい」

ということでした。

私は高い声で、ネシコの化け物のことを神々へ訴《うった》えたので、コタンの人や妻も事の次第を理解《りかい》してくれました。

それから何日か過《す》ぎて、妻はすっかり元気を取りもどしたある夜のこと、私は夢《ゆめ》を見ました。夢枕《ゆめまくら》に立った神の姿《すがた》は、白いひげを胸いっぱいに広げたような神で、

「私はあなたの家を守っているソパウンカムイ（家の守護神《しゅごしん》）である。この川の上流のコタンの村おさの病気見まいにあなたが行ったのを見て、そのあとを目で追ってみたら、病気の原因《げんいん》が妻《つま》の怠《なま》け癖《ぐせ》のためであることがわかった。

それで大急ぎでカラスの神に頼《たの》んであなたに知らせた。そして、あなたの妻もネシコの悪い神に危《あぶ》なく殺されかかったが、それも事なく済《す》んだ。

これからも、神である私にイナウや酒をあげてほしい。それによって、ますますあ

なたが幸せになるように守ってあげよう。

一言つけ加えるが、木のうちでも精神《せいしん》がよくないのが、クルミとエゾノウワミズザクラなのに、それを知らずに家の近くへ植えてあった。これからは、この二種類《しゅるい》の木を家の近くへ植えないようにしなさい」

という夢《ゆめ》を見ました。朝起きてから、私は家の東角に安置してある家の神様へ何度も何度も礼拝《らいはい》を繰《く》り返しました。

それからしばらく過《す》ぎたある日のこと、外で物音がするので妻が出てみると、そこには私が見まいに行って病気を治してあげた村おさ夫婦《ふうふ》が立っていました。家の中へ入ってもらうと、私にお礼としてたくさんの宝《たから》を持ってきたということでした。お礼のものよりも、元気になった友人の顔を見て、私もすっかりうれしくなりました。

そのようなことがあってから、なおさらのこと上流のコタンの村おさと仲《なか》よしになって、私が遊びに行ったり、向こうから来てくれたりしているうちに、私もすっかり年を取ってしまいました。

こういうわけで、若《わか》い時に友人の妻がごみを外へ捨《す》てずにいたので、夫が病気になったのを見たものです。

だから今いる女たちよ、どんなに忙《いそが》しいと思っても、ごみは外へ持って出て投げなさい。それと、家の近くへはクルミとエゾノウワミズザクラを植えてはいけません、と一人の老人が語りながら世を去りました。

語り手　平取《びらとり》町二風谷《にぶたに》　貝沢とぅるしの
（昭和40年1月18日採録）

解説

この話の教訓《きょうくん》は、家の中の掃除《そうじ》をしたら、ごみは必ず外へ持って出て捨《す》てなさい、そうしなければ入口を守っている神様がごみで埋《う》まり、苦しい思いをして家族によからぬことが起こるので、一家の主婦《しゅふ》は心して掃除をしなさいと教えています。このような話を何回も何回も聞かされた女の子たちは、掃除をしたら、そのごみを必ず捨てずにはいられません。

家の入口を守る神さまは、普通《ふつう》はアパサムンカムイ（アパは戸、サムは前、ウンは住む、カムイは神）といいますが、正式にはエチリㇼケクル（頭から酒の搾《しぼ》りかすが流れている男神《おかみ》）といい、もう一方の神は、エチリㇼケマッ（頭から酒の搾りかすが流れている女神《めがみ》）といいます。

これは人間が住む家の入口の両側を守っている夫婦《ふうふ》神で、なぜエチリㇼケクルというかというと、ヒエやアワで酒を醸《かも》し、それを搾ったあとに、笊《ざる》で入口の柱をピシャッ、ピシャッとたたきます。そうされることが入口を守っている神の喜ぶこととされていて、アイヌたちは皆《みな》そうしたものです。それで入口の神は、いつも頭から酒の搾りかすが流れているように見えていました。その夫婦神が、この話ではごみに埋まっていたというわけです。また、ネシコとキキンニの木の話のことですが、この話と同じように、私のコタンの真ん中にあるキキンニの木が、当時（昭和十年）広がっていた結核《けっかく》病の原因《げんいん》とトゥス（呪術《じゅじゅつ》）に出て、大勢でその木の根を掘《ほ》って、沙流川《さるがわ》に近いオサッ本流の崖《がけ》に捨てたのを見たものです。（拙著『おれの二風谷』147頁参照）

現在《げんざい》になってみればその行為《こうい》はばかげたことですが、当時のコタンの人たちはおぼれる者は藁《わら》をもつかむ思いで、まじめに一日をかけて、キキンニの根っこ掘りに費《つい》やしたのです。

アイヌのコタンでは、その土地によって精神《せいしん》の悪い木が違《ちが》っていて、平取《びらとり》町荷負本村《においほんそん》という所では、シラカバが精神の悪い木とされていて、そこにはシラカバが一本も見当たりません。

■アイヌの民具■ライクㇽテクンペ（死人用手甲《てっこう》） 死装《しにしょう》束《ぞく》はほかにホシ（脚絆《きゃはん》）、ケリ（靴《くつ》）があり、主婦が人目につかないように九分どおり仕上げておくのが美徳《びとく》とされました。道具は完全に仕上げると魂《たましい》が入り、すぐ使ってほしいと思い、死人が出るものと考えられていたからです。

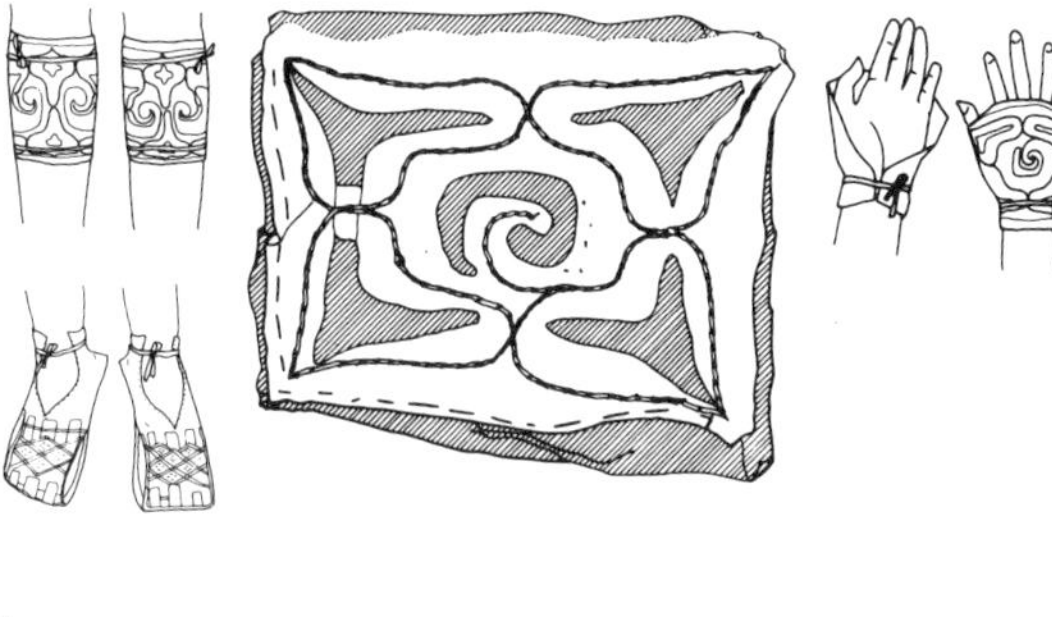

恋路《こいじ》のじゃま

私はウパシチロンヌプ（白ギツネ）の娘《むすめ》で、兄と二人だけで暮《く》らしていました。兄が狩《か》りに行ったあとで、薪《たきぎ》を取ったり、水をくんだりしては食事の用意をして、兄の帰りを待つという毎日でした。

私たちが暮らしている川下の方に人間の家が一軒《いっけん》あって、その家には二人の娘がいて、どちらも器量のいい娘でした。それを見ていた私の兄が、いつの日か人間に化けて、あの家の姉娘と結婚《けっこん》しようと考えているのが私にはわかりました。

兄の心の内を見ぬいた私は、そんなことをさせては大変だ、キツネはキツネ同士結婚すればいいものを、もしも兄がそんなことをしたら神々から罰《ばっ》せられるでありましょう。そう思った私は、兄の行動やどんなことを考えているのかを、いつも監視《かんし》するようにしていました。

私が兄の心を見ぬいているのも知らない兄は、ある日のこと、今日《きょう》こそはシカを一頭お土産《みやげ》に持って、あの娘の家へ泊《と》まりに行こうと考えながら家を出ました。

それを見ていた私は、夕方になって兄があの娘の家へ行く前に、その家へ行って兄を待つことにしました。大急ぎで夕飯《ゆうはん》の支度《したく》をしてから、二人の娘の様子を見にいくと、近くの山へ薪を取りに行っているのが見えたので、私は一匹《いっぴき》の白い雌《めす》犬に化けて、娘たちが薪を取っている所へ行きました。

そして、前々から知っていたかのようなふりをして二人の娘にじゃれつくと、二人の娘は、

「まあまあ、かわいらしい犬だこと、どこから来た犬でしょう」

と私をまったく警戒《けいかい》しません。私はしっぽをふりふり、娘たちが薪を背負《せお》って帰るのと一緒《いっしょ》になって、娘たちの家へ着きました。

夕方近くになると私の思ったとおり、兄がシカの肉一頭分を背負って、娘たちの家の前へやって来ました。家の外でシカの肉の荷を背中から下ろした兄が、「エヘン、エヘン」とせきばらいをすると、妹娘の方が外へ出て、私の兄に、「どうぞお入りく

ださい」と言いました。

私は白い雌犬の姿《すがた》のままで、セム（玄関《げんかん》）よりもっと奥《おく》へ入って、家の内側に敷《し》いてある簾《すだれ》の上に体を丸《まる》めて寝《ね》ていました。兄は玄関を通って入ってきて、母屋《おもや》へ一歩入り、犬である私を見ると、犬が大嫌《だいきら》いな兄はぎくりとして、一歩たじろぎましたが、気にもとめないふりをしてそのまま中へ入りました。

母屋の土間へ入った兄を見ると、右座《みぎざ》の方に座《すわ》っていた姉娘が少し後ろの方ににじり下がると、兄は、後ずさりした娘と囲炉裏《いろり》の間を通って横座へ行って座りました。このように娘が自分と囲炉裏の間に男を通らすというのは、「あなたとならば結婚してもいいですよ」という意思表示《ひょうじ》になるわけです。

座った兄は、姉娘の方へ最初に丁寧《ていねい》に丁寧にオンカミ（礼拝《らいはい》）し、次にその妹へも礼拝して、

「今晩《こんばん》一晩泊めていただきたいのですが、お願いできますか」

と言いました。

すると、娘たちはアイヌの女が丁寧な礼をする時のしぐさ、右手の人差し指で左手の人差し指をそっと擦《す》ってから、右手の人差し指をそのまま上げてきて、左から右へ線を引くように自分の上唇《うわくちびる》を擦ります。娘たちはそのような礼の仕方を何回も何回

も繰《く》り返して、歓迎《かんげい》のあいさつをしました。

「お客様が泊まってくださっても、山菜《さんさい》の寄《よ》せ煮《に》ぐらいしかありません。では、食事の用意を」

と姉が妹に言いました。すると、私の兄は、

「シカ肉を背負ってきて外へ置いてありますので、よかったらどうぞ食べてください」

と言いました。それを聞いた二人の娘は、大喜びでシカ肉の荷物を家の中へ入れ、大きい鍋《なべ》にたくさん入れて煮て、三人で食べました。

食べ終わった残りの汁《しる》だけを、鍋のまま私のそばへ持ってきてくれましたが、残り物など食べたことのない私は、それを食べるのが嫌《いや》でした。けれども食べないと怪《あや》しまれると思い、犬の食べ方で、二、三回ベロッ、ベロッとなめただけで、それを食べるのはやめました。

間もなく日が暮《く》れると、娘《むすめ》たちは囲炉裏《いろり》の火を丁寧《ていねい》に埋《う》めて、さっさと寝《ね》てしまいました。

心配したとおり、兄が二人の娘のうちの姉の方の寝床《ねどこ》へ入ったのを見た私は、少ししてからうなり声をあげながら寝床に近づき、ワンワンとほえたてて、兄の尻《しり》の辺り

にかみつくふりをしました。

事に及《およ》ぼうとしていた矢先《やさき》に大嫌《だいきら》いな犬にほえつかれた兄は、着物の前もはだけたまま帯もしないで外へ飛び出し、川の上流へ向かって走りました。私は本当に犬になったような気持ちで、逃《に》げる兄の尻の辺りや、ふくらはぎの所を今にもかみつかんばかりにして追いかけました。

走っている間に解《と》けたのか、解いてあったのか、長い褌《ふんどし》をひらひらさせ、息せききって走る兄をしばらく追いかけましたが、兄はかなり疲《つか》れた様子です。そこで私は、兄を追いかけるのをやめて自分の家へ帰ってきて、何食わぬ顔をしていました。

そこへ兄が疲れきった顔をして帰ってきましたが、一言ものをいわずに、夕食を食べようともしません。そして、囲炉裏端《ばた》へゴロリと横になって背中《せなか》をあぶりながら、どんな神が人の恋路《こいじ》のじゃまをしたものかと、それればかりに思いを巡《めぐ》らせています。

それを見た私は、自分の回りに霧《きり》を張《は》りめぐらせ、あの日のことが兄に知られないようにしていました。

それが、こともあろうに、兄がまたあの娘たちの所へ行こうと思っているのがわかりました。慌《あわ》てた私は、あの娘たちの家の少し手前の方へテンムン（ごみ）で小さい家を二軒《にけん》建てて、それぞれの家へ同じくテンムンで造《つく》った娘を一人ずつ住まわせました。

そこへ、何も知らない私の兄は前と同じようにシカ肉を背負って行き、二人いる娘の姉の方と結婚《けっこん》し、仲《なか》よく暮らしていました。しかし私は、いつまでも兄をそうしておくのも悪いと思い、ある日のこと、わざと夫婦《ふうふ》げんかをさせました。

二人が家の中でドタバタやっているうちに、囲炉裏の火が飛んで家に火がついて火事になると、隣《となり》で暮らしていた妹も駆《か》けつけました。けれども本体がテンムンなので、あっという間に姉にも妹にも火がついて、二人とも焼け死んでしまいました。

焼け跡《あと》を見ても骨《ほね》の屑《くず》が一つも残っていないので、兄はそれらがテンムンであったことを知った様子です。それにしても呪術者《じゅじゅつしゃ》である自分より上の呪術者がいるとは、一体どこの誰《だれ》であろう。前のことやら、そして今のこと、一度ならず二度も私をだませるのは相当の神であろう、と思いながら兄はまたふて寝をしています。

それを見た私は兄がかわいそうになったので、自分の回りに張りめぐらせてあった霧の幕《まく》を取りはらいました。妹である私がやったことを知った兄は飛び起きて、私を殴《なぐ》らんばかりに怒りました。

「妹であるお前が、これほどまでに兄をたぶらかすとは何ごとか」

と、私は危《あぶ》なく兄から殴られかかったのですが、幸いにも殴られませんでした。

少し落ち着いた兄に向かって、

「神は神同士で結婚し、人間は人間同士で結婚するのが当たり前なのに、神のくせに人間の娘に恋をするとは。もしそれが、ほかの神々に知れたらどうなります。罰《ばっ》を受けることを未然《みぜん》に防《ふせ》いであげた、そんな私にお礼もいわないとは」

と反対に私の方から怒ってやりました。そして私は、

「妹にからかわれて、それ見破《みやぶ》ることもできもせずに、それでも神だといえますか」

などと、こちらの方からうんとしかりました。

すると兄は、

「お前のいうのが本当で、危なく神らしからぬ罪《つみ》を犯《おか》すところであった。その代わりといってはなんだが、これからはあの娘《むすめ》たちを一生守ってあげよう」

と言って、悔《く》い改めました。それを聞いた私は、あの家の娘たちに夢《ゆめ》を見させて犬に化けていった話や、娘たちの身代わりにテンムンで家を建て、さらにテンムンで娘たちにそっくりなものを造《つく》ったことを教えてあげました。

「兄もこれからはあなたたちを守るという約束《やくそく》をしたので、近いうちに精神《せいしん》のいい若《わか》者《もの》があなたたちのもとへ来るでしょう。その若者たちとそれぞれに結婚《けっこん》をして幸せに暮《く》らすとよいでしょう。

本当はイナウ（木を削《けず》って作った御幣《ごへい》）をもらうのを遠慮《えんりょ》しなければならないのですが、神々が、いちばん欲《ほ》しいものはアイヌが作ったイナウと酒なので、それらを贈《おく》ってくれるように」

と二人の娘に夢で知らせました。

同じ夢を見た娘たちは、アイヌの女がする礼拝《らいはい》の仕方、左手の人差し指を上唇《うわくちびる》にそっと当てて、何回も何回も繰《く》り返す礼拝をしてくれました。

それから何日もしないうちに、二人の若者が娘たちの家に来て、それぞれの娘と結婚しました。そして、たくさんの酒を醸《かも》し、イナウを作って、神の国の私の所へ贈ってくれました。

そこで私は大勢の神々を招待《しょうたい》し、酒を飲ませ、イナウを分けてあげましたので、私は神の国でも特別《とくべつ》に位の高い神になることができました。

というわけで、兄の恋路《こいじ》のじゃまをしたのですが、兄も罰《ばつ》を受けることなく、私も幸せに暮らしています、と神の国の白ギツネの神が語りました。

語り手　平取町《びらとり》ペナコリ　木村きみ
（昭和40年1月25日採録）

解説

白ギツネのことをアイヌ語で、ウパㇱチロンヌㇷ゚（ウパシは雪、チはわれら、ロンヌは殺す、プは物。普通《ふつう》はチロンヌㇷ゚、我らの殺すもの）といい、別の呼《よ》び方にスマリ（キツネ）、あるいはケマコㇱネカムイ（足の軽い神）などともいいます。

キツネの中でも普通の赤いキツネは、単にチロンヌㇷ゚（キツネ）ですが、黒いとクンネチロンヌㇷ゚、白いとウパㇱチロンヌㇷ゚といいます。

アイヌが白ギツネをキツネの中でもいちばん位が高いと考えていたのは、数が少なく、めったにお目にかかれないので、それを見ただけでも運がよくなると思っていたからでした。

アイヌはキツネの頭をイナウに包み、守護神《しゅごしん》としますが、それが白ギツネの頭であればいうことがなく、一生幸せに暮《く》らせると信じられていたものでした。

また、風采《ふうさい》のあがらないやせた女のことをサッチロンヌㇷ゚（夏ギツネ）といってからかいますが、これは夏のキツネは毛が抜《ぬ》け落ちて骨《ほね》と皮ばかりになり、抜け残りの毛が所々に残っている姿《すがた》は、見る影《かげ》もないからです。

アイヌたちが山へ狩《か》りに行く時に、後ろでキツネの声が聞こえたら戻《もど》れということなので、狩人《かりゅうど》は戻りますし、その声が前方で聞こえたらいいことがあるといって先を急ぎます。

この話の中では、白ギツネの兄が人間の娘《むすめ》に恋《こい》をし、その恋路のじゃまを妹がするのですが、妹は神は神同士、人間は人間同士で結婚《けっこん》するものですと兄を諭《さと》しています。

ところで、昔アイヌでは、独《ひと》り者の女の家へ男が訪《たず》ねて、そのときに囲炉裏端《いろりばた》の女が後ずさりして前を通してくれたら、その女が求愛を受けてくれたことになり、嫌《いや》な男が来た場合には、絶対《ぜったい》に女はその前を通さないことになっていました。

■アイヌの民具■メノコイタ（まな板）　イタは盆《ぼん》のこと。昔はこれに食べ物を盛《も》って、つまり皿《さら》として使われたようです。最初は一枚《まい》の板でしたが、次第に内側を削《けず》ってくぼみをつけ、すじ彫《ぼ》りやうろこ彫りの彫刻《ちょうこく》をしました。材質はランコ（カツラ）で、長さ八二センチくらいです。

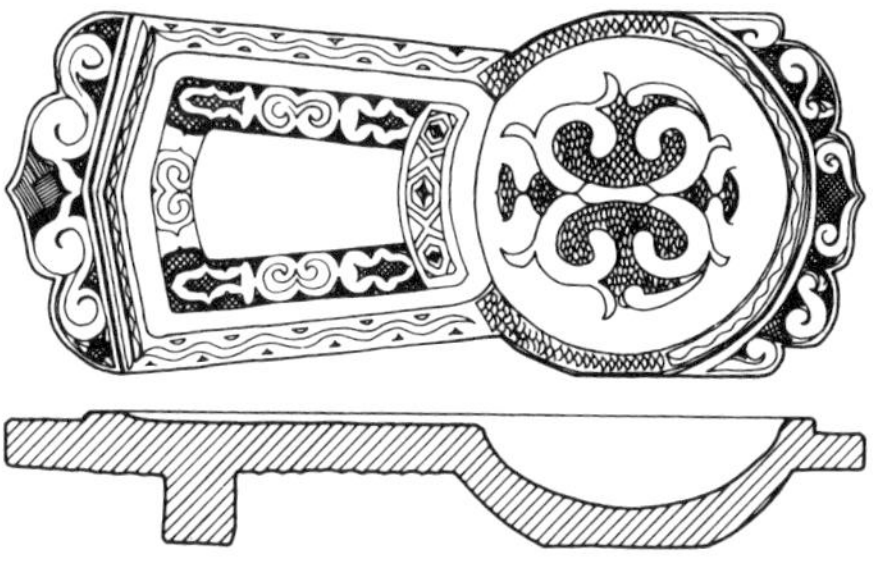

淫乱《いんらん》の群《む》れ

私の父はニカプという所の人で、その一人息子《むすこ》の少年が私でありました。

私が父と一緒《いっしょ》に山を歩けるぐらいになると、父は私を狩《か》りに連れていきました。クワリ（仕掛《しか》け弓《ゆみ》）を仕掛ける時も、

「これはお前の仕掛け弓だ。これは父の仕掛け弓だ」

と言いながら弓を据《す》えます。そうすると、私の仕掛け弓の方に多くシカやクマが掛かります。

それを見て父がいうことには、

「小さい時から見所のある子どもと思ったが、私の目には狂《くる》いはなかった。一人息子だが立派《りっぱ》な若者《わかもの》になるであろう」

と言いながら私の頭をなでてくれます。

そのようにされながら少年時代を過《す》ごした私は、今では自分で狩りに行ってシカやクマを捕《と》ってこれるほどの若者に成長しました。

一人前になった私を見て父は、

「アプシという所で私の弟が村おさをしていて、息子が二人と娘《むすめ》が一人いる。その一人娘をお前の嫁《よめ》にもらうことにお前の叔父《おじ》である私の弟と決めてある。結婚《けっこん》する者同士が、いつまでも会わないのはよくないものだ。忙《いそが》しいだろうが迎《むか》えに行ってきてくれ」

そのように父は私に聞かせてくれていました。けれども私は仕事が忙しいような気がして、なかなかそこへ行く暇《ひま》がないように思っていました。私の様子を見た父は、しまいには少し怒《おこ》ったような顔をして、きつく何回も何回もいうようになりました。私はしかられてばかりいるのが嫌《いや》になったので、「では行ってくるよ」と言いました。

準備《じゅんび》をしている私を見た父は、アプシまでの道順を教えてくれました。また、アプシという所へ行くには荷負《におい》というコタン（村）を通って行くと近いものだ、などとも聞かせてくれました。

父に教えられたとおりに、荷負というコタンを通りぬけてアプシのコタンへ着きました。アプシのコタンはそれほど大勢の人がいない、本当に小さいコタンでした。

教えられた叔父の家の前へ立って辺りを見ると、昔はたくさんクマを捕った人らしく、古いクマの頭がうず高く積み重なっています。しかし、新しいクマの頭は一つもありません。不思議《ふしぎ》に思いながら、私が来ていることを家の中へ知らせるために、「エヘン、エヘン」とせきばらいをしました。

私のせきばらいの声が家の中へ聞こえたのか聞こえないのか、家の中からは物音一つ聞こえないのですが、人の気配《けはい》は感じられます。

そのうちにようやく一人の娘が出てきましたが、父が聞かせてくれたように、私よりは少し年上のように見えました。それはそれは美しい顔の娘ですが、泣《な》き暮《く》らしをしていた人らしく、まぶたが腫《は》れて、まつげの半分がまぶたの中へ埋《う》まったような顔をしています。

一目私の顔を見ただけで、娘は後ずさりして家の中へ戻《もど》りました。そして、「外に見たことのない若者が来ています」と言う娘の声がしました。すると、老人らしい人が、

「どんな格好《かっこう》でいるからといって、入りたいと思って家の前へ来られた方ならば、入ってもらったらいい」

という声がしました。

すると、家の中で箒《ほうき》を使う音やござを敷《し》く音が聞こえ、先ほどの娘が入口まで出てきて、「どうぞお入りください」と私に言いました。私はほうように、膝《ひざ》をするように遠慮《えんりょ》がちに家の中へ入っていきましたが、家の中の様子を一目見て、思わずのけぞるほどに驚《おどろ》きました。

右座《みぎざ》の方に並《なら》んで座《すわ》っている老夫婦《ふうふ》も、横座に並んで座っている二人の若者も、四人そろってライペシユッイサムペシユッという死装束《しにしょうぞく》を身にまとい、まるで死人が四人並《なら》んで座《すわ》っているように見えたからです。

私は左座《ひだりざ》の方へ座り四人へ丁寧《ていねい》にオンカミ（礼拝《らいはい》）をしました。礼拝をしながら老人の顔を見ると、父の弟と聞かされていたが、顔がまったく父とそっくりです。そして、私の従兄弟《いとこ》である二人の若者《わかもの》もその老人と同じ顔、同じ目をしていて、親類であることがよくわかりました。

私が礼拝をし終わると、同じように私へ礼拝をしたあとで、老人が私へ、

「どちらから来られた若者ですか」

と聞きました。そこで私は、父はニカプで暮《く》らしている者、その一人息子《むすこ》が私で、

「お前の叔父《おじ》がアプシにいるので、そこへ行って一人娘《むすめ》を嫁《よめ》にもらってこい」と言われて来たことなどを、手短に話しました。なんとなく緊迫《きんぱく》したその場の雰囲気《ふんいき》を感じ、

長々と話をしない方がいいと思ったのです。

私の話を聞いた叔父や叔母《おば》は、私の前へはってきて、太ももを両手で押《お》さえて泣《な》きながら、

「そうかそうか、甥《おい》であったか」

と言ってくれました。そして、老人がいうことには、

「このような身なりをしている私たちを見て、さぞかし驚《おどろ》いたであろうから、この経《けい》緯《い》を急いで聞かせよう」

と言いながら、私に聞かせてくれた話は次のようなものでした。

「私はこのアプシという所へ来て、コタンをもって今まで暮らしてきたが、何一つ嫌《いや》なこともなく無事平穏《ぶじへいおん》にコタンの人とも仲《なか》よくしていた。

それが、一年ほど前のある夜のこと、私が夜中に目を覚まし、小便をしたくなったので外へ出てみると、どうしてなのか知らないが、アプシの山の上が真昼のように明るい。

小便をし終わってなおもよく見ると、アプシの山の上で、パウチカラペ　サイェへ（淫乱《いんらん》の男女の群《む》れ）が素裸《すっぱだか》になって踊《おど》っていた。

それを見た私はすっかり驚き、そのようにいうとも思っていなかったのに、『淫乱

の神々、淫欲《いんよく》の神々、こんな小さいアプシのコタンの人を味方にしてもたいしたことはありません。ここから東の方に、十勝《とかち》という大きなコタンがあると聞いていますが、そこなら大勢の人がいるので、そこへ行くと、あっという間に仲間《なかま》が増《ふ》えるでありましょう。また、その大勢の人の所へ行くと、ケムリリサケ、ケムリリトノト（血のりの酒、血のりのお神酒《みき》）も飲めるでしょう。早く十勝へ行きなさい』、思わず私はそういってしまったのだ。

まるで私の声が聞こえたかのように、淫乱の男女の群れは十勝目がけて走り去った。

そのことがあってから、私はああ大変なことを口にしてしまった、何ごともなければいいがと、仕事である狩《か》りにも行かず、ゆううつな日々を過《す》ごした。

その後のうわさでは、十勝の中のコタンの大方のアイヌが、淫乱の男女の群れに加わり、走り回って死んでいったということだった。

しばらくしてから、十勝にいた有名なヌプルエカシ（千里眼《せんりがん》の老人）が、どうして十勝に淫乱の男女の群れが来たのかを、透視《とうし》しているうちに、私が行かせたことを知ってしまった。

怒《おこ》った十勝アイヌは、雄弁《ゆうべん》な者をえりすぐって私の所へ寄《よ》こし、この世にあっていいものが死であるならば、お前のコタンの人の全部の命をもらうといってきた。

そこで私は、持っていた宝物《たからもの》のもっとも上等なものを償《つぐな》い物に出し、コタンの人たちの命ごいをしたが、私が持っていってもらった宝物は間もなく返され、近いうちに命をもらいに行くので待っているがよい、という伝言が来てしまった。

いつ討《う》ち手《て》が来るのかわからないので、私たちはこのように死装束をいつも身にとって、殺される日を待っているのだ。でもこの一人娘だけは、お前の父との約束《やくそく》でお前の嫁にやることにしてあったので、私たちが殺されないうちに早く迎《むか》えに来てくれないものかと心待ちにしていた。

それが、運よく間に合うようにお前が来てくれた。女や子どもは神の国でもアイヌの国でも大事にされる者、十勝《とかち》のヌプルエカシも娘《むすめ》の命だけは助けてくれるかもしれない。さあ早く何か食べ物を煮《に》て、私たち四人に食べさせてくれ。そしてお前たちは逃《に》げてニカプへ帰ってくれ。お前たちが煮てくれたものを最後に、私たちは死んでも仕方がない。

逃げ帰る時には、普通《ふつう》の道を歩かないで、草原とかやぶ原、そして林の中を曲がり曲がり歩いて、少し行っては泊《と》まり、少し行っては泊まるという具合にして帰るのだ」

と叔父《おじ》である老人が涙《なみだ》ながらに語りました。

聞いただけでもなんと恐《おそ》ろしい話だろうと、私は驚《おどろ》きのあまり言葉もありませんでした。しかし、まごまごしていて、討《う》ち手《て》が来て一緒《いっしょ》に殺されては大変なので、背負《せお》ってきた肉などを大きい鍋《なべ》に入れて煮ました。そしてそれを、今初めて会ってこれが最後になる叔父や叔母《おば》、従兄弟《いとこ》の二人の若者《わかもの》へ配りました。それを食べ終わると叔父は、

「さあ急いで行ってくれ」

と私たちをせかしながら、

「お前たちが逃げのびたあとで、私たちはコタンの人とともに殺されるであろうが、どうか三年間は来ないでほしい。三年過《す》ぎたら供養《くよう》に来てもいいけれど、その前に来て、もしも万一お前たちの運にさわるといけないので」と泣《な》きながら言いました。

そんな叔父や叔母、従兄弟の二人の若者と別れるのがつらく、出るに出られない私たちは、叔父からしかられて追い出されるようにして外へ出ましたが、外はすでに真っ暗です。

叔父にいわれたとおりに、私たちは草原とかやぶ原、林の中を右へ左へくねくねと歩き、少し行っては野宿《のじゅく》し、また少し行っては野宿するというふうにして、何日も何日も歩きました。

どのくらいの日数をかけたのか、やっとの思いでニカプのわが家へたどり着き、私が先に家へ入ってアプシの娘が一緒であることを母に告げました。

母は外へ出ると、その娘と二人で手を取り合って、お互《たが》いに死ぬほど泣きながら、いたわりねぎらい合ってから娘を連れて入ってきました。

私は父に、今までのことを事細かに聞かせると父も、

「弟がどんな魔物《まもの》に魅入《みい》られ、心にもないことを口走り、そのようになったのか」

と泣いています。

そのあと、私は急にそのような状態《じょうたい》の娘と結婚《けっこん》するのもかわいそうなので、しばらくの間は娘をそっとしておきました。その様子を見た父や母は、

「いつまでも別々に暮《く》らすのはよくないことだ」

と言いながら、新しく家を建ててくれたので、私たちはその家に二人で暮らすことになりました。私の妻《つま》になった娘は、父や母や兄たちのことを思って泣いてばかりいましたが、ようやくのことで三年の年月が過ぎました。

そこで私と妻が、たくさんの供物《くもつ》を背負いアプシのコタンへ来てみると、コタンには焼け残った柱の頭が所々に立っているだけで、生き残った者は一人もいませんでした。

妻は焼けてしまった家の跡《あと》で転《ころ》がるようにして泣いていましたが、そんなことばかりしてもいられないので、私たちは焼き殺された父や母や兄、そしてコタンの人の霊《れい》を丁重《ていちょう》に弔《とむら》い、ニカプのコタンへ帰ってきました。

その後、初めて妻が子どもを産み、それから何人も何人も子どもが生まれました。そのうちに父や母も年を取って世を去り、私もすっかり年を取りました。

というわけで、私の妻の父親は淫乱《いんらん》の群《む》れから魅入られたらしく、あらぬ言葉を口走ったばかりに、十勝のヌプㇽエカシにあらぬ疑《うたが》いをかけられ、結局不遇《ふぐう》な死に方をしてしまったのです。

だから、私の息子《むすこ》や孫たちよ、淫乱の群れが走り回っているのや踊《おど》っているのを見ても、絶対《ぜったい》にそれを見たり、言葉をかけるものではありません、と一人の老人が語りながら世を去りました。

語り手　平取《びらとり》町荷負本村《においほんそん》　西島てる

（昭和40年2月4日採録）

解説

この話の中では、ニカプという所の人という語り出しで、現在《げんざい》もある地名の日高管内《ひだか》新冠《にいかっぷ》町が出ています。また主人公が歩く道順も、平取町《びらとり》荷負《におい》そしてアプシという具合で、なんとなく親近感をもたせる話です。

また、現在もある平取町貫気別字《ぬきべつあざ》アプシには、アプシという名の高く丸《まる》い山があります。このように、地名と地形を知っている者にとっては、なんとなく、「そうだ、そうだ」と思わせるような話と道順です。

ところで、話の中でパウチカラペ　サイエへ（淫乱《いんらん》の群《む》れ）というものは、本当にあった話かどうかは知りませんが、淫乱の群れが集まる山頂《さんちょう》が平取町小平《こひら》と二風谷《にぶたに》の間にもあり、それはペンケトコム　パンケトコム（上のくるぶし山　下のくるぶし山）という二つの山がそうです。

淫乱の群れというものは男女ともに素《す》っ裸《ぱだか》になり、踊《おど》りを踊って歌を歌いながら走り回り、行く先々で乱交《らんこう》を繰《く》り返して淫乱、淫欲《いんよく》にふけり、食事も取らず、おしまいにはこれに加わった男女全員が死んでしまうというものです。

その仲間《なかま》に入ると声がよくなり、色っぽく、あだっぽく、一度魅入《みい》られたら絶対《ぜったい》に抜《ぬ》け出せず、淫欲に明け暮《く》れして、コタンは全滅《ぜんめつ》するという恐《おそ》ろしい集団《しゅうだん》とされています。

だから、アイヌ社会では、器量もよく、あいきょうもよく、声もよく、男を魅惑《みわく》しそうな女を、パウチコロペ（淫乱をもつ者）といって、ちょっぴりやっかみながら、さげすみの目で見るものです。

淫乱の群れの現実の記録は知りません。きっとこの世の生き物が大なり小なり、そのような集団があればいいなあという願望が、ウウェペケレ（昔話）の中でこのような形で表現されたもののように思えてなりません。

■アイヌの民具■イパプケニ（シカ笛《ぶえ》）　シカ狩《が》り用具。クルミの木に図のように直径《ちょっけい》約一センチの吹《ふ》き口から斜《なな》めに空気穴《あな》（出口）を開けます。この穴に薄《うす》くのばして乾燥《かんそう》させたシカの膀胱《ぼうこう》を当て、両端《りょうはし》をしばり完成。吹くと振動《しんどう》してシカの鳴き声に似《に》た音が出て、シカが寄《よ》ってきます。

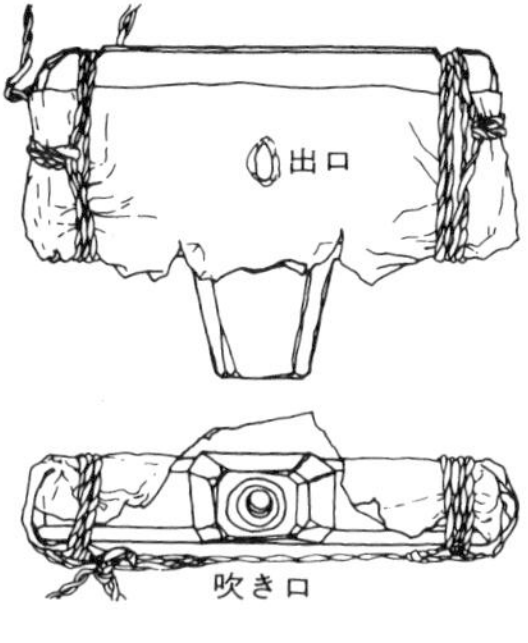

リスと平原の化け物

私は石狩川《いしかりがわ》の中ほどに暮《く》らしている、一人の若者《わかもの》でありました。父は狩《か》りの名人で、それに母も働き者なので何不自由なく暮らしていたものです。

ある日のこと、狩りのために一人で山へ入っていくと、太い太い風倒木《ふうとうぼく》の上に一匹《いっぴき》の子グマがいて、声を出しながらあっちへ行ったり、こっちへ来たりしています。

辺りを見回しましたが、親グマらしいのが見えないので、私はその子グマをつかまえて家へ持って帰りました。すると、父はその子グマを見て、

「親グマはどうしたのだ」

と私に聞きました。

「親グマは見えませんでした」

と私が言うと、父は顔を曇《くも》らせ、

「本当は、親のはっきりしない子グマは持って帰るものではない」

と言いました。

父が言った言葉にはかまわずに、私は子グマを養うために大きなクマの檻《おり》を作り、そこへ子グマを入れて養いはじめました。

その子グマの成長の早いこと早いこと、子グマはあっという間に檻がふさがるほどの大きなクマになりました。大きくなったクマは、私の動きを見はってでもいるかのように、少しも私から目を離《はな》さずにいましたので、私は夜も昼もにらまれてばかりいるような気持になってしまいました。

クマは私が外へ出ると、その動きに合わせて体を回し、私が家の中にいると、家の窓《まど》を通して私をにらみつけるという具合です。恐《おそ》ろしくなった私は、窓へござを下げて、クマの方から私が見えないようにし、私の方からはクマが見えるようにしました。

ある夜のこと、クマの檻《おり》の方で人声が聞こえたような気がしたので、私はそっと窓の所へ行き、月明かりでクマの檻を見ると、檻の外に人間らしい影が見えました。目を凝《こ》らしてよく見てみると、それは女で、髪《かみ》は腰《こし》の辺りまで長く伸《の》びていました。そして、何やらクマに語りかけているように見えました。私が耳を澄《す》ますと、

「ヒーオイオイ、オーチョンチョ　ヒーオイオイ、オーチョンチョ（ありがとう、ありがとう　ありがとう、ありがとう）」

と女が言っているのが聞こえたのです。

檻の中のクマはといえば、いつも間にやら一匹《いっぴき》のリスになって檻の中を走り回り、女が外側を回るとそれに合わせて走り、檻の天井《てんじょう》にまでピタッとくっつきます。外側を回っている女は、ケナシウナラペ（平原にすむ化け物婆《ばば》）であることがわかり、内側のものは、リスがクマに化けていたことがわかりました。

髪を長く伸ばした平原の化け物婆が先ほどと同じように、

「ヒーオイオイ　オーチョンチョ。お前があの若者《わかもの》を殺してくれれば、私はその魂《たましい》を取って神の国で若者と結婚《けっこん》することができるだろう。私の恋《こい》が間もなく実る時が来た。ヒーオイオイ」

と言いながら踊《おど》りを踊っています。

それを見た私は左手に弓《ゆみ》の中ほどを握《にぎ》り、右手にトゥアイヨアイという矢《や》を一本持ちました。トゥアイヨアイという矢は古い毒を塗《ぬ》った矢で、魔物《まもの》を射る時にだけ用いる矢です。私は弓に矢をつがえて窓の所へ近づき、簾《すだれ》と壁《かべ》の間から女にねらいを定めて、パシッと矢を放つと、ねらいどおり矢は女に突《つ》きささりました。

それを見たあと、私が戸口から外に出てクマの檻の前へ行ってみると、たった今しがたまで女だと思って射止めたのに、それは黒い大きな鳥の姿《すがた》になって死んでいました。檻の中のリスは、もとのように檻をふさぐほどの大グマになっています。それを見た私は知らん顔をして、家へ入って寝《ね》ました。

次の日の朝早く、父が起きて外へ出てみると、大きな黒い鳥の死骸《しがい》があったので、驚《おどろ》きの声をあげながら家の中へ入ってきました。

「外へ出てみると、見たことのない大きな黒い鳥が死んでいたので、そこへ行ってみると、鳥に刺《さ》さっていた矢はお前の矢であったが、いったいどうしたのか」

と父が私に聞きました。そこで私は、昨夜の出来事を全部父へ話しました。すると父は驚きのあまり、口や鼻から魂が飛び出さないように、口や鼻を両手でふさぎながらあきれ返っています。

「だから、ウヌサッペウレプ（母のない子グマ）は応々《おうおう》にして、別のものがクマに化けていることがあるので注意するものだと昔から聞いていたのに」

と小声で母と話をしています。

そのあと、父はコタン（村）中の老人と老婆《ろうば》を集めてきて、化け物の大グマに縄《なわ》を掛《か》けて檻から下ろし、女便所の向こう側へ連れていって殺したらしいのですが、どの

ように始末をしたのか、私には見せてくれませんでした。そして私に、

「化け物の大グマを送る場合は、たたられても平気な年寄《としよ》りだけでやるものだ」

そのように父は言っただけでした。

そのことがあってからしばらくの間は、私は狩《か》りに行くことを控《ひか》えていましたが、ある日のこと、私はついに山へ出かけました。そして、自分の狩小屋《かりごや》の掃除《そうじ》をしたりして、そこへ一晩《ひとばん》泊《と》まり、次の日に山へ入りました。けれども、なんとなく獲物《えもの》が見えないような気がしましたので、ずんずんと歩いていくと、私はとうとう方角違《ちが》いのユペッ川へ降《お》りてしまいました。

ユペッ川を少し下ると、一軒《いっけん》の狩小屋がありました。狩小屋といっても、コタンの中にある住居《じゅうきょ》のような大きい家です。

私は家の外へ行って、「エヘン、エヘン」とせきばらいをしながら外の様子を見ると、古いクマの頭や、新しいクマの頭がたくさん並《なら》んでいます。よほど狩りの上手《じょうず》な人の狩小屋《かりごや》だなあと思いながら、しばらく外で待っていると、一人の美しい娘《むすめ》が出てきました。

娘は私の顔をちらっと見ただけで、一言もものをいわずに、家の中へ引っこんでしまいました。入れとも、入るなともいってくれないし、日は暮《く》れそうになってきたの

で、困《こま》った私は狩小屋の中へ勝手に入っていきました。

そこへ入ってみて驚《おどろ》きましたが、横座《よこざ》の所に大きなクマの頭が安置されてあり、先ほどの娘が一人座《すわ》っているだけです。入口に立ち止まった私は、右座を通るか、左座を通るか迷《まよ》いましたが、右座に座っている娘は後ずさりをしてくれません。このとき後ずさりをしてくれれば、「いずれはあなたとならば結婚《けっこん》をしてもいい」という意思表示《ひょうじ》になるものなのです。

後ずさりをしない娘を見た私は、左座の方を通ってクマ神の前へ座り、丁寧《ていねい》にクマ神へオンカミ（礼拝《らいはい》）をし、そのあとで女の方へ向いてあいさつをしました。

改めてそのクマの頭を見て、私は内心驚きました。というのは、父も狩《か》りの名人で、今までにたくさんのクマを捕《と》り、私自身もクマを捕ってはいましたが、これほど大きいクマの頭は見たことも聞いたこともなかったからです。それなのに女が一人でいることも不思議《ふしぎ》に思い、

「どうしてあなたは、ここに一人でおられるのですか」

と尋《たず》ねました。すると、女は、

「二人の兄と一緒《いっしょ》に狩りに来ていたのですが、兄たちは今までに見たこともないような大きいクマを捕ったので、そのことを父に知らせ、また特別《とくべつ》大きいクマ神を送るの

で、神前を飾《かざ》る宝物《たからもの》などを用意するために家へ帰りました。兄たちは私に、『クマ神を大事に守っていなさい』といって帰ったので、このように今夜は一人でいるのです」

と言いました。そのあと、女は丁寧に私の食事の用意をしてくれましたので、私は自分自身の手でクマ神へ食べ物を供《そな》えました。

そして私も十分に食事をしたあとで、カムイコユカㇻ（クマ神へユカㇻを語って聞かせること）をしました。このとき、レプニ（ユカㇻをする時に軽く炉端《ろばた》をたたいて調子をとる棒）を二本作り、一本はユカㇻをやる私の分、もう一本はクマ神にもレプニを持って調子をとってもらい、楽しんでもらうためのものです。

レプニを右手に持った私は、ゆっくりと炉端をたたきながらいい調子でユカㇻを語りはじめました。父から教えられたユカㇻのいいものを語ると、私自身も自分の声に思わず聞きほれてしまうほどで、いい気分です。

そしてふと気がついたのですが、囲炉裏《いろり》の炎《ほのお》が少し弱まると、横座に立派《りっぱ》な男が座っていて、レプニを右手に持ち、私に合わせて炉端をたたいているのが見えます。けれども炎がまた大きくなり、辺りが明るくなるとその姿《すがた》は見えません。

このようにして、私が夜中近くまでユカㇻをしていると、入口の簾《すだれ》が少し揺《ゆ》れたように見えました。私は気づかないふりをしてなおもユカラを続けていますと、あの時に殺したはずの平原の化け物婆《ばば》が入ってきたのです。

そして、女が座っている右座へ行こうか、それとも私が座っている左座へ上がろうかと、迷《まよ》いながら立っています。それを見た私が薪《たきぎ》の燃《も》え尻《じり》を手もとへ引きよせていると、私の後ろへ来たので燃え尻を手に持って、思いっきり殴《なぐ》って殺しました。すると、前と同じように黒い大きな鳥になりました。

そこで私はその鳥を外へ持って出て、ニワトコの木で神をつくり、その神にニワトコの槍《やり》を持たせ、今つくった神の槍でその黒い鳥を突《つ》きさしました。そして「この化け物が生き返らないようにしてください」とニワトコの神へ頼《たの》みました。

ニワトコという木は、アイヌの国土にいちばん先に生えた木なので、どんな魔物《まもの》でもこの木でつくった神にはかなわないことを知っていたので、私はそうしたのです。

化け物の始末をしてから、私はもう一度ユカラを始めました。すると、先ほどと同じようにあのクマ神はレプニを手に持ち、私のユカラに聞きほれています。語りの部分で、戦争などの面白い場面になると、クマ神は座ったままで体を浮《う》かせ、あるいは膝《ひざ》から太股《ふともも》までを上下させながら聞いています。炎《ほのお》が弱まるとその姿《すがた》は見えるのですが、炎が大きくなるとその姿は消えてしまいます。

そのうちに夜中も過《す》ぎたので、私も寝《ね》ることにして囲炉裏端《いろりばた》へゴロンと横になって眠《ねむ》ってしまいました。すると、入口から神らしい一人の若者《わかもの》が入ってきていうのには、

「私は先程あなたがつくり、魂《たましい》を与《あた》えられたニワトコの神である。神として魂を与えられてよく見ると、あの黒い鳥は平原に住む化け物婆《ばば》であった。自分が化け物なのを忘《わす》れてお前にほれてしまい、なんとかしてお前を殺して魂を取り、化け物の国で結婚《けっこん》しようと思っていた。

そこで、同じ化け物仲間《なかま》のリスに頼《たの》んでクマに化けてもらい、お前の所へ行かせていずれ殺させようと思っていたが、憑《つ》き神の強いお前に見破《みやぶ》られ、リスも平原の化け物婆も殺されてしまった。

一度殺されたが、生き返ってもう一度お前のあとを追ってきた。けれども、やはりアイヌであるお前の憑き神の方が上であったのか、二度目も殺されてしまった。

そのうえに、ニワトコの神である私がお前から頼まれて、今度こそは生き返れないまでに罰《ばつ》を与えた。だから、お前はこれからは何の心配もなく暮《く》らせるであろう。そのお礼として、イナウ（木を削《けず》って作った御幣《ごへい》）と酒を私にも贈《おく》ってくれ」

そう言い残して、ニワトコの神であるという若者が入口から出ていったような夢《ゆめ》を見ました。

目を覚ました私は起き上がり、外へ出ていった神の後ろ姿へ何回も何回も礼拝《らいはい》をしました。私がもう一度横になると、先ほど私のユカラを聞いて調子をとっていたクマ神が、私に夢を見させました。

「若者よ、お聞きください。私はこの石狩《いしかり》の中ほどの、高い山をつかさどる位の高いクマ神です。かねがね、私はお前の父からもイナウや酒を贈ってもらい、お前の家族を守っていました。それが、位の高い神ほどうっかりしていることが多いのか、しばらくお前たち家族から目を離《はな》していると、平原の化け物婆がお前にほれて、お前を殺そうとしていたのが見えました。

それでお前を助けるために、私は山を下りてきて、ここの若者たちの矢《や》を受け取ったのです。今夜はここの家にお前と一緒《いっしょ》に泊《と》まり、平原の化け物婆を殺すことができました。この後は、お前の身の上に心配なことは何一つないので安心しなさい。

それと、ここにいる娘《むすめ》は器量から精神《せいしん》まで申し分がないので、お前の妻《つま》にしなさい。そのことは、この娘の兄や父親へも夢で知らせておきます。神である私には、イナウと酒を送ってくれれば、お前が一生幸せに暮らせるように守りましょう」

という夢を見ました。目を覚ました私は起きて座《すわ》り直し、何回も何回もクマ神へ礼拝をしました。

次の朝早く、私は泊めてもらった狩小屋《かりごや》を出て、昨夜つくったニワトコの神を解体《かいたい》し、神の国へ送ったあとで自分の狩小屋へ帰ってきました。帰ってきて間もなく、二人の若者が私の狩小屋へ来たので話を聞くと、昨夜泊めてもらった狩小屋の若者たちであることがわかりました。

若者たちは自分の狩小屋へ戻《もど》ってきて妹から私の話を聞き、私を迎《むか》えに来たということでした。若者たちも見たことがないほどの大きいクマなので、コタンまで持っていって、酒を醸《かも》して贈ることにし、コタンの人も狩小屋まで来ているということでした。

クマ神からすでに夢で知らされていたことであったので、さっそく私は若者たちと一緒に昨夜泊まった狩小屋まで戻ってきました。そして、コタンの人たちとともにクマ神の頭を持ってコタンまで下っていくと、そこは大勢の人が住んでいる広いコタンでした。

コタンの中ほどにあった大きい家へ若者が入っていって、私がそのあとから入ると、

「この方が昨夜クマ神へユカラを聞かせてくれました」

とあの娘から、その父や母に私は引き合わされました。そして、その夜から何日も何日もかけて、位の高いクマ神を神の国へ送り返しました。

クマ神から夢で知らされてあったことなので、私は帰る前に娘《むすめ》の父や母、そして兄たちへ、

「娘をお嫁《よめ》にもらいたい」

と言ってみました。すると、娘の父や兄たちも、

「前々から知っていたコタンの村おさの息子《むすこ》の嫁にもらっていただければ、こんなうれしいことはない」

と承知《しょうち》してくれました。私はさっそく娘を連れ、若者《わかもの》たちの狩小屋のある場所を通って自分の狩小屋に一晩泊《ひとばんと》まり、狩《か》りにも行かずに家へ帰ってきました。

娘を家の外で待たせて、私だけが家へ入っていくと、狩りに行った者が空身《からみ》で帰ってきたのを見て、父や母は驚《おどろ》いています。母に娘が外にいることを教えると、母は娘を迎《むか》えに出て、人が死んだ時に泣《な》くように、悲しい時に泣くように、歓迎《かんげい》の涙《なみだ》を流してから娘を連れて家の中へ入ってきました。

そこで初めて、私は狩小屋での出来事などを父にこまごまと聞かせました。それを聞いた父は、さっそくたくさんの酒を醸《かも》し、あのコタンの若者たちやコタンの人を招《しょう》待《たい》し、ウトムヌカㇻ（結婚《けっこん》の宴会《えんかい》）をしました。その時に、位の高いクマ神や、ニワトコの木でつくった神などにも、イナウと酒を贈《おく》ってお礼をしたことはいうまでもあり

ません。

新しい嫁は働き者で、私の母の手には何一つ触《ふ》れるものがないほどでした。そして私の所にもたくさんの子どもが生まれ、父や母も年を取って亡《な》くなりました。

そのようなわけで、私の嫁はユペッから来ていますが、ユペッの兄の所へも時々遊びに行きながら、何を欲《ほ》しいとも、何を食べたいとも思わないほど幸せに暮《く》らしています。

若い時に、親なしグマを養ったばかりに、危《あぶ》なく殺されそうになりましたが、いろいろな神に助けられて、私はこんなに長生きしました。これからの人は絶対《ぜったい》に親なしグマを養ってはいけません、と一人の老人が語りながら世を去りました。

語り手　平取《びらとり》町荷負本村《においほんそん》　黒川てしめ

（昭和40年2月4日採録）

解説

ウヌサッペウレプ　ソモアレスプネ（母のない子グマは育てるものではない）とアイヌたちはよくいいます。このようにアイヌ民族は、氏《うじ》とか素性《すじょう》がはっきりしていることを大切にします。

したがって、私たち平取《びらとり》二風谷《にぶたに》アイヌが他のコタンを訪問《ほうもん》した時の自己紹介《しょうかい》は、「私は沙流川《さるがわ》のほとり平取二風谷の生まれ、父は……、母の血統《けっとう》は……」というふうにいいます。

アイヌでは、素性がはっきりいえることを誇《ほこ》りに思い、また思わせるようにしています。どんな化け物でも正体を暴《あば》かれると、さっさと退散《たいさん》してしまうとされているものです。（拙著『おれの二風谷』参照）

この話は母のいないクマを養い、それによって危《あぶ》ない目にあいそうになった話です。ところでリスのことを、アイヌ語ではトゥスニケといって、ウウェペケレ（昔話）に出てくる場合にはあまりいい役で登場してこないものですが、その動作を見て位が高いとは思わなかったからなのでしょう。私の幼《おさな》いころには、リスに小便をかけられると不運になるものだから、木の上にリスがいても、その真下へ行ってはならないと教えられたものでした。

ケナㇱウナㇻペ（平原にすむ化け物婆《ばば》）、あるいはニタッウナㇻペ（湿地《しっち》の化け物婆）、これは平原とか湿地にいて、髪《かみ》は伸《の》び放題で、しばしば人間にほれたりする悪役として出てきますが、本当にいるわけではなく、想《そう》像上《ぞうじょう》の化け物です。それから、ニワトコという木をアイヌ語ではソコニといいます。この話では、ソコニで神をつくったとなっていますが、アイヌが神をつくる場合には、太さ三センチ、長さが四〇センチぐらいの棒《ぼう》の上と下をそれらしく削《けず》り、イナウで包んでつくります。これは、つくるのも解体《かいたい》するのも自由なものです。（拙著『アイヌの民具』参照）

■アイヌの民具■トゥムㇱコㇰパスイ（木鈴《もくれい》つきの箸《はし》）

自分の子どもや孫《まご》が最初の誕生日《たんじょうび》を迎《むか》えるころ、一本のクネニ（イチイ）の棒から一日がかりで木鈴をくりぬいて作ります。イヨマンテ（クマ送り）・結婚式《けっこんしき》・葬《そう》式などにアイヌが使う箸は、シキ（オニカヤ）を使います。一回限《かぎ》りの使い捨《す》てです。

七人目の婿《むこ》

私はオタサムという所にいる物心ついた少年で、小さい時から兄と二人っきりで暮《く》らしていました。兄は私をかわいがってくれて、山へ行くにも川へ行くにもいつも一緒《いっしょ》に歩き、私も今ではようやく一人前に近い若者《わかもの》に成長しました。

ところが、狩《か》りに行って狩小屋《かりごや》に泊《と》まる時も、家にいる時も炊事《すいじ》の仕事は私にだけやらせて、兄はただの一回も物の煮《に》炊《た》きをしたことがありません。どんなに疲《つか》れた時でも、私だけが炊事をしなければならないので、兄に対しての不満といえばそれだけでした。

そうこうするうちに、私はすっかり大人《おとな》になり、今では兄と同じか兄以上に狩りも上手《じょうず》になりました。

そのようなある日のこと、コタン（村）の人の話によるとレプンクㇽ（沖《おき》の方の人）の舟《ふね》が浜辺《はまべ》へ来たということです。私も家から出てみると、舟から体の大きい男が二人上がり、大きなござの包みを持って私たちの家を目ざしてやって来るのが見えました。私の家の前へ来た二人の男が、「エヘン、エヘン」とせきばらいをしても、兄は聞こえたのか聞こえないのか、知らん顔をしています。

仕方がないので私が外へ出てみると、体の大きい若者が二人で立っていて、その容貌《ようぼう》というものはいずれ劣《おと》らぬ聡明《そうめい》そうな若者たちです。

「どうぞお入りください」

と私が言うと、二人は家の中へ入ってきました。

最初に私の兄の方へ丁寧《ていねい》にオンカミ（礼拝《らいはい》）し、次に私へも礼拝しました。兄も私も礼拝をして、二人の若者を迎《むか》えました。

それが終わってから、私の兄が、

「どちらから来られた若者たちですか」

と二人に尋《たず》ねました。すると二人は、

「私たちは、ヤンケレプンクㇽ（近い沖人）で、父がいて母がいて、私たち男二人に妹が二人います。二人の妹のうち、下の方の妹は兄である私たちの口からいうのも変なのですが、これがまた絶世《ぜっせい》の美人です。それであちこちから婿《むこ》入りの希望があると、父はその若者を見ては大歓迎《だいかんげい》をして迎え入れました。けれども妹と一緒に寝《ね》て次の朝になると、婿殿《どの》は体には少しの傷《きず》もなく死んでいます。それが一人や二人ではなく、次々と六人の若者が死んでいきました。

そのようなわけで、私たち家族は妹や、妹のために死んだ若者たちが気の毒で泣《な》いてばかりいるのです。泣いてばかりいた父が、私たちにいうことには、『ヤウンクル（陸の方の人）は運が強いと聞いている。これからお前たち二人でそこへ行って、魔よけのために男の古い褌《ふんどし》でも、老婆《ろうば》の古い肌着《はだぎ》でもいいから分けてもらってきなさい』と言われてここへ来たのです。また父は、『そうすれば運の強い人々にあやかり、妹に取りついているかもしれない化け物を追い出せるか、あるいは正体《しょうたい》をあばけるかもしれない』と言って、褌か肌着の代償《だいしょう》にと、これこのとおりたくさんの宝物《たからもの》を持たされました」

と言いながら、私の兄の目の前へ宝物を山のように積み重ねました。

兄が二人に何を持たせるというのだろうと思いながら、私は兄の顔と宝物を見比《くら》べていました。すると兄は、私の顔をちらっと見ながら、

「それでは、物を持たせるよりも、弟を婿として一緒に行かせましょう」

と言いました。

それを聞いた私はすっかり腹《はら》を立ててしまいました。兄は本当に私のことをよく思ってくれていたのだろうか。兄は私が物心ついてからただの一回も飯を炊いたこともなく、私を飯炊き下男《げなん》のようにしてきたあげくのはてに、七人目の婿として、死ににに行けとは。そう思った私は、ご飯の支度《したく》もせずにすとんと寝てしまいました。

すると兄は仕方なく自分で炊事《すいじ》をして二人の客に食べさせて、三人は夜中じゅう、よもやま話をしていたようですが、いつのまにか寝《ね》たようでした。

朝になると、兄が私に、

「弟よ、お客もいることだし、起きて食事の用意をしてくれないかい」

と言っているのが聞こえましたが、私は息を詰《つ》めて身動き一つせず返事もしませんでした。すると、兄は自分で起きて朝ごはんの準備《じゅんび》をして、

「弟よ、起きてご飯を食べなさい」

と何回も私を呼《よ》んだので、兄のいうことにあまり反抗《はんこう》できない私は、嫌々《いやいや》ながら起きました。起きるには起きたのですが、物を食べるのも嫌で、そのまま食べずにいました。いったい兄は、私のことをどのように思っているのだろう。多くの若者《わかもの》が死ん

だ所へ、私に死にに行けというのだろうか。そう思った私は、すっかり悲しくなってしまいました。

そんな私の様子を見た兄は立ち上がると、アパサムンカムイ（家の入口を守る神）の前に立ててあった古いイナウ（木を削《けず》って作った御幣《ごへい》）を一本抜《ぬ》いて、私の荷物の中へ入れてくれました。そして、

「これから出発して、途中《とちゅう》でアシヨロという所に泊《と》まる時に、昔からのアイヌが作った古い祭壇《さいだん》があるので、そこへこのイナウを立てながら、兄である私の名前をいいなさい。そうしたら、どうなるかわかるであろう」

と私に言いました。そして兄は、

「さあ行きなさい」

と若者たちをせきたてましたが、若者たちは、

「父がいった言葉は、古い褌《ふんどし》か古い肌着《はだぎ》をということだったので、このような立派《りっぱ》な若者を連れていったら父にしかられます」

と言いながら私と行くのをためらいました。

それを見た兄は、反対に若者たちをしかりつけるようにして、私も一緒《いっしょ》に舟《ふね》に乗せて、ぐいっと舟を押《お》し出しました。

二人の若者は仕方なく舟を操《あやつ》り、舟は水面を滑《すべ》るように進みはじめました。二人はいろいろと話しかけてくれましたが、私はものをいう気にもなりません。しばらく行くと、私のコタンの浜辺《はまべ》が見えなくなり、前の方に別の浜辺が見えました。すると、二人の若者はそこへ舟を上げ、

「ここがアショロという所なので、今夜はここへ泊まりましょう」

と言いました。

私も舟から下りて、心細いこともあったけれど、兄が聞かせてくれた古い祭壇を探《さが》しにあちこち歩きました。しばらく歩くと一軒《いっけん》の古い家があり、その後ろに祭壇があったので、兄に教えられたとおりに、持たされてきたイナウを立てながら、私の兄の名をいいました。そして、

「私はオタサムから来た者なので、どうぞ私を守ってください」

と、そこの神へお願いをしました。

別の家の中では、二人の若者が火を燃《も》やして食事の用意をして待っていてくれましたが、私は何も食べずにさっさと寝てしまいました。眠《ねむ》れるとは思わなかったのに、どういうわけか私は眠ってしまいました。すると一人の神らしい人が夢《ゆめ》の中に出てきて、

「オタサムの人よお聞きなさい。私は、このアショロを守る神であるが、お前の兄は子どもの時から千里眼《せんりがん》的なことができる人で、見えないもの、知らないもののまったくない人なのだ。その兄が交易《こうえき》の行き帰りには必ずここへ泊まり、私にイナウと酒を供《そな》えてくれるのでいつも感謝《かんしゃ》していたが、今日《きょう》持ってきたイナウを見て、お前がその弟であることがわかった。

お前たち兄弟は神のような人を父に持っていたことと、私がお前の兄を守ってあげていたので、なおさらのこと二人は幸せに暮《く》らせていたのだ。

そこで、これからお前が行くことになっている家のことだが、婿《むこ》さんが次々死ぬあの娘《むすめ》は神の落とし胤《だね》で、特別《とくべつ》に美しい女なのだ。その器量にほれたのが、カンナカムイ　ポホ（竜神の息子《りゅうじんのむすこ》）で、いつの日かその魂《たましい》を取って天国へ連れていき、結婚《けっこん》しようと考えていた。それで婿《むこ》さんが来ると次々と殺し、それを苦にした娘《むすめ》が自殺でもしてくれれば、その魂をもって天国へ行こうと思っての仕業《しわざ》なのだ。

そのことをお前の兄は知っていたので、お前を行かせることにした。というわけで、何も心配することはない。それと、私の武器《ぶき》をお前に貸《か》しあたえるので、これを持っていくがよい。そうすると何も恐《おそ》ろしいことはないであろう」

と言いながら、絹《きぬ》の袋《ふくろ》を私のそばへ置いたような夢《ゆめ》を見ました。私が夢だと思って目を覚ますと、本当に私の傍《かたわ》らに小さい絹の袋がありました。

私はそれを取って、さっと自分の懐《ふところ》へ入れました。宝物《たからもの》というかお守りを神様から授《さず》かってからは、私はすっかり安心してしまい、朝には何日分ものたくさんの食事をとりました。

神様からお守りをもらった私は、昨日《きのう》とはうって変わって、舟《ふね》に乗っている二人の若者《わかもの》と冗談《じょうだん》をいいながら行きました。

しばらく行くと、話に聞いた近い沖人《おきびと》のコタンの浜辺《はまべ》へ着き、大勢のコタンの人が出迎《むか》えてくれて、私たちの乗った舟はそのまま乾《かわ》いた砂浜《すなはま》まで引き上げられました。見ると、家々の様子も私たちアイヌのコタンとは違《ちが》って、平たい金を外側に巻《ま》いたような造《つく》りでした。

私は、たくさん建っているうちの中の、いちばん大きい家へ案内されて、家の中へ入っていきました。入ってみると、そこには長いひげの半分が白く、半分が黒い立派《りっぱ》な中年の男がいて、そばには妻《つま》らしい上品な婦人《ふじん》が座《すわ》っていました。

若者の父親であるその人は、私の顔を見るなり、喜ぶどころではなく、にらみ据《す》えるような恐ろしい目で息子たちを見つめていました。まずはごあいさつという感じで、父親は私に丁寧《ていねい》に礼拝《らいはい》をしました。そのあとで息子たちを、

「父である私が頼《たの》んだのは、このような若者を連れてこいといったのではなく、古い褌《ふんどし》か古い肌着《はだぎ》、それがあれば娘に臭《にお》いをつけて魔物《まもの》を撃退《げきたい》できると思ったからだ」

と、しかりつけています。そして、

「このような若者にもしものことがあったら、またしても大変なことになるであろう」

と半分悲しそうな顔をして若者たちに言いました。それを聞いた私は、

「心配はありません。私は自分でここへ来たくて来たのですから」

と半分うそも交えながら、二人の若者のことをとりなしました。

すると若者たちの父親は、ようやく納得《なっとく》したのか落ち着きました。そのうちに夕飯の準備《じゅんび》が整うと、父親は家にいた姉娘へいいつけて、

「妹を呼《よ》んできなさい」

と言いました。

この姉娘も美しい人でした。姉娘は外へ出るとすぐに戻《もど》ってきて、

「妹はすぐに来ます」

と言いました。

すると、すぐに足音がして、一人の娘が入ってきました。見ると本当に美しい顔です。私たちのコタンにも大勢娘がいましたが、これほど美しい娘は見たことがなく、

後光《ごこう》がさしていないだけで、それはまさに神と見まちがうほどの美しさです。

娘は入ってくると、すぐに父親と母親の間へ座りましたが、顔の表から、滝《たき》のように沢《さわ》のように涙《なみだ》を流しています。その娘に私は丁寧に礼拝をしました。

そのあとで父親は娘に、

「お前の兄二人をオタサムへ行かせ、運の強い人々の褌でも肌着でも分けてもらってくるようにといったら、このように立派な若者が来てくれたのです。今夜は絶対《ぜったい》に眠《ねむ》らないでいるように。もしも眠ってしまい、今までと同じことが起きては大変だから、くれぐれも注意しなさい。さあ早く帰って火を燃《も》やし、婿殿《むこどの》が行くのを待っていなさい」

とその娘《むすめ》に言いました。すると娘は父親にいわれたとおりにさっさと出ていきました。

しばらくして私が娘の家へ行くと、娘は泣《な》きながら座《すわ》っていました。しかし私の顔を見ると泣くのをやめて、手や顔をきれいに洗《あら》い、おいしい物を煮《に》て私に食べさせてくれましたが、盛飯《もりめし》の半分は娘にあげませんでした。このような場合はお椀一杯《わんいっぱい》の山盛《も》りご飯の半分を食べて、半分を女に渡《わた》すのが、オタサムや、近い沖人《おきびと》のコタンの結《けっ》婚《こん》式の風習でしたが、まだ見ぬ相手を刺激《しげき》しない方がいいと思ったからです。

娘はお椀のご飯の半分をもらおうと思っていたのに、それがないことに不満そうな顔をしていましたが、娘は何もいいませんでした。

ご飯を食べ終わったあとに娘は、私の寝床《ねどこ》を横座《よこざ》の所へ延《の》べてくれました。そして、娘は自分の寝床へ入りましたが、床へ入ったか入らないうちに大いびきをかいて眠《ねむ》ってしまいました。父親があれほど眠らないようにといっていたのにと思いながらも、私は寝床へは入らずに横になりました。

しかし、私はここで眠っては大変と思ったので、横になったのですが眠らずにいました。夜中を過《す》ぎたころ、山の方から強い風が吹《ふ》いてきて、私たちが寝ている家まで来たかと思うと、風はぴたっとやみました。風の音が強かっただけに、その静けさは不気味なほどです。

私が横になったまま物音一つたてずにいると、家の屋根裏《うら》にある梁《はり》の上に何やら動いているのが見えました。まばたき一つしないで見つめると、それは太くて長い竜《りゅう》であることがわかりました。

その胴の太さといえば、アイヌが丸木舟《まるきぶね》を造《つく》る木の太さぐらいもあります。それが音もたてずに進み、頭を先に下ろし、娘の寝床をうかがい、誰《だれ》かそばに寝ていないかを確《たし》かめている様子です。

そのうち神の助けか、窓《まど》の所から月の光がさしこみました。その光で見ると、頭は娘の方にあり、尾《お》の方が私の目の前にありました。

そこで私は、アシヨロの神から授《さず》かった絹《きぬ》の袋《ふくろ》を静かに出し、その中から一本の針《はり》を取り出しました。その針を右手に持ち、よくよく竜の尾を確かめて、エイッとばかりに突《つ》きさしました。そのとたんに頭の上に爆発音《ばくはつおん》が起こったような気がして、私は自分が死んだのか眠ったのかまったくわからなくなりました。

どのぐらい時間が過ぎたのか、何やら騒《さわ》がしい声がしたので目を覚ましてみると、私は二人の若者《わかもの》の、兄の方の腕《うで》の中に抱《かか》えられていました。娘は、弟の方の腕の中に抱えられています。父親の方は神々の名を呼《よ》びならべ、家の中の神や、外の祭壇《さいだん》の神へ助けを求めるために、家を出たり入ったりしているところでした。

意識《いしき》がはっきりとした私は、来る途中《とちゅう》にアシヨロの神から夢《ゆめ》を見させてもらったことや、神の武器《ぶき》を授かってきたことを父親たちへ聞かせました。

私の話を聞いて、初めて事の次第を飲みこんだ父親は、

「アイヌはアイヌ同士で結婚し、神は神同士で結婚するのが当たり前なのに、このようにして、多くの若者を殺したことは許《ゆる》せない。死んでいった若者たちを神の力で生き返らせてくれなければ、どんなに位の高い神であったとしても、竜の親子もろとも湿地《しっち》の国へけり落としてやる」

と言いました。父親がこのように雄弁《ゆうべん》にしゃべっているのを聞くと、本当にこれなら神々も降参《こうさん》するであろうと思えました。

そして、次の夜の夢の中で、一人の神らしい若者が窓《まど》の簾《すだれ》をさっと上げていうことは、次のようなものでした。

「私は天の上の竜神《りゅうじん》の息子《むすこ》で、神の国で自分に似合《にあ》いの娘を探《さが》したが見つからず、沖人の娘の器量から精神《せいしん》までがすっかり気に入ったので、通ってきていた。

ところが、その娘の器量がいいことにほれたアイヌの若者たちが次から次と婿《むこ》入りしてくる。一回でもアイヌの若者と寝たら、神である私の嫁《よめ》にはできない。それで、アイヌの若者を次から次へと殺し続けてきた。

昨夜もお前が来たのを見たので神の国から降《お》りてきたが、娘《むすめ》のそばには寝《ね》ていなかった。アイヌであるお前一人でも恐《おそ》ろしいのに、お前はアショロの神の武器《ぶき》まで持ってきていた。それをまったく知らないでいるところへ、刀や槍《やり》なら見えるので避《さ》けられるが、あのようにいちばん恐ろしい針《はり》で突《つ》かれてしまい、私も一度は死んでしまった。

私一人なら別だが、このままでは位の高い、そして何も知らなかった父や母までが湿地《しっち》の国へけり落とされそうになってしまった。

ここの父親がいうように、今まで私が殺した全部の若者《わかもの》を生かしたいけれど、古い方はもはや神の力も及《およ》ばないが、新しい方の若者たちは生き返らすことができる。それと、父が持っていた宝物《たからもの》の中でもいいものを償《つぐな》い物として持ってきたので、なんとかして、私たちのことをとりなしてほしい。

神の国でも人間の国でも、若者の恋心《こいごころ》というものは、同じようにあるもの。神である私の願いを聞いてくれれば、アショロの神と同じか、それ以上にお前たち兄弟を守るので、助けてほしい。

このことは、ここの家の父親にも夢《ゆめ》として見せる」

と神らしい若者が涙《なみだ》ながらに私に頼《たの》みました。そしてそのあとで私は、あの娘は器量も精神《せいしん》もいい娘なので、少し遠いけれど、オタサムへ連れていって結婚《けっこん》するようにという夢を見ました。

先に起きた父親が窓《まど》の簾《すだれ》を上げて外を見ていたところへ、私も起き上がって一緒《いっしょ》に見ると、竜神《りゅうじん》の息子《むすこ》がいった宝物が窓の外にうず高く積まれていました。それを見た父親は、夢と思ったのに本当に宝物があるのを見て、驚《おどろ》きながら礼拝《らいはい》を繰《く》り返していました。

そのあとで、若者たちはたくさんのイナウを削《けず》ったり酒を醸《かも》したりして、たくさんの神々にお礼に贈《おく》り、いちばんおしまいに竜神の親や息子にお祈《いの》りをしました。そし

て私は、

「アイヌの国でも神の国でも、若者の恋心というものはあるものだ。これからは神は神と、人は人と、というようにして、人間に迷惑《めいわく》をかけないように」

と厳重《げんじゅう》に注意をし、またこの竜神親子が湿地《しっち》の国へけり落とされることだけはやめてもらうように、他の神々へもお願いをしました。

それらの祭りというかお祈りが終わるまで、私は何日も滞在《たいざい》し、いよいよ帰る朝になって、

「宝も何もいらないので、妹娘をお嫁《よめ》に欲《ほ》しい」

と私が言うと、娘もその親たちや兄たちも喜んでくれました。

帰りは舟《ふね》で送ってもらうことになりました。二人の兄に送られることになると、姉の方も私たちと一緒に行きたいということになり、五人で舟に乗って途中《とちゅう》のアショロまで来ました。そして、持ってきた酒やイナウをあの祭壇《さいだん》へあげて、その夜はそこへ泊《と》まりました。

するとと前に神の武器《ぶき》である針を貸《か》してくれた神様が、私の夢の中に出てきて大変に喜んでくれて、

「オタサムへ帰ったら、妹はお前の嫁に、姉の方はお前の兄ウェインカラクㇽ(千里眼《せんりがん》

の兄）の嫁にしなさい」

と言ってくれました。また私に貸してくれた宝の針は、そこへ置いておけば自分で取りにいくということでした。そして、

「弟であるお前も、アショロの神である私にイナウや酒を贈ってくれるならば、兄と同じように守ってあげよう」ということでした。

次の朝、私は何回も何回も礼拝をしてお礼をいってからオタサムの家へ帰ってきました。行く時には死にに行くような沈痛《ちんつう》な表情《ひょうじょう》であった私が、美しいお嫁さんを連れてきたのを見た兄は、笑《わら》いながら私を迎《むか》えてくれました。神から聞いたことなので、私が考えていることを兄はすべて知っているのだと思い、私はわざと知らん顔をしていました。兄は、

「妹は弟の嫁に、姉の方は私のために煮炊《にた》きをしてくれ」

と言うと、一緒に来た姉も大喜びで承諾《しょうだく》してくれて、新しい二人の兄も喜んでくれました。

そのあと私の兄はコタンの中を歩いて、近い沖人《おきびと》の嫁になる娘《むすめ》を二人選んで、一緒《いっしょ》に来た兄たちの嫁にすることに決めました。

それから何日も何日も義兄《ぎけい》たち夫婦《ふうふ》は滞在《たいざい》し、今度は私が送っていくことになりま

した。私が義兄夫婦たちを送っていくと、あの二人の若者《わかもの》の父親というより、今は私の舅《しゅうと》が、せめて古い褌《ふんどし》でも、古い肌着《はだぎ》でも魔《ま》よけにしてと思っていたのに、それがとうとう息子《むすこ》の嫁までもらえるとは、と泣《な》いて喜んでくれました。

それからは、こちらで酒の席があれば来てもらい、義兄の所で酒があれば行く、というふうに仲《なか》よく行き来していましたが、舅たちも年を取って亡《な》くなりました。私の所にも兄たちの所にもたくさんの子どもが生まれ、孫も生まれました。

神々にいわれたとおりに、アショロの神や、天の上の竜《りゅう》の神へもイナウや酒を贈《おく》るので、双方《そうほう》から守られているらしく、私たちはまるで自分たちの上へ物が降《ふ》ってくるかのように幸せです。

というわけで、兄が千里眼《せんりがん》なのを知らずに死にに行かされると思い、兄を恨んだりしたのですが、兄のおかげで今では何を欲《ほ》しいとも何を食べたいとも思わずに暮《く》らしています。

だから、私の息子たちよ、アショロの神や天の上の竜の神も祭るのを忘《わす》れないように、と語りながら一人の老人が世を去りました。

語り手　平取町《びらとりちょう》荷負本村《におい ほんそん》　西島てる

（昭和40年2月4日採録）

解説

これは、千里眼《せんりがん》の兄に育てられた一人の若者《わかもの》の話です。この若者は、何人もの婿《むこ》が死んだ娘の所へ無理《むり》やり行かされることになるのですが、それが幸せにつながることになります。

アイヌ社会では、老人の古い褌《ふんどし》や老婆《ろうば》のモウㇽという肌着《はだぎ》は魔《ま》よけになると信じていた時代があったものです。特別《とくべつ》によくきくのは、しばらく身につけていたもので、洗濯《せんたく》をしていない方がいいとか。それを魔物《まもの》が嫌《いや》がるという話です。

地名で、アショロとかオタサムとかが出てきますが、この話だけでは地名と地形をつなげることは無理のようです。

神の対話はすべてが夢《ゆめ》の中で、この話にも多くの夢が出てきています。

昔のアイヌが結婚《けっこん》式を行う場合に、嫁《よめ》になる女が一つの鍋《なべ》でご飯を炊《た》き、一つのお椀《わん》に山盛《も》りに盛って箸《はし》を一膳添《ぜんそ》えて婿に渡《わた》す。婿が山盛り飯の半分を食べ、残り半分を女に渡し、女が食べ終わると式が終わったことになります。

それをソナピアラケ（山盛り飯の半分）といいます、一つの鍋で、一つの椀で、一膳の箸で二人が暮《く》らします、とコタン（村）の人の眼前《がんぜん》で誓《ちか》うことになるのです。

カンナカムイ（竜の神《りゅう》）はアイヌ民族が生みだしたものか、外来のものを取り入れたのか、よくわかりませんが、外来説は次の二つのコースをたどってアイヌ社会に入ってきたものと思われます。一つは日本本土から渡ってきた漆塗《うるしぬ》りの器《うつわ》に描《えが》かれた絵から想像《そうぞう》したのでしょう。もう一つは、日本本土との交易《こうえき》以前にカラフトを経《へ》て中国との往来《おうらい》があったらしいので、中国製《せい》の竜の絵を見たと思います。しかし、一方ではアイヌ民族の想像性の豊《ゆた》かなことは日本語に訳《やく》していて、驚《おどろ》くようなことがありますので、アイヌ民族が創作《そうさく》したものとも考えられ、断定《だんてい》はできません。

■アイヌの民具■マレプ（自在《じざい》もり）　マレプは、根元から前後に半回転する釣針《ばり》形の鉄製のもり、もりを取りつける台木、台木に縛《しば》りつける柄《え》の三部分に分かれます。川をのぼるマスやサケをもりを上にして突《つ》き、魚を引き上げる時、もりは手前に向きます。全長七メートル。

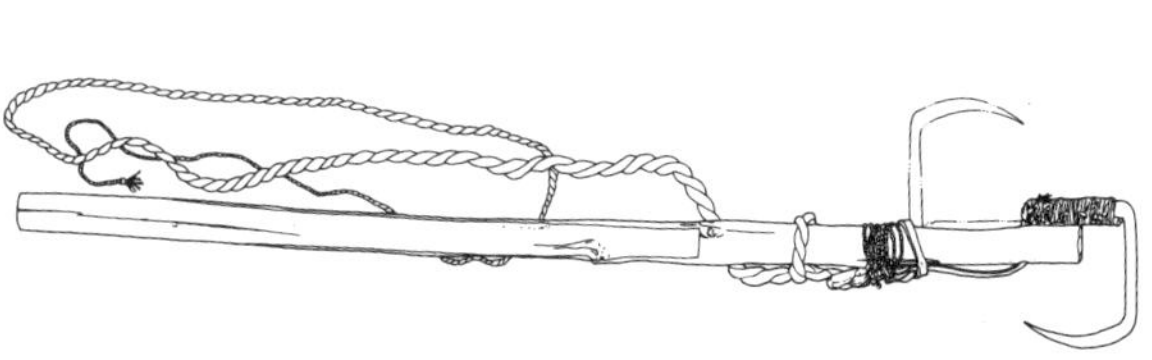

四つ爪《づめ》のクマ

私は、ピカラという所に住んでいる一人の男です。妻《つま》もおり、男の子が二人、そして狩《か》りの名人である私は、シカを捕《と》りクマを捕っては妻や子どもに食べさせ、何を欲《ほ》しいとも何を食べたいとも思わないほど楽な暮《く》らしをしていました。それがある時から、私たちのコタン（村）が飢饉《ききん》になり、川へ行っても魚も見えず、山へ行ってもウサギの一《いっ》匹《ぴき》も目に入らず、コタンの人を含《ふく》めて私もすっかり困《こま》ってしまいました。

　このままではコタン中の人が餓死《がし》してしまうかもしれません。そこで私は、アツマという所にいる友人の所で、たくさんのサケが捕れているという話を聞いたので、そこへ行くことにしました。行くといっても、私自身も、また妻や子どももかなり弱っていて、思うように歩けるかどうか心配でした。だからといって行かないでここにいても、日一日と弱っていくばかりです。

そこで私はある日のこと、妻と二人の子どもを連れて、アッマへ行くことにしました。

食べ物もなく、ふらふらになった妻と子どもを連れて歩きはじめました。普通《ふつう》であれば途《と》中《ちゅう》一晩《ひとばん》も泊《と》まれば着くのですが、二晩も泊まってようやくアッマの近くまで来ました。細い道をたどって歩いているうちに、いつも渡《わた》っている風倒木《ふうとうぼく》でできた一本橋へさしかかりました。

私が先に渡ると、後に渡る妻や子どもが心配なので、妻や子どもを先に渡らせ、それを見て安心した私も渡りはじめました。五、六歩ほど橋の上を歩いていくと、橋の下で誰かが私の名を呼《よ》びました。

誰が私の名を……、そう思って私は立ち止まりました。すると、橋の下からもう一度はっきり聞こえてきました。不思議《ふしぎ》に思った私は、渡りかけた一本橋を渡るのをやめて、橋の下へ降《お》りてみました。

驚《おどろ》いたことに、私の名前を呼んだのは、一匹のホッチャリのサケ（産卵《さんらん》を終わってしっぽの先が白くなったもの。北海道の方言でホッチャリという）でした。よたよたとして川の岸辺にいたので、私は棒《ぼう》で殴《なぐ》り殺して、手に取り、一本の立ち木に縛《しば》りつけながら、

「誰に頼《たの》まれて私をのろいにかかったのか知らないが、このまま私をのろい続けるのなら許《ゆる》さないぞ。神々に訴《うった》えて、人も鳥も獣《けだもの》もいない湿地《しっち》の国へけり落としてやる。けれども、もし私の味方になって私を助けてくれるならば、神として祭ってあげよう」

とサケに言いました。

このように何者かにのろわれた場合は、川のものは陸へ上げ、陸のものは川へ入れることになっているので、私はサケを立ち木に縛ったのです。

それから私たち親子四人は、腹《はら》が空いてふらふらしながらではありましたが先を急ぎ、ようやくサケ捕り小屋が並《なら》んでいる所まで来ました。

五、六軒《けん》ある家の中の一軒からだけ煙《けむり》が出ているので、その家の前へ行き、「エヘン、エヘン」とせきばらいをすると、家の中から私の友人が出てきました。

友人の顔を見た私が、コタンが飢饉になり、コタンの人が死にそうになっていることを大急ぎで聞かせると、友人は驚き同情《どうじょう》してくれました。

アッマのコタンの人は必要なだけサケを捕ってコタンへ帰ってしまったので、今は漁用《りょうよう》の小屋が空いているということでした。そして私に、

「いちばん入口側の小屋がわたしの息子《むすこ》の持ち小屋なので、二、三日したらあの小屋に寝《ね》泊まりして、必要なだけのサケを捕りなさい」

と言ってくれました。

その夜、私たちは友人の漁小屋に泊まることにしました。友人がいうのには、

「餓死に近いような人間に、急においしいものを食べさせると死ぬものだ」

と言いながら、サケの骨《ほね》を黒くなるまで焼き、それを鍋《なべ》に入れて、その汁《しる》を飲ませてくれました。

間を置きながら、黒こげの汁を飲んでいるうちに、私たちは少しずつ気分がよくなって、一口ほどの魚の身を食べさせてもらえるようになりました。こうして何日かの間は、飢えた人間に対する手当てを受けながら過《す》ごしました。

少し元気の出た私に、友人はいろいろと必要な漁用《りょうよう》の道具を貸《か》してくれました。そして、友人の息子《むすこ》のサケ捕《と》り小屋へ引っこしをさせてくれました。

いい忘《わす》れていましたが、ホッチャリのサケが私の名を呼《よ》んだことや、風倒木《ふうとうぼく》の一本橋を渡《わた》ってしばらく来た所で、イネウレペッウシペ（四つ爪《づめ》グマ）がイタドリの藪《やぶ》へ入った足跡《あしあと》を見た話などを、友人に聞かせました。

四つ爪グマというものは、前足の指の外側の爪が内側の爪へ重なったクマで、人間

の手でいうと小指を薬指に重ねたような足跡をしたどうもうなクマです。

私の話を聞いた友人は、

「それは大変気がかりなことだ」

と言いながら、槍《やり》の柄《え》を新しくすげ替《か》えたり、刀の目釘《めくぎ》を直したりしながら四つ爪グマの襲撃《しゅうげき》に備《そな》えました。

しかし、その夜は何ごともありませんでした。

何日か過ぎたある日のこと、今晩《こんばん》から泊《と》まる家へ友人の家から物を運び、何回か出入りしている時に、囲炉裏《いろり》の内側の隅《すみ》に埋めこんである削《けず》り台の近くで何か動くものが見えます。よくよく見ると、それはクマの鼻先でした。クマが呼吸《こきゅう》するたびに、ふわぁっ、ふわぁっと木灰《きばい》が舞《ま》い上がるのも見えました。

私が物を運びながら外へ回ってみると、川岸の土手《どて》になっている所からクマが穴《あな》を掘《ほ》って、家の床下《ゆかした》まで来ていることがわかりました。クマの考えでは、私たち親子が泊まったら一思いに食い殺す算段《さんだん》の様子です。

それを確《たし》かめた私は、クマがいることなどまったく知らないふりをして、

「腹《はら》も空いていることだし、今夜は大きい鍋でたくさんの物を煮《に》て食べよう」

と独《ひと》り言を言いながら、レキサルㇱス（三つ耳の大鍋《おおなべ》）に水をいっぱい入れて火にか

けました。

薪《たきぎ》はたくさんあるので、それをくべて大きな火でたいているうちに、大鍋の湯は煮えたぎり、大人《おとな》の握《にぎ》りこぶしを並《なら》べたように盛《も》り上がりました。

友人に目顔で合図をした私は、

「子どもがいて危《あぶ》ないので、鍋を上げて干《ほ》し魚を入れよう」

と言うと、友人は「そうだそうだ」というふりをしながら、大鍋の縁《ふち》へ私と一緒《いっしょ》に手をかけ、ふわぁっ、ふわぁっと木灰が噴《ふ》き上がっているクマの穴の所を目がけて、大鍋を引っくり返しました。

煮えたぎっている湯を頭からかけられたクマは、穴の中でフェーッ、フェーッと悲鳴をあげているのが聞こえました。友人と私はさっと外へ走り出て、穴の出口でカンニ（棒《ぼう》）を持って待っていました。

そこへ飛び出てきたクマ、それは前半分は赤茶け、後ろ半分は黒い色をした化け物グマでした。それを両側から、所かまわず殴《なぐ》りつけ、あっという間にたたき殺すことができました。クマを殴り殺した私たちは、ほっとして顔を見合わせながら、お互《たが》いの無事《ぶじ》を喜び合いました。そのあと私は、クマを足で踏《ふ》みつけながら、

「私に何か恨《うら》みがあってのことなのか。夢《ゆめ》でも見せてくれて、そのわけを教えてくれ

なければ、このまま大地とともに腐《くさ》らせてしまう」

そう言いながら、さらに何度も何度も踏みつけ、

「神々もこのことを知ってのことか」

と大声で別の神たちに対しても悪口を言いました。

そしてその夜は、もう一晩友人の家に泊めてもらうことにしました。するとその夜、私は夢を見ました。

友人の家の上座の窓《まど》の外で人の足音がして、一人の男が窓の簾《すだれ》をさっと上げました。よく見ると、顔の表面が火傷《やけど》でぼろぼろになった神で、ぷんとした顔で立ち、着ている着物は木の皮で粗々《あらあら》しく織《お》られた赤茶けた着物です。腰《こし》にはカマナタという大型の鉈《なた》を下げ、怒《おこ》った顔をして立っています。そして、私にいうことには、

「私は神の国でも手あまされ者のならず者で、ヌプリケスン　プリウェンクㇽ(峰尻《みねじり》に住むならず者)といわれている者だ。仲間《なかま》のクマたちがアイヌの所へ客として行き、神の国へ帰ってきてからの話題は、アイヌたちの勇気と、想像力《そうぞうりょく》のたくましさ、それと度胸《どきょう》は、神であるわれわれもかなわないという話ばかりなのだ。

その話を聞いたならず者の私は、

『人間は足は二本しかないし、おまけに家の壁《かべ》までしか物が見えない。けれども私た

ち神は壁の向こう側の物でも、山の向こう側の物でも見えるのに、人間は何ほどのことができるのだ』と言ってばかりいたものだ。

　すると、アイヌの所へ行ったことのある神々から、

『それならアイヌのコタンへ行って、とくに知恵《ちえ》と力のあるピラカウンクㇽ（崖《がけ》の上の人）を殺してこい。そうしたら本当の度胸もちだ』と言われたのだ。

　そこで崖の上の人であるお前の様子を神の力で見てみると、ほかの神々がいったとおり、正面ではかなわないことを知った。それで、お前のコタンの食べ物の魂《たましい》を神の力で奪《うば》い取り、食べ物がなくなって弱ったところを殺してやろうと思い、コタンを飢《き》饉《きん》にしてやった。

　困《こま》ったお前が、アッマの友人の所へ魚を捕《と》りに来るのを見て、一匹《いっぴき》のホッチャリのサケに頼《たの》んでお前をのろい殺すように待たせておいた。

　サケがお前の名を呼《よ》び、それを聞いたお前がサケに対しての扱《あつか》い方をまちがってくれれば、お前は負けて死んでしまったであろう。

　しかし、古い話や、そのような場合の扱い方を知っていたお前の言葉で、ホッチャリのサケは神である私の悪巧《わるだく》みを知って、逆《ぎゃく》にお前の味方になってしまった。

　味方を失い一人になった神である私は、お前が泊《と》まる家の床下《ゆかした》まで穴《あな》を掘《ほ》っていき、

お前たち夫婦《ふうふ》がいない時に二人の子どもを殺して食い、その次はお前たち夫婦を殺して食おうと思っていた。穴の中にいる私に気づいていたことをまったく知らず、いい気になっているところへ、大鍋《おおなべ》いっぱいの湯をかけられ、私は大火傷《おおやけど》をしてしまい、そのうえ殴《なぐ》り殺されてしまった。

神の国では悪名高い私ではあったけれど、私が自分勝手にお前を殺そうとしたのではなく、神々が私にお前を殺すようにけしかけたようなものだ。そうしてみると、私だけが悪いのではなく、けしかけた神々も悪いことになるであろう。悪い神の私ではあるけれど、このまま悪い神として扱ったからといって、それによってお前のためにはよいことにはならない。私の位は下がっても、神として残れるように神々に口添《くちぞ》えをしてほしい。

そして、あのホッチャリのサケをも神として祭るならば、私と一緒《いっしょ》に両方からお前を守り、一生幸せに暮《く》らせるようにしてあげよう」

と私に話す夢《ゆめ》を見ました。

朝になると、友人も私と同じ夢を見たということで、もう一度クマに悪口をいいながらではありましたが、その皮をはいでみると、大きいクマなのに脂身《あぶらみ》はあまりありませんでした。その肉を大鍋で煮《に》て干《ほ》し、頭は神の国へ送り返しました。送りながら、別の神々もうんとしかりつけ、それでなくても気の荒《あら》いならず者をけしかけた神々も悪く、これからはそうしたことが起こらないようにと厳重《げんじゅう》に注意しました。

次の日の夜に、私はもう一度夢を見せられました。すると、あのクマ神が今度は笑《え》顔《がお》で、

「お前は本当にアイヌなのだろうか。神も及《およ》ばないぐらい雄弁《ゆうべん》に私をとりなしてくださって、けしかけた神々全部が私に謝罪《しゃざい》したのです。そして、以前よりもっと位の高い神にさせてもらうことができました。

これからは、あのホッチャリのサケとともにあなたを見守るので、あなたは何一つ恐《おそ》ろしいこともなく、何を欲《ほ》しいとも、何を食べたいとも思うことなく暮らせるでしょう」

と言いました。

次の日、私は木に縛《しば》りつけておいたホッチャリのサケを取ってきて、新たにイナウ（木を削《けず》って作った御幣《ごへい》）を削ってイナウで包み、大切な神として祭りました。いろいろなことが終わってから、毎日サケを捕っては乾《かわ》かし、あのクマの肉の乾いたものを妻《つま》に背負《せお》わせてコタンへ帰しました。
二、三日すると歩けるようになったコタンの人がやって来て、私と一緒《いっしょ》にサケを捕《と》

り、それを干《ほ》してはコタンへ運びました。それを繰《く》り返すうちに、コタンの人全部が餓死《がし》することもなく元気になりました。

そのうちにすっかり寒くなり、雪もちらつきましたが、私たちはたくさんの干しザケを背負《せお》ってコタンへ帰ってきました。

コタンへ帰ってきてから、私はもう一度アッマの友人の所へ宝物《たからもの》をもってお礼に行くと、アッマの友人は何もいらないといって受け取ろうとしませんでした。そこで私は、

「何もいわずに受け取ってくれれば、ずうっと長く仲《なか》よくできるものです」

と言いながらそれを置いてきました。

それから私は、なおさらのことアッマの友人とは仲よくなり、お酒があるといっては招待《しょうたい》されて私が行き、私の所で酒を醸《かも》すと、さっそくアッマの友人に来てもらうというふうにしています。また、コタンでは以前と同じようにシカもクマも捕れるようになりました。

私の子どもたちも一人前に成長し、アッマの友人の子どもたちも大きくなり、子どもたち同士が行き来するようになりました。

アッマの友人も年を取って世を去ったと聞き、私もすっかり年を取りましたが、若《わか》

い時に峰尻《みねじり》に住むならず者というクマに危《あぶ》なく殺されかかりましたが、ホッチャリのサケに助けられて死ななかったのです。

その後ホッチャリのサケとならず者のクマに守られ、川の漁《りょう》や山の猟《りょう》にも恵《めぐ》まれ、何を欲《ほ》しいとも、何を食べたいとも思わないで、子や孫に囲まれているのです。いろいろなものが、いろいろな形で人をのろったりするものですが、その時ののろいに対して、きちんと対応《たいおう》できる術《すべ》を知っていれば、恐《おそ》ろしいことはないものです。

だから今いるアイヌよ、年上の人から古い話をよく聞いてものを覚えておきなさい、と一人の老人が語りながら世を去りました。

語り手　平取町《びらとり》ペナコリ　木村きみ

（昭和41年1月11日採録）

解説

この話に出てくる地名は、今でも沙流川河口《さるがわかこう》左岸にピラカ（崖《がけ》の上）という所があるので、そこの人の話ではないかと思います。アッマ（厚真《あつま》）も近いので、そこへ行ったのかもしれません。

産卵《さんらん》の終わったサケをアイヌ語ではチナナ、北海道方言ではホッチャリといいます。コタン（村）が飢饉《ききん》になって、別のコタンへ食べ物を探しに行く途中《とちゅう》で、産卵の終わってよたよたしているサケに名前を呼《よ》ばれますが、魚が人間の言葉でしゃべるといったことはありえず、このようなことをイコンヌ（のろい）といいます。そののろいを跳《は》ね返すだけの物知りでなければ、のろいに負けてしまいますが、知っていればそれなりに対応《たいおう》して殺されることはないとされています。

飢《う》えた人が食べ物のあるコタンへ着いても、さっそくおいしいものを食べさせてはいけないといわれ、この話のように、魚の骨《ほね》などを黒こげに焼いて、その汁《しる》を飲ますことから始めます。その理由を私は聞いていないのですが、飢饉の話には必ずそうするものだと語られているので、きっと大きな意味があるのでしょう。飢饉の話はよくありますが、食べ物がないとなれば、山ではシカもクマもキツネも見えず、川では小魚の一匹《いっぴき》も見えなくなるものだそうです。しかし、たいていの場合は何かの化け物がコタンをのろい、実際《じっさい》はそれらの生き物はいるのですが、コタンの人の目には入らないというか見えないといわれています。

イネウレペッウシペ（四つ爪《づめ》グマ）は、どうもうといわれていて、この足跡《あしあと》を見たら大いに警戒《けいかい》しなければならないとされています。昔話の中だけと思っていましたが、登別温泉《のぼりべつおんせん》ケーブルのクマ牧場一八〇頭のクマの中には、注意してみるとたまたま指を重ねたクマがいます。

クマ神が腰《こし》に下げていたカマナタ（大型の鉈《なた》）は、どんな形かよくわからないのですが、これはいつも悪役が下げて出てくるものです。

■アイヌの民具■アペキライ（灰《はい》ならし） アペ（火）、キライ（櫛《くし》）。形が櫛に似《に》ているため。材料はカエデのような堅《かた》い木で、長さ二二センチ、幅《はば》一五センチくらい。アイヌの女性は、火の神の寝床《ねどこ》である炉《ろ》の中を、いつも柔《やわ》らかくして、掃除《そうじ》をしておかなければなりませんでした。

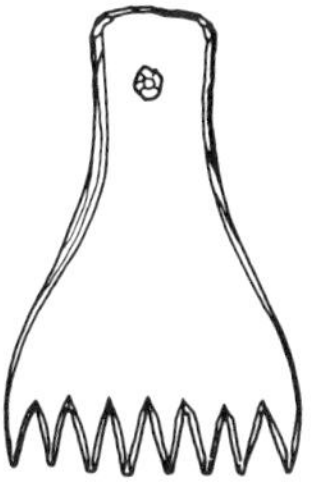

キキンニの女

私は一人の少女でありました。私が暮《く》らしている場所は積もり積もった落ち葉の中で、日中は落ち葉の下からはい出て、近所にいる人間の子どもたちと一緒《いっしょ》に遊んでは、夜になるとまた潜《もぐ》りこむという具合です。私は人間の子どもたちのように屋根のある家にいるわけでもありませんが、寒いとも思わないし、腹《はら》が空いたとも思わずに過《す》ごしていました。

そのように人間の姿《すがた》をして人間の子どもたちと遊んではいるけれど、私はやはり人間ではないのかなあと思う時もありました。そのような暮らしをしながらも、私は日一日と成長し、今ではほぼ一人前の娘《むすめ》になりました。

ある日のこと、いつもと同じように枯《か》れ葉の下からはい出ていると、何者かがやって来て、私を横抱《だ》きに抱《かか》えたかと思うと大空高く舞《ま》い上がりました。そして、私の耳もとにピューッと風が鳴るほどの速さでどこかへ飛びはじめました。

しばらくの間飛んでいくと、目の下に広いコタン（村）、大勢の人が住んでいるらしいコタンが見えました。すると私を抱えていた若者《わかもの》は、コタンの中ほどにあった島ほどもある大きい家の前へ静かに降《お》りました。私を家のそばへ置いた若者が、さっさと家の中へ入ってしまうと、若者と入れかわりに一人の女が出てきました。

神らしいその女は、

「弟は神だから神らしい考えをもっているものと思っていたのに、こともあろうにアイヌの国へ行って娘をかどわかしてくるとは、あきれたものよ。ここまで連れてきたのに、一緒に家へ入れもしないで、娘を外へ置いて自分だけ家の中へ入ってしまうとは。さあさあ、お入りなさい」

と言いながら、私の手を取って家の中へ入れてくれました。家の中へ入ってからも弟へいうことには、

「神の国にいないほどの娘でもあるまいに、わざわざアイヌの国へ行って盗《ぬす》んできてしまって。いったいどうしたらいいものか。立派《りっぱ》な神になってもらいたいと、私は今

が今まで育ててきたが、神の血統《けっとう》ももはやこれまでかもしれない」

と言いながら嘆《なげ》き悲しんでいます。そのうち若者の姉は、気を取り直したかのように立ち上がって炊事《すいじ》の支度《したく》をし、おいしい食べ物を私にも食べさせてくれました。アイヌの国土、枯れ葉の中で暮らしていた私は、火で煮《に》たものを初めて食べ、そのおいしいのに驚《おどろ》きながらたくさん食べました。

それから後は、若者の姉が私に、アイヌの国にいて知らなかったこと、つまり食べ物の煮方とか、針《はり》仕事などをいろいろと教えてくれました。私が若者にさらわれてきてから何年ぐらいになったことでしょう。私もすっかり一人前の娘に成長しました。

ある日のこと、若者の姉がいうことには、

「これで女のする仕事は全部教え終わったし、あなたも神の国での生活に慣《な》れたのを見て、私も安心することができました。それで、私の弟はあなたにほれて、盗《ぬす》んでまできたのだから、ぜひ弟と結婚《けっこん》してください。

私も、前々から婚約《こんやく》してあった神の所へお嫁《よめ》に行くことにしますので、これからあとは私の弟と仲《なか》よく暮らしてほしいのです」

と私に言いました。

そういってから若者の姉は、広いござに包んだ大きな荷物を背負《せお》ってどこかへ行ってしまいました。

　姉が家を出てから初めて、あの若者は私に話しかけてくれました。若者自身の話によると、若者は神の国に住むパヨカカムイという病気をまき散らす神であるということです。若者は私に、

「神の国で自分に似合《にあ》う娘を探《さが》したけれど、いい娘が見当たらず、アイヌの国へ目を向けると、アイヌの少女たちと遊んでいるあなたが目に入りました。器量のよさから精神《せいしん》まで、そのすべてが気に入ったのでさらってきて、姉に預《あず》け、神の国の風習などを今までの間教えてもらったのです。これで私も安心したので結婚《けっこん》しましょう」

と言ってくれました。その話を聞いた私は喜んで若者《わかもの》と結婚することにしました。

　働き者の夫は毎日のように狩《か》りに行ってはシカを捕《と》り、クマを捕ってはそれらの肉を私に食べさせてくれるので、何を欲《ほ》しいとも、何を食べたいとも思わないで楽しく暮《く》らしていました。

　私たちが結婚して間もなく子どもが生まれましたが、それは女の子でした。次も女、その次も女というふうに、女の子ばかり三人生まれました。子どもたちは草でも伸《の》びるように日一日と大きくなり、三人とも一人前の娘《むすめ》になりました。

　そのうちに、どうしたことか夫は狩りに行かず、毎日寝《ね》てばかりいます。私が心配

していろいろと聞いてみても、夫はものもいわずに寝て、日一日とやせ細っていくのです。

ある日のこと、私にものを教えてくれた夫の姉がやって来て、私の夫にさんざん悪口をいっています。

「腐《くさ》った弟、よく聞くがよい。お前が好きで連れてきたこの女は、私たち病気をまき散らす神が最も嫌《きら》いな、キキンニ（エゾノウワミズザクラ）という木の血統《けっとう》であったのだ。それを知らずに、お前は女の氏《うじ》や素性《すじょう》も確《たし》かめもせずに、顔の美しさだけを見てさらってきてしまった。

うっかりした私は、それを知らずにその女に神の国の風習を教え、一人前の女に育てて、お前の嫁《よめ》にしてしまい、あれから何年もたってしまった。

キキンニの強い臭《にお》いによって、夫であるお前もじわじわと弱ってしまい、このままでいるならば、神であるお前も死んでしまうであろう。さらに弟であるお前ばかりではなく、神の国の病気をまき散らす神々の全部がキキンニの臭いにあたり、夏に刈《か》った草のようにしおれている。このままでいたら、神の国の病気をまき散らす神々は全《ぜん》滅《めっ》してしまいそうだ。

病気をつくる神といえども役目があっているものなのに、死んでしまっては大変なことだ。もしもそうなったら、神々から私たちは罰《ばつ》を受けることになるであろう。別れづらいこととは思うけれども、今すぐに妻《つま》をアイヌの国へ送り返すがよい」

夫の姉はそのように言いました。

それを聞いた私の夫は起きてきて、

「私自身もキキンニの臭いにあてられ仕事もできず、しおれきっていましたが、私ばかりなら仕方ないと思っていました。しかし神々全部とは大変なことです。別れるのは嫌《いや》ですが、仕方がないから送り返すことにします。

それにしても、あの枯《か》れ葉の家へというわけにはいかないので、家を建ててあげることにしたいものです」

と夫が言いました。それを聞いた姉は、

「そうするがよい。食べ物なども一緒《いっしょ》に持っていくように」

と口添《くちぞ》えをしてくれました。そこで、私の夫がいうのには、

「三人の娘のうち、上の二人は神の国に私の娘として残し、下の一人はアイヌの国へ降《お》ろして暮らさせるようにしましょう。そのうちに妻は、神である私の力で、普通《ふつう》の人間の男と新たに結婚させることにします」

そう言いながら、夫は私の方へ背中《せなか》を向けて何やら広げるようなしぐさをしていま

したが、大きなトントチㇷ゚（皮船）を組み立てました。トントチㇷ゚にたくさんの干《ほ》し肉や干し魚を積み、私と三人の娘が乗りこむと、夫は、

「船が自然に止まるまで、絶対《ぜったい》に顔を上げずにうつ伏《ぶ》せになっていなさい」

と言いました。

私たちが船に乗ると、船はすいっと空中に浮《う》き上がって飛びはじめました。どのくらい飛んだのか、船が止まったので顔を上げてみると、そこは私の少女時代を過《す》ごした見覚えのある場所でした。夫が聞かせてくれたとおりに、そこには立派《りっぱ》な家が一軒《いっけん》建っていました。

神様が建ててくれた家だけに、金造《きんづく》りの美しい家なので、娘《むすめ》たちはさっそくとおいしいものを煮《に》て私に食べさせてくれました。その後、上の娘二人はあのトントチㇷ゚に乗って神の国の父のもとへ帰ってしまい、三番目の娘が残って煮炊《にた》きをして私に食べさせてくれていました。

それからしばらくしたある日のこと、一人の男が来てわが家に住みこみ、クマを捕《と》りシカを捕っては私たちに食べさせてくれています。神の国の夫からも聞いていたことでしたので、その男と私は結婚《けっこん》しました。そして、男の子や女の子をたくさん産み、今では大勢の子どもや孫に取り囲まれ何不自由なく暮《く》らしています。

神の国から一緒《いっしょ》に来た娘は、神の国の様子がわかり、神の国にいる夫や二人の娘のことを聞かせてくれるので、あちらの様子も聞くことができます。それはいいかえると、夫や二人の娘たちが神の国から私たちの様子を見守ってくれているということです。

というわけで、私は若《わか》い時に病気をまき散らす神にさらわれ、神の国で暮らしたことがありました。しかし、どういう経路《けいろ》か知りませんが、私の先祖《せんぞ》にキキンニの血統《けっとう》が混《ま》じっていたので、もう一度アイヌの国へ返されたのです。

だから今いるアイヌよ、もしどこかで病気がはやったと聞いたら、キキンニの枝《えだ》を戸や窓《まど》に差しておきなさい。そうすると、その臭《にお》いを嫌《きら》って病気の神は寄《よ》りつくことなく、コタンは無事平穏《ぶじへいおん》に暮らせます、と一人の女が語りながら世を去りました。

語り手　平取《びらとり》町長知内《おさちない》　日川つる

（昭和41年1月9日採録）

キキンニというのは、和名をエゾノウワミズザクラ（蝦夷上溝桜。バラ科の落葉高木）といいます。私が子どものころには、病気がはやったという話が聞こえると、この木の枝《えだ》を取りに行かされたものでした。

それに、夜でも行かされる時があって、現在《げんざい》のように懐中電灯《かいちゅうでんとう》があるわけでもなしに、暗闇《くらやみ》の中を足でさぐりながらその場所に行ったものです。また、取りに行く木が決まっていたので、その場所へ行っては枝を折って持ってきます。持ってきた枝を戸や窓《まど》へ差したり、あるいは水桶《みずおけ》に入れたり、やかんに入れて湯を沸《わ》かし、その湯を飲まされたものでした。

キキンニはそれほど嫌《いや》な味や臭《にお》いのする木ではありませんが、この臭いを病気の神が嫌《きら》うと、アイヌは信じているもののようです。

語り手の日川つるさんの語りを採録《さいろく》したのは、この日一回だけでしたので、作品数はあまりたくさんはありません。録音している家から指差しして、あの沢《さわ》この沢と沢の名前を聞いたのなども残っています。

おしまいにトントチプ（皮船）のことですが、古い形のウウェペケレ（昔話）には、こ

解説

のトントチプの話がよく登場したものです。なんでも、掌《てのひら》に納《おさ》まるぐらいの小さい船だそうですが、必要に応《おう》じて大きくも小さくもできる魔法《まほう》の船です。

十年ほど前、私がアラスカへ行った時に、イヌイト族のカヤック（皮船）を見た時に、アイヌの昔話のトントチプはこれだ、と思って見たものでした。

トントというのは、シカの皮やクマの皮が乾《かわ》いて堅《かた》くなったものをいいます。チプは、船のことです。別の昔話では、神の国へ迷《まよ》いこんだアイヌがトントチプに乗せられて送り帰されます。したがってこの船はアイヌの持ち船ではなく、神の国の神様の持ち船ということです。

■アイヌの民具■アッサプ（櫂《かい》） 丸木舟《まるきぶね》で川を渡《わた》る時、棹《さお》が川底に届《とど》かない所に使う。材料はナラ。長さ一メートル三〇センチ、最大幅《はば》一七センチくらい。柄《え》の中心線が水かきの中心よりやや片側《かたがわ》に寄《よ》っているのは、暗い夜でも水かきが自然と下にきて、すぐこぎ出せるため。

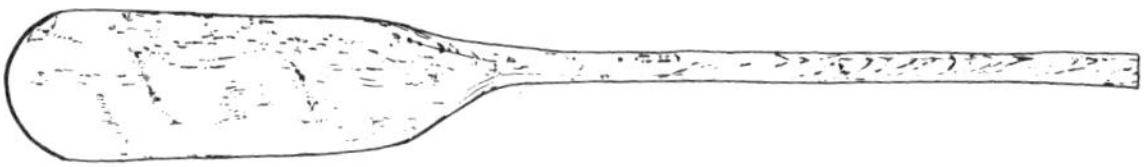

女のたしなみ

私は一人の女で、夫は狩《か》りの名人なので何不自由なく暮《く》らしていました。

二人の間には男の子が一人生まれ、ヨチヨチ歩きをするぐらいに大きくなりました。私は夫と二人で、その子を大事に大事に育てていました。

それがある時期から私たちのコタン（村）が飢饉《ききん》になり、食べ物がまったくなくなってしまいました。そのためコタンの人もやせ衰《おとろ》えてしまい、このままではコタンが全滅《ぜんめつ》してしまいそうになりました。

そのようなある日のこと、夫が私にいうことには、

「このコタンのずうっと上流に、食べ物

の豊富《ほうふ》なコタンがあると聞いている。妻《つま》よ、お前の方が少しは元気そうなので、子どもを連れて食べ物を捜《さが》しに行ってきてくれないかい。このような場合には、男よりも女の方が神からも人間からも同情《どうじょう》されて、たくさんのものがもらえると聞いたことがあるので」

ということであった。そして夫は、食べ物と取りかえるためのもの、その何やら宝《たから》物《もの》らしいものを箱《はこ》から出してござに包んでくれました。

私は夫からいわれたとおりに、そのコタンへ行くことにしましたが、何も食べずにそこへ行くことはできないので、最後の最後のために残してあったものを食べることにしたのです。それは両手に一杯《いっぱい》ぐらいの精白《せいはく》したヒエと、干《ほ》したサケの半身でした。

なぜそのようなものを残してあったかというと、いよいよ食べ物がなくなって飢《う》え死にした場合に、食べ物が少しもないと、先祖《せんぞ》の国へ行っても追い返されるものだと聞いていたからです。つまり、それは死んだ時に先祖の国への土産《みやげ》にと思って残してあったものでした。

そのヒエをおかゆに、干しザケを汁《しる》にして私も食べ、夫にもそれを食べさせました。子どもにはなるべく身の方を食べさせ、あとは私が帰ってくるまでの間、夫の命をつなぐために残しました。

そして私は子どもをおぶって、夫に教えられたコタンを目ざして歩きはじめましたが、私自身もかなり弱っているので、なかなか進めません。

朝から歩きはじめたのですが、日暮《ひぐ》れ近くになって、ようやくのこと、たくさんの家がある広いコタン、大勢のコタンへ着きました。コタンの中ほどに島ほどもある大きい家があったので、私はその家の前へ立ち、家の外へ来ていることを家の中へ知らせるために、カヤ壁《かべ》をトントンとたたきました。

その音を聞いたらしく、家の中から神のような美しい娘《むすめ》が出てきて、私を見ました。子どもをおぶっている私を見た娘は、前々から私を知っていたかのように、私の背《せ》中《なか》から子どもを引きぬくようにして子どもを抱《だ》き、

「さあさあ、お入りなさい」

と言ってくれました。気立ての優《やさ》しい娘らしく、子どもを抱いてさっさと家へ入ってしまったので、私も膝《ひざ》をするように、はうようにして家へ入りました。

家の中へ入った私が入口近くの所に遠慮《えんりょ》しながら座《すわ》ると、私の様子を見ていた上品な老夫婦《ふうふ》が、火のそばへ寄《よ》って火に当たるようにといってくれました。

そういわれた私は、手をも足にしたように四つんばいになって囲炉裏端《いろりばた》へ行き、火に当たりました。座った私に対して老人は、

「どちらから来られた方ですか。初めてお目にかかったような気がしますが」

と言いました。

そこで私は、夫に教え聞かされたとおりに、私のコタンがこの川の下流にあることや、コタンが飢饉になって大変なことなどを話しました。

私の話を聞き終わった老人は、

「うわさでは立派《りっぱ》な村おさと聞いていたが、その方のコタンがそれほど困《こま》っていたとは知らなかった。気の毒なことなので、たくさん食べ物をあげましょう」

と言ってくれました。

私の子どもが家の中をヨチヨチと走り回ると、老人たちは手を伸《の》ばして受け止めながらかわいがり、子どもは子どもで、あの娘《むすめ》にまつわりついています。そのうちに老人は、

「さあ早く煮炊《にた》きをして、この方に食べさせなさい」

と娘に言うと、娘は立って、いろいろとおいしいものを煮ています。煮上がった食べ物は、大きなお椀《わん》に山盛《も》りに盛られて、私の前へ出されました。

私は食べ物を一口二口食べたのですが、夫のことやコタンの人のことを思うと、続けて食べ物を口へ入れることもできず、そっとお椀から箸《はし》を上げて残しました。

その様子を見た老夫婦《ふうふ》は、

「そのように食べる分を残さなくても、明日《あす》はたくさんの食べ物をあげるので、残さずに食べなさい」

と言ってくれました。そういわれながらも、私は一人で食べることが心苦しく、自分が持ってきたサラニプ（背負袋《しょいぶくろ》）へ、肉などのおいしい部分を入れました。そのようにしながらも、私のおなかはおいしいものでいっぱいになりました。

そのうち夕方になると、二人の若者《わかもの》がシカの肉を背負《せお》い狩《か》りから帰ってきました。家の中へ入ってきた若者たちは、私へオンカミ（礼拝《らいはい》）したあと父親へ、

「見たことのない方ですが、どこから来られた方かお聞きしましたか」

と聞きました。すると、父親である老人は、

「お聞きしたところ、この人はここからずうっと下流にある村おさの妻《つま》であるとのこと。コタンが飢饉《ききん》になって苦しみ、食べ物が欲《ほ》しくてここへやって来た方です」

と言ってくれました。それを聞いた若者たちは、改めて丁寧《ていねい》に私へ礼拝をしてくれました。

老人がいうのには、

「このような場合には、一軒《いっけん》の家からだけ物を持たせるとよくないものだ。息子《むすこ》たち

よ、食事が済《す》んだらコタンの中の家々を、一人はコタンの上から、もう一人はコタンの下から一軒一軒歩いて、食べ物を集めてきなさい。

そして、それは干《ほ》し肉とか干し魚などの軽いものがよい。それらを集めたら、明日は小さい方の息子が、村おさの奥様《おくさま》をお送りしなさい」

と言いました。

若者たちもおいしい肉を食べながら、私の小さい袋へ肉を入れてくれましたので、袋はすぐにいっぱいになりました。その間に私の子どもは老人たちの膝《ひざ》の上や、若者たちの腕《うで》の内側へ入りこみ、次から次と渡《わた》り遊んでいます。そして、とくにあの娘にまつわりついています。

夕食を終えた若者たちは、父親にいわれたとおりに、一人はコタンの上へ、一人はコタンの下へ走りました。彼らが集めてきた干し肉や干し魚は、家の中の上座《かみざ》いっぱいになるほどの量でした。

それを若者たちが二人がかりで、積み重ねて足で踏《ふ》みしめたり、膝で押《お》さえて縛《しば》るなどして、どうにか二人が背負えるぐらいの荷物にしました。

そして次の朝、私を送ってくれるのが若者ということであったのに、娘の方が、

「奥様を送るのは私だ」

と父にだだをこねて、娘が私を送ってくれることになりました。下の方の若者は妹に、「ではちゃんと送ってくるように」と言いながら、狩りのために山へ行ってしまいました。

そのあとで娘はニイェシケ（背負子《しょいこ》）に荷物を縛りつけて背負い、私は小さい方の荷物を背負って、その上へ子どもを座《すわ》らせて歩きはじめました。

二人でいろいろな話をしながらも、私のコタンを目ざして急ぎました。私のコタンが見える所まで来て、荷物を下ろして休みました。ところが娘は、急にここから戻《もど》るといいだしたのです。

私は、一緒《いっしょ》にコタンまで行って今晩《こんばん》は泊《と》まってもらえるものと思っていたのに、娘が急にそのようにいうので困《こま》ってしまいました。そして、これからコタンへ帰るには遅《おそ》すぎるし心配なので、と止めました。

しかし娘《むすめ》は、私のいうことを聞かずに、どうしてもといいはって自分のコタンに戻《もど》ってしまいました。

ここで話がかわって、娘が語ります。

ある日のこと、子どもをおぶった一人の女がわが家へ来て、

「コタンが飢饉《ききん》になり、食べ物がなく困《こま》っているので助けてほしい」

ということでした。それを聞いた父や兄はコタン中からたくさんの食べ物、干《ほ》し肉や干し魚を集め、女にそれを背負《せお》わせて帰すことになりました。それを見たわたしは、ヨチヨチ歩きの子どもも一緒《いっしょ》なので女に同情《どうじょう》し、家まで送ることにしました。

女は小さい荷物の上へ子どもを座《すわ》らせてそれを背負い、わたしの方が大きい荷物を背負いました。二人は歩きながらいろいろな話をして、女のコタンが見える所まで来ました。

「少し休みましょう」

と言いながら女が荷物を下ろしたので、わたしも荷物を下ろして休みました。

女のコタンが見える所まで来たわたしは、急に、まったく急に戻りたくなったのです。たった今まで、知らないコタンへ行って泊《と》まることへの期待感に胸《むね》をふくらませていたのに、どうして戻りたくなったのか自分でもわかりませんでした。それはまるで見えない糸によって、後ろから引っぱられる思いです。

女も、わたしが急に戻りたいといいだしたことに不審《ふしん》の念を抱《いだ》いたのか、

「これから戻ると、家へ着くまでに日が暮《く》れますよ」

と言いながら、わたしを引き止めてくれました。引き止められても、どうしようも

なく帰りたくなったわたしは、昨夜から仲《なか》よしになったあの子どもにだけ、何度も何度もほおずりをして別れを惜《お》しみ、振《ふ》り返り、振り返りして、今来た道を戻っていきました。

荷物を下ろして身軽になったわたしは、宙《ちゅう》を飛ぶような速さで残雪を踏《ふ》みながら走り、日暮《ひぐ》れとともにわが家へ帰り着きました。

家へ入ったわたしを見て父や兄は、

「あれほど行きたがってついていったくせに、どうして泊まりもしないで帰ってきたのだ」

と聞きました。

家へ帰り着いたわたしは、不思議《ふしぎ》なことに、先ほど別れたあの子どもが急に心配になり、いても立ってもいられなくなりました。そのことを父や母にいうと、

「あの女は、見たところは何も変わった様子のない人であったけれど、お前が急に帰りたくなったことや、帰ってきてすぐに子どものことが心配になったのは、ただごとではない。それでは大急ぎでもう一度女の家へ行ってみるがよい」

父はそう言いながら、わたしの無事《ぶじ》を神々に念じてくれています。

母が用意してくれた夕飯を急いで食べ、外へ出てみると、外はおぼろ月夜でやや遠

くのものが見える明るさです。

今朝《けさ》行って帰ってきたばかりなので、わたしは道の様子は知っているし、走っては休み、休んではまた走るという具合に進むうちに、夜が白々と明けてきました。すっかり夜が明けたころに、昨日《きのう》休んだ場所までたどりつきました。

立ち止まって辺りを見回しましたが、別に変わった様子もありません。しかし、雪の上に残っている女の足跡《あしあと》を見ると、その足跡は見えているコタンとは方向の違《ちが》う山のふもとの方へ向かっていました。

春のことでもあり、浅い雪の中をわたしは女の足跡を見失うことのないように注意しながら山のふもとへ近づき、太い立ち木が生えている森の中へ入っていきました。

森の中へ入り、立ち止まって辺りを見回して耳を澄《す》ますと、どこからか虫の鳴き声のようなかすかな声が聞こえてきました。声のする方へ一歩一歩近づいていくと、それは太い太い立ち木のニサ（空洞《くうどう》）の中から聞こえているのです。

ニサになっている木の外側に生えている枝《えだ》を足場に、わたしが木によじ登ってその中を見ると、ニサの底であの男の子が泣《な》いているのが見えました。

驚《おどろ》いたわたしはニサの中へ体をくねらせて入っていきましたが、そこは子どもを抱《だ》いてはい上がれる広さはありません。

そこで、女のたしなみとして腰《こし》に下げていた一本のメノコタㇻ（女用の背負縄《しょいなわ》）の端《はし》で子どもの胸《むね》の所を縛《しば》り、一方の端を持って、ニサの上の口まで出ました。そして、子どもを静かに引っぱり上げ、次にわたしより先に木の枝の間から下へそろりそろりと降《お》ろし、そのあとでわたしも降りました。

子どもは一晩《ひとばん》中泣き明かしたらしく、元気はありませんが、わたしの顔を見て安心した様子です。子どもをおぶったわたしは、見えていた女のコタンを目ざして歩きました。コタンへ入ると、朝起きの早い家からは煙《けむり》が見えて、朝起きの遅《おそ》い家からは煙が見えません。女は村おさの妻《つま》ということでしたので、わたしはその外側から見ただけでも村おさの家がわかりました。家から煙が出ていたので子どもをおぶったまま家へ入ると、昨日《きのう》の干《ほ》し肉などの荷物がそのまま横座《よこざ》に置いてあります。

わたしの顔を見て村おさの妻はきょとんとして、まるで見たことのない者を見るような顔つきをしています。ひょっとすると、何か物《もの》の怪《け》にでも取りつかれているような気配です。

わたしは背中《せなか》から子どもを下ろすと、子どもは寝《ね》ていた父親の方へ走りました。そこで初めて、子どもの父である村おさは、妻の悪事に気づいた様子です。

さっとばかり起きてきた村おさは、自分の妻に向かって、

「これはどうしたというのだ。そういえば、昨夜は子どもを連れずに帰ってきたが、今朝《けさ》になって見知らぬ方が子どもをおぶってきてくれた」

と言いながら立ち上がり、妻の髪《かみ》の毛を片手《かたて》に巻《ま》き、さんざんいじめました。何か悪いことでもしたような気持ちになったわたしが、村おさと女の間へ割《わ》りこむと、わたしも一緒《いっしょ》に殴《なぐ》られてしまいました。そのうちに、女は半分死んだようになってしまい、村おさは妻を家の外へ引っぱり出しました。

子どもがわたしの腕《うで》にぶら下がって泣いているので、子どもをおぶったわたしは村おさの妻を助けるために、コタン中を走り回りました。

そして、村おさの妻がコタンの人の危難《きなん》を救うために、昨日わたしたちのコタンへ来て、たくさんの干し肉や干し魚を背負って帰り、それが村おさの家にあること、また村おさの妻は、帰る時に何か悪魔《あくま》に魅入《みい》られたのか、自分の子どもをニサの中へ捨《す》ててきたが、それに気づいたわたしは、これこのとおり子どもを助けて来たこと、そんな村おさの妻を助けてほしいことなどをコタンの人に訴《うった》えました。

わたしの声を聞いて、家々から出てくるコタンの人も食べ物のない人ばかりなので、みんなが弱ってはいるのですが、どうやらわたしの話を理解《りかい》してくれた様子です。

村おさから半分死ぬほど殴られたあの女が、コタンの外れのあばら家へ自分の体を引きずるようにして行ったのが見えました。後からそこへ行ったわたしは、食べ物とか薪《たきぎ》などをコタンの人と一緒に運んでやり、その家をどうやら雨露《あめつゆ》をしのぐほどにはしてあげました。

そして、昨日女が背負ってきた干し肉をコタンの家に少しずつ配って歩くと、コタンの人たちは泣いて喜び、

「これで山菜《さんさい》が生えるまで生きていることができる。死ぬことはないであろう」

と口々に言ってくれました。

その間にも、わたしはあのあばら家にいる女の所へは日に何回も足を運び、女も今ではすっかり元気になってくれました。

子どもがわたしに懐《なつ》くのに引かれ、思わず長居《ながい》をしていたある日のこと、村おさがわたしにいうことには、

「子どもがこれほど懐いているので、このまま私と結婚《けっこん》をして、この子の母親になってほしい」

ということでした。

慌《あわ》てたわたしは手を振《ふ》りながら、

「神の知らせというか、虫の知らせというか、偶然《ぐうぜん》このような巡《めぐ》り合わせになったま

でのことです。この子の母親、つまり村おさの妻《つま》になろうという気は毛頭《もうとう》ありません。しかし、村おさがこの子の母親を許《ゆる》し、もとのようにこの家へ入れてくれるのであれば、わたしは水くみ女としてならばいてあげましょう」

と言いました。

なぜなら、コタンの外れのあばや家にいるあの女がかわいそうで、仕方なしにわたしはそのように返事をしたのです。

すると村おさは、

「若《わか》い娘《むすめ》であるあなたが、それほどにいってくれるのなら、村外れにいる女に聞いてみて、本人が来るというのならそうしましょう。子どもを捨《す》てるまでは、別に悪い女ではありませんでした。行って話をしてみてください」

と言いました。そこでわたしはコタンの外れのあばら家へ行き、女に家へ戻《もど》るようにいいました。わたしの話を聞いた女は泣《な》きながら喜びましたが、戻るとはいいません。何日も何日も通い続けて説得《せっとく》をした結果《けっか》、ようやくのこと、女から帰ってくるという返事をもらいました。

そこで、わたしが村おさにその話をすると、村おさはわたしが村おさのポンマッ

（めかけ）になる祝《いわ》いと、本妻《ほんさい》が戻ってくる祝いのために酒を醸《かも》しました。そして、大勢のコタンの人やわたしの兄たちも招待《しょうたい》し、祝宴《しゅくえん》が始まりました。あの女も自分でしゅうをした着物を着て入ってきましたが、入口の所の柱の後ろへ隠《かく》れるように座《すわ》り、囲炉裏端《いろりばた》へ来ようとしません。そのうち、わたしは村おさに耳うちをして、村おさの妻に杯《さかずき》を渡《わた》すようにいいました。

村おさは杯を手に持ち、家へ帰ってくるあかしとして自分の本妻を呼《よ》んで杯を渡しましたが、本妻は受け取った杯の酒を一口も飲まずに、そっと家を出ていったのが見えました。

悪い予感がしたわたしは、酒を入れた片口《かたくち》を手に持ち、大急ぎで女のあとを追ってコタンの外れのあばら家へ行き、そっと家の中をのぞきました。すると、女は死装束《しにしょうぞく》を身にまとい、短刀をそばへ置き、今まさに自殺をしようとしているところでした。

わたしが見たのと、女がわたしに気づいたのが同時だったらしく、女がわたしにいった言葉は、

「若い娘よ、せっかく来てくれたのですから、家の中へ入ってほしい。死ぬ前に聞いておいてもらいたいことがあるので」

ということでした。

そして、続けていうことには、

「今この場になって初めてわかったことですが、神の国のカンナカムイ（竜神《りゅうじん》）の二人の兄弟、そのうちの弟の方が人妻《ひとづま》である私に横恋慕《よこれんぼ》をし、なんとかして私を殺して一緒《いっしょ》になろうとコタンを飢饉《ききん》にしたのです。

そして、私が食べ物をもらいに行った帰り道に子どもを殺させ、それによって夫が怒《おこ》って私を殴《なぐ》り殺したら、その魂《たましい》を取り、神の国で結婚《けっこん》しようとしていたのです。

子どもをニサへ入れたあの時も、私自身は竜という悪い神に魔術《まじゅつ》をかけられていたので、それが悪いこととも思わなかったし、帰ってきた私が子どもを連れていないことに夫は何もいいませんでした。そこへ運の強いあなたが、子どもをおぶってわが家へ来てくれたのです。それを見て初めて気づいたかのように、夫は半狂乱《きょうらん》になって私を殴りました。

間へ入ったあなたまでが、私と一緒に殴られたのは、夫がそうしたのではなしに、竜神に魔術をかけられてあのようにしたのでした。

そのことは、今夜になって初めて私にはわかったのですが、私に横恋慕した神の国の竜神が、今度こそはと迎《むか》えに来て、この家の屋根の上で待っているのです。

先ほど夫が私にくれた杯の酒を飲んだら、神の国へ一緒に行けないと思った竜神は、それをわざと私に飲ませないようにしたのです。仕方がないので、私はこれから竜神《りゅうじん》と神の国へ行き、神の国で暮《く》らすことにします」

と女は涙《なみだ》ながらに語りました。

その話を聞いたわたしは、

「神は神同士、人間は人間同士で結婚《けっこん》して初めて幸せなのに、そんなことをさせるものか」

と言いながら、女の体へ飛びつきました。それと同時に屋根の上で爆発音《ばくはつおん》が起こり、女もわたしも吹《ふ》き飛ばされてしまいました。

それから後は、死んだのか眠《ねむ》ったのかまったくわからなく、わたしは意識《いしき》もうろうとしてしまい、気づいてみると、わたしの魂《たましい》は家の屋根裏《うら》の横棒《よこぼう》にひっかかって、手足をだらりと下げています。女の魂もわたしの横に同じようになっていました。

下の方を見ると、わたしの兄は大声を出して泣《な》きながらわたしのなきがらを抱《だ》きかかえて、なんとかして生き返らせようと、神々の名を呼《よ》びながら手当てを加えています。村おさもその妻《つま》の死体を腕《うで》の中へ抱きかかえて、生き返らせようとしているのが見えました。

あのように美しい女が死んでしまうのだろうか。なんとかして生き返らないものかと、わたしに関係のないことのように思いながら、わたしはその様子を見ていたような気がしました。その時、誰《だれ》かがわたしを後ろから押《お》して、わたしの死体の上へ落ちたような気がしました。

気がついてみると、わたしは兄の腕の中で目が覚め、兄はわたしの上へ雨のように涙を流していて、その横ではあの女も夫の腕の中で目を覚ましたようでした。それからのち、わたしは何回も何回も意識がなくなってはまた気づき、そのような状態《じょうたい》を繰《く》り返しているうちにようやくのこと、はっきりと意識が回復《かいふく》しました。女も同じように気がついて、死を覚悟《かくご》した直前になって初めて会得《えとく》した、千里眼《せんりがん》的な呪術《じゅじゅつ》によって知った過去《かこ》の出来事や、その原因《げんいん》を自分の夫やコタンの人たち、そしてわたしの兄たちへも聞かせました。

その話を聞いた村おさである夫やコタンの人たち、わたしの兄などは、驚《おどろ》きのあまり口や鼻から魂が飛び出ないように口と鼻を両手でふさぎ、驚きあきれました。飢饉《ききん》になった原因や、村おさの妻が自分の子どもをニサの中へ捨《す》てたわけを知った男たちは、神の国の竜神へ厳重《げんじゅう》に抗議《こうぎ》の言葉を送りました。

その内容《ないよう》は、神は神同士で結婚するもの、それを神でありながら人妻《ひとづま》に横恋慕《よこれんぼ》するとはまったく許《ゆる》すことはできない。親子もろとも湿地《しっち》の国へけり落としてしまうぞというものでした。それらの抗議の言葉を送ったあとに、改めて他の神々にお祈《いの》りをして、酒を飲みました。

その夜、わたしの夢枕《ゆめまくら》に神らしい一人の若者《わかもの》が出てきて、

「私は神の国の竜神の弟ですが、神の国でもアイヌの国でも、若者の心、つまり恋というものは同じものです。

横恋慕をした私は仕方ないとしても、親や兄まで湿地の国へけり落とすことは許してもらいたいのです。このような神である私たちに罰《ばつ》を与《あた》えたからといって、あなたたちの得《とく》にはならないと思います。願わくば、私たちの位が低くなっても神の仲間《なかま》として残れるようにとりなしてほしいものです。

そうしてくれれば、神の国からあなたたちを守り、一生幸せに暮らせるようにしてあげます」

という夢を見ました。

村おさや兄たちも私と同じような夢を見たらしく、悪口をいいながらではありましたが、神は神として残れるようにとりなした様子でした。

それらのことが終わり、兄たちも帰ったあとで村おさの妻は家へ戻《もど》ってきました。

わたしは近くに小さい家を建ててもらい、その家にわたしによく懐《なつ》いていたあの子ど

もと暮らすことになりました。その後も村おさの妻は泣いてばかりいました。そこでわたしはできるだけ一緒《いっしょ》に山菜《さんさい》採《と》りに行くなどして、その気持ちを和らげるように仕向けたので、このごろはようやくのこと落ち着いてくれました。

そのようなある日のこと、あの子どもをおぶって女も一緒にわたしの実家へ帰ると、わたしの母は、

「女は女同士で助け合うものだ。よかった、よかった」

と喜んでくれました。

そのことがあってから初めて、女の表情《ひょうじょう》にも笑顔《えがお》が見え、村おさの間に新たに子どもも生まれ、わたしも村おさとの間に子どもができました。わたしが助けた男の子は、本当の母よりもわたしを母と思っているかのように甘《あま》えて、わたしの所にばかりいます。

その後、本妻《ほんさい》であるあの女は何人も子どもを産んだのですが、若《わか》い時の気苦労が災《わざわ》いしたのか、まだ子どもたちが小さいうちに早死にしてしまいました。

そのあとでわたしは、わたしの子どもと死んだ本妻の子どもを一緒《いっしょ》に育て、今ではそれぞれの子どもが嫁《よめ》に行き、あるいは嫁をもらって大勢の孫に囲まれ、何を欲《ほ》しいとも、何を食べたいとも思わないで暮《く》らしています。

というわけで、若い時に思いもしない所で子どもを助けることができましたが、それは女のたしなみとして腰《こし》に下げていた一本のメノコタㇻのおかげでした。

だから今いるアイヌの女よ、必要であってもなくてもメノコタㇻの一本ぐらいは腰に下げて歩くものですよ、と一人の老女が語りながら世を去りました。

語り手　平取《びらとり》町ペナコリ　木村きみ

（昭和41年1月11日採録）

解説

狩猟《しゅりょう》民族であったアイヌの男が、狩《か》りに山へ分け入る時の装束《しょうぞく》はどんな様子だったのでしょう。残っている古い生活用具から想像《そうぞう》してみると、左側の腰《こし》にはタシロという山刀《やまがたな》、これは刀と違《ちが》って身が厚《あつ》く、長さもあまり長いものではなく、木を切るのに都合《つごう》よくできていて、ある程度《ていど》の重さもあります。

右側の腰にはマキリという小刀《こがたな》、このように左右に下げ分ける理由は、万が一にもクマと格闘《かくとう》した時に、どちらかの刃物《はもの》を抜《ぬ》くことができるためといわれています。さらに左手に弓《ゆみ》を持ち、背中《せなか》には矢筒《やづつ》を背負《せお》い、思いのほか身軽ないでたちであったようです。

女はというと、右の腰にメノコマキリという女用の小刀、それとメノコタラ（女用背負《しょい》縄《なわ》）といって、長さが三尋《みひろ》（約五・四メートル）ぐらいの縄をさりげなく下げて歩いているとウウェペケレ（昔話）には描写《びょうしゃ》されています。腰にメノコタラを下げていることは、働き者の印であり、女のとしての身だしなみの一つとして教えられたもののようでありました。事実、昭和の初めころの二風谷《にぶたに》のアイヌのおばさんたちの何人かは、山へ行くわけでもないのに腰にメノコタラを下げていたのを見た記憶《きおく》があります。

この昔話でも、娘《むすめ》が腰に下げていた一本のメノコタラのおかげで、子どもを助けることができたと教えています。

また昔話の中では、母親がどんなむごいことをしようとも、おしまいの所へ来ると、これは母としての思いではなしに、何々神に魅入《みい》られてしたことであるから私には責任《せきにん》はありません、という形が多く出てきます。だからといって、悪さをした神を本気で湿地《しっち》の国へけり落とすのでもなく、なんとなくおおらかな幕切《まくぎ》れにしてしまうのは、アイヌ民族がもっている心の特長《とくちょう》をよく表しているといえそうな気がしてなりません。

■アイヌの民具■サラニプ(背負袋《しょいぶくろ》) 現在《げんざい》でも活用されている袋です。タラ(背負縄)にシナノキの皮で編《あ》んだ袋をつけたもの。袋の大きさにより五種類あり、最大のものは六三〇リットルも入るものです。小さなものは完成後、火山灰《ばい》を入れて立てておき、形を整えます。

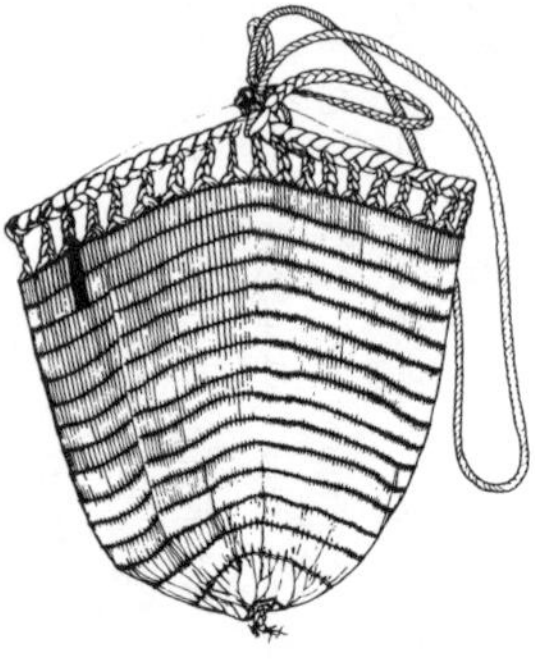

妻《つま》が私に筋《すじ》子《こ》をかけた

私はユペッというコタン（村）の村おさの一人息子《むすこ》でありました。コタンの人が私のことを若《わか》い村おさといってくれるので、若い村おさの妻《つま》として似合《にあ》いの美しい娘《むすめ》をお嫁《よめ》にもらって、何不自由なく暮《く》らしていました。妻は気立ての優《やさ》しい人なので、どんな仕事をする時もコタンの人と一緒《いっしょ》に働き、コタンの人に慕《した》われていますが、ただ一つの欠点は子どもが生まれないことでした。妻はそのことだけを気に病み、いつも悩《なや》んでいる様子でした。

　ある時、妻が私にいうことには、

「夫であるあなたは別としても、私自身の体の具合で子どもが生まれないのかもしれない。お願いだからポンマッ（めかけ）をもらってくれないかい」

そのように妻が私に言いますが、これほどかわいいお嫁さんのほかに、もう一人のお嫁さんは考えるだけでも嫌《いや》なことだ。そう思った私は、妻がいくらせがんでも、めかけをもらう気にはなれませんでした。

そのうちに妻がいうことには、

「夫であるあなたがめかけをもらい、幸いに子どもが生まれたとしたら、子どもをかわいがれるだけでも、私は満足なのです。お願いだからめかけをもらって」

と、おしまいには泣《な》きながら私に言うのです。そういわれても私は、なるべく聞かないふりをしていたわけは、もしもめかけが来たとして、今いるこの妻との間に嫌な思いがあっても困《こま》る。私自身似合いの妻と思っているし、子どもが生まれないのも仕方ないであろうと思っていました。それがある日のこと、妻がいうのには、

「アラモイサムというコタンの村おさの所に、息子が二人に娘が二人おって、妹の方が絶世《ぜっせい》の美人と聞きました。イヤラモイサムへ行き、その娘をもらって来てください」

と言うのです。それでも私は知らん顔をしていると、泣きながら、「これほどお願いをしても行ってくれないのですか」と、家出でもしてしまいそうな様子です。私は

気が進まないけれど、それほどに妻が希望するのならその方がいいのではないだろうか、と思うようになりました。妻がいうには、

「あなたは物持ちの血統《けっとう》なので、アラモイサムの村おさの娘ならば不服ではないでしょう。行ってみて、もしも娘が来てくれなければあきらめます」

と、毎日のように私は泣きつかれます。妻に毎日毎日いわれてばかりいた私は、嫌になったので、「そのうちアラモイサムへ行くことにしよう」と言いました。

ある日のこと、私はイヤラモイサムのコタンを目ざして歩き、まだまだ日の高いうちにうわさに聞いたそのコタンへ着き、コタンの中ほどにある島ほどもある大きい家の前へ立ちました。「エヘン、エヘン」とせきばらいをして、私が家の外へ来ていることを家の中へ知らせました。そうすると、中年の立派《りっぱ》な女が出てきて、「どうぞお入りください」と言ったので、家の中へ入りました。家の中では立派な中年の男が座《すわ》っていて、私がオンカミ（礼拝《らいはい》）をすると、礼拝をしてくれました。見たところ、若者二人は狩《か》りに行っているらしく家にはおりませんが、娘も見えません。そのうちに、家の外へ薪《たきぎ》を背中《せなか》から投げ下ろす音が続けて聞こえました。

見ていると、うわさに聞いた二人の娘が入ってきましたが、その妹を見て心の内で驚《おどろ》きました。私たちのコタンにも娘が大勢いて美人もいるし、そして私の妻も美人で

あると思っていましたが、足もとにも及《およ》ばない美しい娘です。

その二人の娘にも私はあいさつの礼拝をしましたが、二人とも礼儀《れいぎ》正しい娘であることがわかりました。

夕方近くになると、二人の若者がシカの肉を背負って帰ってきた様子でしたが、娘たちが外へ出て、私が来ていることを兄たちへ教えたらしく、外で狩り用の装束《しょうぞく》を脱《ぬ》いで入ってきました。私も若者《わかもの》たちへ礼拝《らいはい》し、若者たちも私に丁寧《ていねい》に礼拝をしてくれました。それが終わってから娘《むすめ》たちが夕食の準備《じゅんび》をし、皆《みな》で夕食を食べ終わりました。

そのうちに、兄息子《むすこ》らしい方が父親へ、

「どこから来られたお方かうかがいましたか」

と尋《たず》ねました。すると父親は、

「お前たちや娘たちがそろってからお聞きしようと思い、私は何も聞いていない」

と答えました。

そこで、兄息子が私に改めて、

「どのような用事でどこのコタンから来られましたか」

と聞きました。

「私のコタンはユペッといいます。私はそこの村おさの一人息子で妻《つま》もいますが、二人の間に子どもが生まれないのです。妻はそのことを悩《なや》み、私に泣《な》きついて、なんとかしてめかけをもらうようにとばかりいっていたのです。妻はある時にどこからかうわさに聞いて、『ここのコタンの村おさの所に二人の娘さんがいるとのことなので、なんとか一人をめかけにもらって来なさい』と妻にそういわれて来たのですが、妻がいるのにいいづらいことであり、無理《むり》なお願いであるとは重々承知《しょうち》をして来たわけなのです。無理にとはいいませんが、もし家族の皆様や娘さんが承諾《しょうだく》してくださるならば、私の妻がどんなに喜んでくれることでしょう」

と、私は何度も何度も丁寧にお願いの礼拝をしました。私の話を聞き終わった父親や兄たちは、承諾したという意味の態度《たいど》を礼拝で示《しめ》してくれました。このような時にはイタッコシムシシカといって、肘《ひじ》を脇腹《わきばら》へつけ両手を前へ出し上下させます。そのあとで父親である村おさがいうことには、

「うわさに聞こえた有名な方なので、そこへ娘が行くとなれば親戚《しんせき》として末永《すえなが》く行き来もできることでしょう。二人いる娘のうち、姉の方はコタンの中にいる若者と結婚《けっこん》させ、近くに置きたいので、妹でよかったら」

と妹娘の顔を見ました。妹娘も、承諾しましたというやり方、右手の人差し指を左手の人差し指へそっと擦《す》り合わせ、そのまま上げてきて上唇《うわくちびる》へそっと当てました。

私はその様子を見て心から満足しました。ということは、妹の方の器量が姉より上であったので、どうせめかけにもらうのなら、妹娘を欲《ほ》しいものだと内心思っていたからです。その夜は若者たちと夜の更《ふ》けるまで、いろいろと世間話などをしてから寝《ね》ました。

次の朝早く娘たちが起きて食事の用意をしてから、私も起こされ朝食が終わりました。父親が妹娘に、

「さあ支度《したく》をして、物持ちの方と一緒《いっしょ》に行きなさい」

と言いました。そういわれた妹娘はウッペテケハイタ（取る物も手から落とし）しながら、大急ぎで支度をしました。少しばかりの荷物を背負《せお》った娘と二人でわが家へ帰ってくると、妻の喜びようといったら、人が死んだ時と同じぐらいに涙《なみだ》を流して喜びました。

二日か三日過《す》ぎると、妻が、

「アトゥシヒ（私の綱《つな》＝めかけ）が一緒にいると、窮屈《きゅうくつ》であろうから別に家を建てなさい」

と何回も何回も言います。そういわれた私は、コタンの人に声をかけて手伝ってもらい、二、三日で立派《りっぱ》な家を建て、その家にめかけと暮《く》らしはじめました。

めかけと暮らすようになったとたんに、私は本妻《ほんさい》のことをすっかり忘《わす》れてしまったかのように、本妻の所へ行ったことがありません。それが半年、一年、そして二年も三年も過ぎてしまいました。本妻の家の脇を通って狩《か》りに行き来するので、肉の少しでも置けばよさそうなもののそれもせず、コタンの人たちの方が肉を置いているのが見えます。

絶世《ぜっせい》の美女であるめかけといるだけで満足なのか、とにかく本妻のことは忘れてしまったような気がします。本妻は私が家のそばを通るたびに泣きながら私を見送り、それでも私の方から声もかけずに毎日のように顔だけは見ていたのです。コタンの人が狩りの帰りに窓《まど》から肉を入れるのをしばしば見てはいましたが、私は肉の切れ端《はし》も本妻に食べさせませんでした。

そして、数年が過ぎた春のこと、いつものように本妻の家の脇を通り、狩りのために山の方へ歩いていきました。

すると、めったに家の外へ出て私に近寄《よ》ったりしない本妻《ほんさい》が、家から出てきましたが、右手に大きなお椀《わん》を持ち、そのお椀には山盛《も》りに筋子《すじこ》が入っているのが見えました。

私は、どこからあれほどたくさんの筋子を持ってきたのだろう、と思いながらすたすたと歩いて通りすぎると、小走りに近づいてきた本妻は、手に持っていたお椀の筋子を私の後ろへぱっとかけました。背中《せなか》の辺りへパラパラッと筋子がかかったような気がしたけれど、知らんぷりをして山の方へ急ぐと、私に筋子をかけた本妻は、ものもいわずに戻《もど》ってしまいました。山へ行く細道の様子は、緩《ゆる》やかな斜面《しゃめん》でタンネキヌプ（長いカヤ原）になっていて、長さばかりではなく、幅《はば》も広く、その真ん中を道は通ってカヤ原のおしまいまで行くには半日近くかかる広さです。

人間の背丈《せたけ》よりも高い枯《か》れたカヤ原の斜面を登っていくと、私の後ろの方で何やらバリバリと音がします。振《ふ》り返ってみるとカヤ原に火がついて山火事になり、私を追いかけるように火が迫《せま》ってきているのです。驚《おどろ》いた私は少し横へ走って火から遠ざかろうとすると、炎《ほのお》が追いかけてくるかのように覆《おお》いかぶさってきます。春先のことなので、草が芽を出したばかりのところへ、枯れカヤに火がついての山火事。枯れカヤの上を炎が走り、火の粉《こ》が飛び、煙《けむり》が舞《ま》い上がり、今にも焼き殺されてしまうかと思う苦しさです。右へ左へと炎に追いかけられながら、必死になって逃《に》げ回り、このままでは死んでしまうと思った私は、大地をはうようにしてカヤ原の上端の方へ逃げました。

カヤ原の上端の向こう側が深い谷になっていることを知っている私は、そこへ逃げこむことができれば命は助かるが、そうでなければもうだめだと思いました。

走ったり這《は》ったりしながら、緩やかな傾斜を逃げ登る私の体の上を、何回も炎が飛びこえ、時には髪《かみ》の毛がジリッ、ジリッと音をたてています。煙と熱風で何回も息が詰《つ》まり、もう死ぬかと思いながら、やっとの思いで斜面の上端、カヤ原のおしまいへたどりつき、転がるように反対側の谷底へ下りました。

ここまでは炎も熱風も煙も来るまい。大きく肩《かた》で息をつきながら今逃げてきた斜面の上端を見上げると、辺りはシンと静まりかえり物音一つ聞こえず、煙も見えません。不思議《ふしぎ》なこともあるものだ。そう思いながら頭をなでてみても、髪が焼けた様子もないのです。しかし死ぬ思いで逃げ回った疲《つか》れだけは完全に残っているのを考えると、夢《ゆめ》ではなかったことだけは確《たし》かのようです。急に斜面を登る気力もないので、清水《しみず》を両手にすくっては何回も飲みながら呼吸《こきゅう》を整え、腰《こし》を下ろしてしばらく休んだあと、斜面を登ってカヤ原の上端へ出ました。

いつもの通り道であり、見なれたカヤ原は、まったく何事もなかったようにそのままになっているのです。あれほど私を追いかけた山火事が、うそであったと思いたくはないけれど、枯れカヤの上を春のそよ風がなでているのを目《ま》の当たりにしては、山火事があったと信じるわけにもゆきません。

何年ぶりかでわれに返った私は、古いことを思い返してみると、あれほど愛していた本妻の所へ、ここ三、四年一回も行かず、そればかりではなく、一回分の食べ物もあげていなかったことに気づき、今日《きょう》のことは神からの罰《ばつ》であろうと思いました。

本妻は泣《な》きながら、めかけを持つことを私に勧《すす》めた手前、私をなじるわけにもいかず、じっと待っていたのでしょう。それにしても、絶世《ぜっせい》の美人であるめかけは精神《せいしん》のいい女であったのでしょうか。それと今日の、山火事らしくして私をいじめた神の正体《しょうたい》は、どんな神なのか、久《ひさ》しぶりに人間らしい心に戻った私は、顔の表を涙《なみだ》が滝《たき》のように流れました。

一日いっぱい炎に追われ、疲れはてた私は、夕方まで休んで、しょぼしょぼと山を下り、本当は本妻の所へ帰りたいと思いましたが、何年も行っていないのに、急には入ることもできません。仕方なしにめかけの家へ入ると、いつもと同じに笑顔《えがお》で迎えてくれましたが、今日の笑顔は美しいとは思いませんでした。

「どうしましたか、めったにないこと。何も捕《と》らずに空身《からみ》で帰ってこられ、そのうえひどくお疲《つか》れのご様子」などと言ってくれたけれども、今日《きょう》の言葉はどれ一つうれしくは聞こえませんでした。夕食もとらずに囲炉裏端《いろりばた》へごろりと横になり、今日の出来事を思い返していると、めかけは私の様子にただならぬものを察してか、ものもいわずに火を燃《も》やしていました。

そのうちに火も消えてしまい、めかけは一人で寝《ね》てしまい、私もいつの間にやら眠《ねむ》ってしまいました。そのうちに夢《ゆめ》を見ると、横座《よこざ》の所へ一人の神らしい人が座《すわ》り、手に持っているものは金の煙草《たばこ》入れに金のきせるです。ゆっくりと煙草を吸《す》いながら言うのには、

「私は、お前の家のソパウンカムイ（家の守護神《しゅごしん》）だが、今ここで一緒《いっしょ》にいるお前のめかけの心は、器量とは裏腹《うらはら》に本当に精神《せいしん》の悪い女だ。それで、どんな男でも女の心には負けるものだから、めかけの魅惑《みわく》に迷《まよ》ったお前は、本妻《ほんさい》に食べ物の一つもやらずに不自由をさせた。食べ物をやらないということは、目に見えるお前の本妻だけが不自由したのではなく、家にいる諸々《もろもろ》の神、火の神様や家の守護神の私までも、この何年間もひもじい思いをして暮《く》らした。

そこで、お前を一思いに殺すことはやさしいことだが、精神のいい本妻がかわいそうなことと、お前も美人のめかけに惑《まど》わされただけで、まんざら精神の悪い人間でもない。なんとかしてお前を目覚めさせようと思い、今日は火の神様と相談《そうだん》して、お前をいじめた。

今朝《けさ》、お前の本妻に筋子《すじこ》をかけられたように思ったのは、あれは筋子ではないし、

お前の本妻でもなかったのだ。あれは火の神様が囲炉裏から燠《おき》を持って出て、お前にかけたのであって、筋子ではなかったのだ。そして、火の神様の力で炎《ほのお》をつくり、追いかけさせて、死ぬ思いをさせたのだ。

お前も死ぬ思いをして初めてわれに返り、人間らしい心になり、このように帰ってきたが、明日《あす》の朝早く、もともとの自分の家へ帰って、たくさんのイナウ（木を削《けず》って作った御幣《ごへい》）を削りなさい。そして、家の守護神である私の着物を新しいイナウで取りかえしてほしいものだ。

何年も面倒《めんどう》を見なかったお前の本妻へも、おわびに刀の鍔《つば》へイナウをつけて渡《わた》しなさい。受け取れば許《ゆる》されることになるが、そうでなければ、神である私たちも手におえないであろう。それと、ここにいる美人のめかけはコタンへ帰して、すぐにこの家も壊《こわ》して、ごみ一つ残さないように大掃除《おおそうじ》をしてしまいなさい。

もう一つ、お前たち夫婦《ふうふ》は、ポサッラマッ（子どもがない運命）の人たちであったが、特別《とくべつ》に女一つと男一つの子どもの魂《たましい》をあげることにする。したがって、本妻との間に二人の子どもが生まれるであろう」

家の守護神と称《しょう》する神様が、私にこのような長々とした夢を見せてくれました。

次の朝早く起きた私は、本妻の家、いや違《ちが》った、もともとの私の家へ入っていくと、右座の方に泣《な》きながら座っていた本妻が後ずさりしました。囲炉裏と妻《つま》の間を通って横座へ座った私は、妻や火の神様や、家の守護神へ丁寧《ていねい》に礼拝《らいはい》をし、そのあとでたくさんのイナウを削りました。削ったイナウを家の守護神や火の神様、そして、私の妻へは、私がもっているうちのいちばん上等の宝《たから》である刀の鍔にイナウをつけ、お膳《ぜん》に載《の》せて何回も何回もおわびの言葉をいいながら渡しました。

するとと、妻は泣きながらではありましたが受け取ってくれました。

このことで、妻は私を許してくれたわけですが、急にそばへ行って寝るわけにもゆかず、その夜も囲炉裏端でごろりと横になって眠りました。すると、夢を見せてくれた神がもう一度出てきて、

「神の国でもアイヌの国でも、いちばん大切にされるのが女と子どもだ。それを粗末《そまつ》にしたお前は神から罰《ばつ》を受け、殺されかかったが、もうこれで許された。あとは仲《なか》よく暮らすがよい」

そのような夢を見ました。次の日の朝早くめかけを連れて、

「さあ、しばらく父や兄たちに会っていないので行くぞ」

と言いながら、アラモイサムへ行きました。アラモイサムへ行き、一緒《いっしょ》に家へ入ると、兄たちがいうことには、

「何か妹が悪いことでもしたのではないのかい。物持ちのお方の顔の色がさえない」と言ってくれました。私はあまりものもいわずに、さっさと帰ってきました。コタンの人にいっておいたことなので、私が帰ってきてみると、めかけの家は跡形《あとかた》もなく壊《こわ》され、掃除《そうじ》されていました。

それを確《たし》かめてから私は、もともとの私の家へ落ち着きましたが、妻《つま》だったからといって、急に一緒に寝《ね》るのもどうかと思い、遠慮《えんりょ》して一人で寝ていました。ある晩《ばん》のこと、また前々から夢《ゆめ》を見せた神が怒《おこ》りながら出てきて、

「何年も一人で残しておいた本妻《ほんさい》のそばへも行かずに一人寝をしているのなら、今度の罰《ばつ》では命がないぞ」

という夢を見ました。私は遠慮しながらでしたが、妻と一緒の寝床《ねどこ》に寝るようにしました。すると間もなく、妻は男の子を産んでくれました。次に女の子が生まれ、草でも伸《の》びるように日一日と大きくなり、あっという間に一人前の若者《わかもの》、そして娘《むすめ》に成長しました。

そしてうわさに聞くと、私のめかけであったあの女は、兄や父たちに殴《なぐ》られ、家にいることもできず、コタンケスンエホラッチセ（村外れにある半分つぶれた家）へ行って一人で暮《く》らしているということです。

というわけで、若い時に本妻に勧《すす》められてもらったためかけが美人すぎて、本妻を忘《わす》れてしまい、神々や本妻にひもじい思いをさせ、神から罰を受けたものです。だから、今いる男たちよ、顔の美しさだけに迷《まよ》うことなく、精神《せいしん》のいい女を選びなさい、と一人の老人が語りながら世を去りました。

語り手　平取《びらとり》町荷負本村《においほんそん》　西島てる

（昭和46年2月5日採録）

解説

普通《ふつう》の筋子《すじこ》（サケの卵《たまご》）のことを、アイヌはチポロ（筋子）といいますが、産卵《さんらん》直前の筋子はサケの腹《はら》の中で卵巣《らんそう》が破《やぶ》れ、一粒《ひとつぶ》ずつばらになっているものです。ばらになった筋子のことをマロッケチポロ（ぞろりこ）といい、この話に出てくる筋子は、まさにその状《じょう》態《たい》のものです。ぞろりこというのは北海道方言なのかもしれませんが、今の人たちにはイクラといった方がよいでしょう。イクラというのはロシア語で「魚の卵」の意です。

ポンマッ（ポンは小さい、マッは妻。めかけ）。めかけのことを本妻《ほんさい》側からはアトゥシヒ（私の綱《つな》）といい、本妻とめかけの間柄《あいだがら》は一本の綱で結ばれているものと思っていたのでしょう。

女が男に筋子をかけたことには、とくに深い意味はありませんが、筋子というものは赤いので囲炉裏《いろり》の熾《おき》に見立てたわけです。精神《せいしん》がいいという条件《じょうけん》は、食い根性《こんじょう》のいいこと。この話では、本妻の所へ食べ物を持っていかなかったことで、精神の悪い女とされてしまったのです。

■アイヌの民具■フプチャチセ（マツ葉葺《ふ》きの小屋）　フプ（生《なま》もの＝マツ）、チャ（柴）、チセ（家）。雪山で造《つく》人の連れがいる時に造る仮小屋《かりごや》です。まず火をたき、その火を囲むように棒《ぼう》を立て、前方だけ開いた形にして屋根の骨組《ほね》みを造り、それへマツの枝《えだ》を立てかけて完成。天井《てんじょう》まで一メートル五〇センチくらい。遠くから見ると、マツの枝の塊《かたまり》にしか見えません。ウウェペケレ（昔話）では大きなクマが歩いている様子を「フプチャチセシルトゥペコロ（マツの枝の家が歩いているみたいだ）」と表現《ひょうげん》しています。

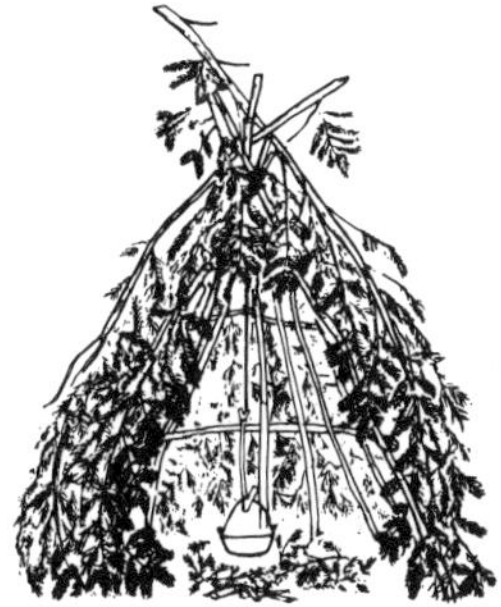

パナンペとペナンペ

私たちは、パナンペ（川下の者）、ペナンペ（川上の者）という二人の男で、住んでいる所は川の下流と上流と別々ですが、助け合いながら仲《なか》よく暮《く》らしていました。

それぞれがシカを捕《と》りクマを捕ってはその肉を食べ、何不自由なく暮らしていました。ある日のこと、川下の者である私、パナンペは一人でクマ狩《が》りに山へ入りました。

少し歩いていくと、どこからか大きなクマが一頭飛び出てきて私を追いかけてきました。とっさのことであったので、弓《ゆみ》を構《かま》える暇《ひま》もなく、私は身を翻《ひるがえ》して逃《に》げました。逃げても逃げても大グマは私を追いかけるのをやめずに、大グマと私の間の距離《きょり》はずんずんと縮《ちぢ》まるばかりです。

このままでは食い殺されると思った私は、海の方へ逃げていき、着ていた着物を脱《ぬ》ぎながら走り、褌《ふんどし》まで解《と》き、投げすてて素《す》っ裸《ぱだか》になって海へ飛びこみました。沖《おき》を目ざして泳ぐ私の後ろから、あの大グマも海に飛びこみ追ってきます。追いつかれたら食い殺される、と必死に泳ぐ私を見た大グマは、追いかけるのをあきらめて岸辺へ戻《もど》っていきました。私も戻ろうかと思いましたが、岸辺へ戻ったら、大グマが待っているし、どちらにしても死ぬのならばと考えて、ずうっと沖の方へ泳いでいきました。

すると、前の方に岩山が見えたので、その岩山へ向かって泳ぎ、やっとの思いで高い岩山のふもとへ泳ぎ着きました。少しばかりの砂浜《すなはま》へ上がり、体を丸《まる》めて寝《ね》てみましたが寒くて寒くて眠《ねむ》れず、ただ震《ふる》えながら辺りを見ていました。

しばらくすると、岩山の上から神だか人間だかわからないような美しい娘《むすめ》が下りてきました。その娘はよく見ると黒い着物を何枚《まい》も重ね着しています。手には何枚かの着物を持ち、体を丸めて寝ている私のそばへ来ました。娘は私の体の上へ着物を投げながら、

「この着物を着て私と一緒《いっしょ》に来るように、と父がいいました」

と言うのです。私は大急ぎでその着物を着て、娘のあとについて歩きました。娘はすたすたと岩山の斜面《しゃめん》を登り、岩山の上へ着いてみると、金造《きんづく》りの立派《りっぱ》な家が建っています。娘は、

「さあ一緒にお入りください」

と言いながら家へ入っていったので、私も娘のあとへくっついて家の中へ入りました。家の中には神らしい老夫婦《ふうふ》が座《すわ》っており、私を迎《むか》えてくれましたが、あまり歓迎《かんげい》した迎え方ではありません。私が丁寧《ていねい》にオンカミ（礼拝《らいはい》）をし終わると、老人が怒《おこ》った顔で私にいった言葉は、次のようなことです。

「お前たちパナンペとペナンペ、それにクマは、実は義《ぎ》兄弟なのだ。というのは、大昔にモシリカラカムイ（国造《つく》りの神）がアイヌの国土を造りに天国から降《お》りてきてこの国を造った。国造りの神が、国造りの仕事をしながら煙草《たばこ》を吸ったが、その吸《す》い殻《がら》の白い部分がお前たちパナンペとペナンペという人間になった。そして、黒い部分がクマになったのだ。

それなのに、川上の者はクマを捕ってその肉を食っても、骨《ほね》や頭もそのまま散らかし、神として祭ろうとしなかった。そのことに腹《はら》を立てたクマが、お前たち二人をかみ殺し、骨ごと食ってやろうとして、最初にお前を追いかけた。

幸いにも足の速いお前は、クマに追いつかれずに海へ飛びこんだのが見えたので、黒ギツネの神である私の力で、お前をここまで呼《よ》んだのだ。よくよく見ると、クマを神として祭らなかったのはお前ではなく、ペナンペという川上の者であることがわかった。

そこで、これからお前は家へ帰り、川上の者の所へ行き、神である私から聞いた話を全部いい聞かせて、これからはクマを神として祭るように教えなさい。そうしないと、二人ともクマに殺されてしまうであろう」

と、老人の黒ギツネの神が私に聞かせてくれました。それを聞いた私は大急ぎで家へ帰り、さっそく川上の者、ペナンペの所へ行き、ペナンペをうんとしかりつけ、「お前がクマを神として祭らないばっかりに、私は危《あぶ》なく殺されてしまうところだった。これからは、クマを神として祭るようにしなさい」

と教えるとともに、クマ神へもたくさんのイナウ（木を削《けず》って作った御幣《ごへい》）を贈《おく》らせて、おわびをさせました。

それからあとは、ペナンペもクマを捕《と》った時は、大事に神として祭るようになり、私も前にも増《ま》してクマを大事な神として祭り、何不自由なく暮《く》らせるようになりました。

というわけで、クマと人間は、大昔に国造《つく》りの神の煙草《たばこ》の吸《す》い殻《がら》から生まれた義《ぎ》兄弟なので、仲よくするものだ、とパナンペが語りました。

語り手　平取町《びらとりちょう》荷負本村《におい・ほんそん》　木村まっとうたん

（昭和39年5月22日採録）

解説

川下の者と川上の者の昔話は、『パナンペとペナンペ』そして次の『パナンペと小鳥』の二話を掲載《けいさい》いたしました。

アイヌのウウェペケレ（昔話）の中でも、この話のようにパナンペとペナンペ、川下に住む者、川上に住む者という話がたくさんあります。

そのうちでも、この話の主人公たちは、アイヌの子どもたちにとっては身近な存在《そんざい》でした。

二人のうち、ペナンペ（川上の者）はいつの場合も悪役で、パナンペ（川下の者）のまねをしては失敗《しっぱい》をして、川下の者に迷惑《めいわく》をかけたり、死んでしまったりします。

しかし、そのような善玉《ぜんだま》悪玉が出てくることによって、話を聞く子どもたちは、してよいことと、悪いことの判断《はんだん》材料にしたものです。ですから、子どもたちがフチ（おばあさん）に、「昔話を聞かせて」とせがむと、「パナンペアン　ペナンペアン……（川下の者がいて、川上の者がいて……）」と話しはじめるので、子どもたちがいちばん先に覚えるのがこれらの話でした。

この話では、人間誕生《たんじょう》の話と、人間とクマは国造《つく》りの神の煙草《たばこ》の吸《す》い殻《がら》から生まれたものだから、クマを神として祭れと教えています。昔話の中の人間誕生の話は、この吸い殻から生まれる話以外、あまり聞いていません。

川上、川下の考え方はアイヌの場合逆《ぎゃく》で、川というものは山の上から下りてくるものではなしに、海から山へ上がっていくものと思っていたようです。それは、日ごろ食料とするサケ（アキアジ）・マス・アカハラ・シシャモ、その他の魚は全部川と一緒《いっしょ》に海から山へ向かってくるものと考えていたのでしょう。

■アイヌの民具■サパンペ（冠《かんむり》）　イヨマンテ（クマ送り）など祝《いわ》いごとの時、男たちがかぶります。正面にはクマの頭を形どったものをつけ、ブドウヅルの皮を八本編《あ》みにし、これにチノイェイナウを五本ずつ縛《しば》りつけ、サンタサランペという布《ぬの》を装飾《そうしょく》として片側《かたがわ》に三、四か所つけて完成。

パナンペと小鳥

パナンペ（川下の者）という私のほかに人間でいるのは、川上の方に住んでいるペナンペ（川上の者）が一人だけです。

　パナンペとペナンペの私たちは、たった二人の人間なので仲《なか》よく暮《く》らして、たくさんのシカを捕《と》りクマを捕り、何不自由なく暮らしていました。シカを捕ってもクマを捕ってもその肉だけを食べ、それらの頭をどうすることもなく、そのまま捨《す》てていました。

　そのようなある日のこと、二人はどちらからともなく、どこかへ行きたい衝動《しょうどう》にかられ、がまんできなくなりました。そこで二人とも家から出て海辺へ行き、私（パナンペ）は自分の舟《ふね》をスイッと押《お》し出し、二人で乗りこみました。ペナンペも私も、行き先の目当てがあるわけでもなしに乗ったので、お互《たが》いに顔を見合わせていましたが、どちらからともなしに櫂《かい》を手にとって、沖《おき》の方へこぎはじめました。

しばらくこぐうちに、ずうっと向こうの方に山が見えたので、その山へ向かって力いっぱいこぐうちに、だんだんと山が近づいてきました。その山は高い高い山で、山の頂《いただき》は雲に覆《おお》われて見えないほどですが、山すその方にはきれいな砂浜《すなはま》が見えました。ペナンペと二人で相談《そうだん》をして、その砂浜へ舟を上げました。

舟を砂浜へ上げた私たちは、

「今夜はここで泊《と》まることにしようか」と言いながら山の方を見ていると、岩山の急な斜面《しゃめん》を一人の女が下りてきています。あのような急斜面を歩けるのは、人間ではないかもしれないと思いながら見ていると、女は私たちのそばへやって来ました。

近くで見ると本当に美しい娘《むすめ》で、その娘は私たちに、

「二人の若者《わかもの》よ、わたしと一緒《いっしょ》に来なさい」

と言うのです。しかし、私たち二人はためらいました。なぜなら、あのような急な山を人間の足ではとても登れないと思ったからです。でも娘が無理《むり》に誘《さそ》ってくれたので一緒に歩き、急な登りにさしかかってからは、私たちは娘の両方の手へぶら下がる

ような格好《かっこう》で歩きました。そうすると、私たちはなんの苦もなく登れて、あっという間に山の上へ着きました。

山の上へ着いてみると、山の反対側は緩《ゆる》やかな斜面で、その斜面は美しいカヤ原でした。カヤ原の向こう端《はし》の方にかなり大きい家、それも金造《きんづく》りの家が見えています。娘はその家の方に向かって歩き、私たちは間もなく家の前へ着きました。

家の外で立ち止まって辺りを見回すと、家の東側には二本のエゾマツが生えていて、そのエゾマツの高さは空の表に届《とど》くかと思われるほどの高さです。そして、そのエゾマツの上から、一羽《いちわ》の青い小鳥がすうっと舞《ま》いおりて木の中ほどまで来ては、また舞い上がるという動作を繰《く》り返しています。

もう一本のエゾマツからは一羽の白い小鳥が舞いおり、舞い上がるのを繰り返しています。それを見た私たちは、神の国らしい場所での情景《じょうけい》にすっかり見とれ、心から愉快《ゆかい》な気持ちになって立っていました。

すると、家の中から老人らしい声がかかって、

「用事があって来てもらったので、早く家の中へ入ってきなさい」

と呼《よ》びかけられました。私たち二人は遠慮《えんりょ》して、入口の戸を開けるのにも土際《つちぎわ》へ手をかけるように腰《こし》をかがめて、そっと戸に手をかけて開けました。

はうようにして敷居《しきい》を越《こ》え、家へ入ってみると、かなり年老いた夫婦《ふうふ》が座《すわ》っていて、先ほどの娘は、この家の一人娘のように見えます。炉端《ろばた》へ座った私たちへ老人がいうのには、次のような話でありました。

「今日《きょう》ここへお前たち二人を呼んだ理由は、お前たちはシカを捕ってもクマを捕っても、それらの頭を神として祭りもしないで捨《す》てていた。シカやクマは、獲物《えもの》のうちでも特別《とくべつ》大切な神なのに、それを粗末《そまつ》にしていたことは許《ゆる》せない。罰《ばつ》を与《あた》えようと思ってお前たちを呼《よ》んだがどうする」

と大変きつくしかられました。

慌《あわ》てた私たちは、

「私たちパナンペとペナンペは、二人のほかには人間を見たこともないので、シカやクマを神の国へ送り返す方法も知らずに今まで過《す》ごしました。これからは、シカやクマを神として大切に扱《あつか》い、その頭を神の国へ送りますのでどうぞお許しください」

と泣《な》きながらお願いをしました。

すると老人は、

「それは本当か」

と何回も念を押《お》して聞き、私たちは本当にクマやシカを神として祭ることを約束《やくそく》し

ました。すると、神である老人は、

「これからは必ずクマやシカを神として祭るようにしなさい」

と言って許してくれたのです。そして、

「お前たちがここへ来た印に、外に立っているエゾマツにいる小鳥を一羽《いちわ》ずつ持ち帰るように。そうすると、あとはどうなるかわかるであろう」

ということでした。

外へ出た私（パナンペ）とペナンペは、神の老人の言葉に従《したが》い、青い小鳥をペナンペが、白い小鳥を私、パナンペが一羽ずつもらって懐《ふところ》に入れました。

迎《むか》えに来てくれた娘《むすめ》がまた私たちを送ってくれて、普通《ふつう》では歩けそうにもないあの岩山の絶壁《ぜっぺき》を娘の両手につかまって下り、私たちの舟《ふね》のある砂浜《すなはま》へ戻《もど》ってきました。娘は山の上の家へ戻り、私たちは舟に乗って家へ帰ってきました。

一夜明けると、昨日《きのう》もらって来たあの小鳥たちが、きれいなきれいな娘に生まれ変わっていたのです。ペナンペと私は顔を見合わせて驚《おどろ》き、そして心から喜びました。

それから何日か過ぎ、私もペナンペも、もとは小鳥であった娘と結婚《けっこん》しました。私たちは以前と同じように狩《か》りに行き、シカを捕《と》り、クマを捕ってはその肉を食べ、神様に教えられたように頭を神の国へ送り返すようにしました。そうするようになってから、シカもクマもとくにたくさん捕ることができるようになり、食べ物に不自由するようなことはまったくありません。

私の妻《つま》もたくさんの子どもを産み、ペナンペの所にも子どもが生まれ、今では大勢の子どもに囲まれて暮《く》らしています。

というわけで、最初はパナンペとペナンペという男二人だけでしたが、神の国へ行き小鳥と思ってもらったのが娘になり、私たち人間が増《ふ》えたのです、とパナンペという一人の男が語りました。

語り手　平取《びらとり》町二風谷《にぶたに》　貝沢ちきし
（昭和39年5月22日採録）

解説

パナンペとペナンペ、川下の者と川上の者、『パナンペとペナンペ』（502ページ）の話は人間誕生《たんじょう》の話であり、この話には男は二人だけいますが女はいません。それで神様が二人を呼《よ》びよせて小鳥を一羽《いちわ》ずつ与《あた》え、それが女に変わって子どもを産んでくれるという話です。

シカやクマを粗末《そまつ》にして、神様にしかられる部分は『パナンペとペナンペ』と同じように聞こえますが、このようにしてシカやクマを祭りなさいと、何回も何回もウウェペケレ（昔話）という形で獲物《えもの》に感謝《かんしゃ》することを教えているのです。

この話を聞かせてくださった貝沢ちきしフチ（おばあさん）は、荷負《におい》に生まれ、二風谷《にぶたに》に暮《く》らし、子どもも大勢おり、たくさんの孫に囲まれた幸せなフチでした。声のきれいな、そしてアイヌ風の遊びの時にはヤイサマという歌も上手《じょうず》に歌える物知りの方でした。

またこのフチはイムをする人でした。イムというのは、昔のアイヌ婦人《ふじん》の中でしばしばする人がいたものです。これは走れというと走らないといった、こちらが命令したこととと反対の動作をすばやくする、陽性《ようせい》のヒステリー的なものです。

昭和六十二年現在《げんざい》も、イムをする人は何人かは二風谷でもいますが、これらのアイヌの風習も遠からず忘《わす》れられるのでしょう。

■アイヌの民具■ニス（臼《うす》）・イユタニ（杵《きね》）　昔、男たちは臼と杵と箕《み》を自分で作って、初めて嫁《よめ》をもらえたそうです。臼には大型（脱穀《だっこく》用）と小型（精白《せいはく》用）とがあり、材料はランコ（カツラ）やペロ（ナラ）の木が使われ、杵の材料はトペニ（イタヤ）かペロの木です。

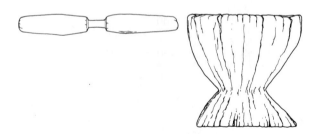

打ち出の小づち

昔ある所に貧乏《びんぼう》なシサム（和人《わじん》）の若夫婦《わかふうふ》がいました。貧乏ではあるけれども、心の優《やさ》しい二人なので仲《なか》よく暮《く》らしていましたが、食べ物もないし、着る物もありません。おまけに二人の間に子どももいないので、寂《さび》しい思いをしながら暮らしていました。それでも何日かに一回は、山へ行って薪《たきぎ》を取ってそれを背負《せお》って町へ行き、米ヌカと取りかえては、それでヌカ粥《がゆ》を炊《た》いて食べていました。

子どもがいないことが寂しくて、あるときからネコ一匹《いっぴき》と犬を一匹飼《か》いはじめました。二人だけでも食うに困《こま》っていたところに口が増《ふ》えたので、今までよりも、もっともっと食うに困るようになりました。

それでも、ヌカ粥を食べる時は、米粒《こめつぶ》があったら犬やネコに食べさせるというふうに、自分たちの子どものように大切にしていました。

そのうちに、若夫婦であったシサム夫婦もすっかり年を取ってしまい、犬とネコだけはだんだん大きくなりました。

ある時に犬とネコは相談《そうだん》をして町へ出ていき、ネコは人間の家の中へ入ってもいいものだから、中へ入っては、魚の頭や肉のついた骨《ほね》などをもらってきて、外に待っている犬に渡《わた》します。犬はそれを持って家へ帰り、おじいさんとおばあさんに食べさせていました。食べ物を運ぶ犬の毛色がとってもきれいなので、町の人々もその犬を覚えてしまい、その毛色を褒《ほ》めながら余《あま》った肉や、握《にぎ》り飯の半分などをくれるようになりました。それらのものをもらっても、すぐに食べたりせずに家へくわえて帰り、親のような老夫婦に食べさせて養っていました。

そうしているうちに、犬とネコは体も特別《とくべつ》大きくなり美しい姿《すがた》になりました。

ある日のこと、ネコが犬に相談《そうだん》をもちかけていうことには、

「このようにいつまで、もらいものばかり残飯ばかりを、父さんや母さんに食べさせているのはすまないと思うので、もっといい仕事をして、父さんや母さんにおいしい

ものを食べさせたいが、どう思うかい。今までのようにこの辺にいたとしても、これよりいいことがあるとも思えないし、これからポロニシパ（長者）のいる遠くの町へ行って、うんと働いてムヤンキ（土産《みやげ》）をたくさん持って帰ってきたいが、どうだろう」

と、ネコが犬に相談しました。

それを聞いた犬は二つ返事で、「それがいい、それがいい」と賛成《さんせい》しました。

そこで二人（アイヌでは二匹《にひき》とはいいません）で、家を出て歩きはじめ、しばらく行くと自分たちの行く手に、大きな川があったのです。

ネコは困《こま》った顔をして犬の方を見ると、犬も、これほど川幅《はば》が広いと泳ぐには無理《むり》かな、というような顔をして考えこんでいます。

「せっかくここまで来たけれども、仕方がないから帰ろうか」

と犬が言いました。

「そうしようか」

ネコも少し泣《な》き声になりました。

そのうちネコの方が何を思ったのか元気を出して、

「おれが先になって泳ぐから、お前はおれのしっぽをくわえてこい」

そう言いながら、ネコは川の中へ飛びこみ泳ぎはじめると、犬も慌《あわ》てて川へ入り、ネコのしっぽをくわえて泳ぎました。しばらく泳いで、ようやくのこと向こう岸へ渡《わた》ることができました。

岸辺へ立った二人は大きくシキサキサ（体を振《ふ》って毛の水を切る）をして、また歩きはじめました。ずうっと歩いているうちに、見たことも聞いたこともないような大きな町家へ着きました。

町の中を歩いていくと、町の中でもいちばん広く、大きいカムイトノ（殿様《とのさま》）の屋《や》敷《しき》が目に入ったので、そこへ二人で入ることにしました。ネコはどこの家にでも勝手に入れるものだから、さっさと家へ入り、犬は屋敷の庭の中をうろうろと歩いていました。

すると女中《じょちゅう》らしい女が出てきて犬を見て、「どこから来た犬だろう。かわいい犬だ」と言いながら家の中へ引っこみました。もう一度出てきた時は、身のついた魚の骨《ほね》だとか、ご飯を大きな皿《さら》に山盛《も》りにして、それを手に持って出てきました。

「さあ食べなさい」と犬に言いながら、皿を草の上へそっと置きました。犬は高い声でネコを呼《よ》んで、「おいしいものが出たよ。食べよう」と言うと、ネコはその声を聞いて走って家の中から出てきました。

出てきたネコと二人で、皿に頭を並《なら》べて食べはじめましたが、そのおいしいこと、おいしいこと。食べながらネコは犬に、

「このおいしいものを、父さんや母さんにも食べさせたいね」

と言うと、犬はこっくりとうなずきながら、ポロリと大粒《おおつぶ》の涙《なみだ》を落としました。そこへカムイトノが出てきて、美しい毛皮の犬ときれいなネコが、仲《なか》よく一皿のものを食べているのを見て驚《おどろ》きました。そして、カムイトノがいうのには、

「このようにきれいな犬とネコが、そろってわが家へ入ってきたことは縁起《えんぎ》がよい。このごろ、ハルオプ（穀物倉《こくもつぐら》）にネズミが増《ふ》えて困っている。倉番をしてもらい、ネズミ退治《たいじ》をしてもらおう」

おいしいものを腹《はら》いっぱいに食べたネコと犬は、ハルオプの中へ入れられました。中へ入ってみると、たくさんの穀物が山のように積み上げてありました。よくよく見ると、穀物も山ほどあるが、ネズミもたくさんいる様子です。

ネコは、ここで一働き腕《うで》のいいところを見せようと、さっそくネズミを捕《と》りはじめました。ネコが殺したネズミを、犬は倉の外側の入口近くへ運ぶのが役目です。

それが三匹五匹《びき》と捕《と》り、次から次と捕って捕って捕りまくるものだから、犬は目の回る忙《いそが》しさで、死んだネズミを倉の外へ運び出し、倉の外にはネズミの死骸《しがい》の山がで

きました。

何日か過《す》ぎると、倉の中では一匹のネズミもいなくなり、コトリとも音がしなくなりました。犬とネコもネズミ捕りに夢中《むちゅう》になり、何日も働き続け、疲《つか》れたので倉の入口に休んでいました。すると、倉の奥《おく》の方から何者かが来る足音がするのです。二人は音のする方へじっと耳を立てて聞いたり見たりしていると、ノソッ、ノソッ、ノソーッと薄暗《うすぐら》い奥から出てきたものを見ると、大きな大きな犬ぐらいもある化け物でした。

犬は体を震《ふる》わせながら、「こりゃ大変な化け物が出た。どうしよう」と、こわごわとネコの顔をそっと見ました。ネコはネコで、じっと相手を見たら、それは犬ほどもある大ネズミでした。「なあんだネズミか。それなら大きい小さいはかまわない。食い殺すぞ」と歯をむき出し、じりっじりっと向かっていきました。

すると化け物のような大ネズミは、

「待ってくれ、しばらく待ってくれ……」

「お前は何者だ」

ネコが聞きました。すると大ネズミは、

「おれはただのネズミではない、おれはただのネズミではないのだから。神様とも話をすることができるネズミの大王だ。そして、少しの間だけおれの話を聞いてくれ」

と、ネズミの大王と名乗る化け物のような大ネズミが言いました。

「お前はネコだから、自分が腹《はら》いっぱいに食うだけのネズミを捕るのなら仕方がないが、見たとおり、食う分だけではなしに倉の中にいたネズミを全部殺してしまった。お前が殺したネズミの中には、おれの妻《つま》も子どももいたのだ。おれの仲間《なかま》は一人も残っていないので、とうとう大王であるおれが自分で出てきた。なんのためにおれの仲間を皆《みな》殺しにしたか、それを聞きたい」

そのようにネズミの大王が言うと、ネコは、

「ここにいる犬と二人でカムイトノから倉番を頼《たの》まれたのだ。とくに穀物倉《こくもつぐら》の中のネズミが穀物の盗《ぬす》み食いをして減らして困《こま》るので、ネズミを殺せと頼まれたのだ。さあお前も覚悟《かくご》しろ」

牙《きば》をむいて食いつこうとすると、ネズミの大王は、

「まあ待ってくれ。おれは最後に残ったたった一人のネズミだから、おれを殺したからとていいことはない。頼むから殺さないでくれ。神様とも話のできるおれなので、何かの役に立ちたいものだ」

「いや待たぬ」

ネコが一歩前へ出ました。すると、ネズミの大王は一歩後ずさりをして、

「それならばおれのお守りをお前にあげるので、殺すのだけはやめてくれ」

と言いました。

「何をくれる。何もくれなければ今すぐに食い殺すぞ」

「待ってくれ、食わないでくれ。おれの大切なお守りをやるから」

「何をくれる。何もくれなければ今すぐに食い殺すぞ」

「待ってくれ、食わないでくれ。おれの大切なお守りをやるから」

このやりとりが、ネコから六回、ネズミから六回ありました。これで双方《そうほう》がうそでないことを確《たし》かめ合い、ネコはネズミの大王からお守りをもらい、ネズミの大王は食い殺されることがないわけです。六回聞いて、六回返事をしたら、神でも人間でも口約束《やくそく》ではあっても絶対《ぜったい》に守らなければならないものなのです。

「よし、それでは約束のお守りを持ってこい」

とネコが言うと、大ネズミは倉の奥の方へ入っていきました。

しばらくしてネズミの大王は、サランペプクル（絹《きぬ》の袋《ふくろ》）をくわえて出てきて、ネコに渡《わた》しました。ネズミの大王がいうのには、

「その袋の中には、ピンネコモントゥチ（男の打ち出の小づち）と、マッネコモントゥ

チ（女の打ち出の小づち）が入っている。欲《ほ》しいものの名をいいながら振《ふ》ると、どんなものでも、願いの品が出てくるので大切に持ち帰り、年老いた親に孝行《こうこう》しなさい。お前たちの口から聞いてはいないが、何のためにここへ来たのか、神様と話のできるおれは全部知っている。これを持って帰ったら、父や母は大喜びするであろう」

とネズミの大王が言いました。

「それから、先ほどお前はわれわれネズミが穀物《こくもつ》を盗《ぬす》み食いしたといったが、盗み食いというういい方はまちがっている。というのは、神様が私どもネズミを造《つく》った時に、穀物を食べてもいいと許《ゆる》されているからだ。それをネコであるお前はわれわれが穀物を食うのを妨《さまた》げたばかりか、仲間《なかま》を殺してしまった。これからは穀物を食うことをじゃましたり、食い殺さないでほしい」

とネズミの大王が言いました。

それに対してネコは、

「これからは、今やったようにむやみにネズミを殺すようなことはしないようにしよう。しかし、人間が春から秋まで汗《あせ》を流して働き、収穫《しゅうかく》して倉に入れてあるものを、神様から許されているとはいいながら、勝手気ままに食い荒《あ》らしていいものではないであろう。これからは少しだけ遠慮《えんりょ》してくれ。そうすれば、ネコである私たちも必要以上にネズミを殺さないことにする」

そのようにネコが言うと、ネズミの大王は、「そのことをネズミたちにいい聞かせよう」と言いながら、ネコとネズミの大王は固く握手《あくしゅ》をして別れました。

ネコは、「ネズミがまったくいなくなった倉に用もなくなり、それに父さん母さんへの宝《たから》の土産《みやげ》も手に入ったし、カムイトノから頼《たの》まれた倉番をやめて帰ろう」と犬に相談《そうだん》しました。犬も、「そうだ、そうだ。早く帰って父さんや母さんを喜ばせてあげよう」と言ったので、ネコが絹《きぬ》の袋《ふくろ》をくわえて家へ帰るために歩きはじめました。

町を離《はな》れて、あの大川まで来て驚《おどろ》きました。上流の方で大雨でも降《ふ》ったらしく、ワッカポロ（川水が増《ふ》える）が前よりも水かさが増《ま》し、流れも急に見えました。「ここまで来たのに、どうしようか」と犬はがっかりしています。ネコは今度こそ困《こま》ったけれど、元気を出していいました。

「このぐらいの川水たいしたことはない。おれのしっぽをくわえて後ろから泳いでこい」

犬にそう言ったかと思うと、ネコは川へ入って泳ぎはじめました。ネコのあとから川へ入った犬は、ネコのしっぽをくわえて必死になって泳ぎましたが、流れが強いので、流されながら川の中ほどを過《す》ぎましたが、向こう岸まではまだまだ距離《きょり》があります。

　ネコは元気のない犬のことを心配して、何回もあとを振《ふ》り向きながら、泳ぎに泳いで、もう少しで岸へ渡《わた》れる所まで来た時、流れがますます強くなりました。犬はいよいよ疲《つか》れたらしく腹《はら》を上へ向け、弱って死にかかった魚のようにしながら、ネコに引っぱられています。それを見たネコは、犬に向かって、「もう一息だ、がんばれ」と声をかけました。

　その声に励《はげ》まされた犬も元気を出して、どうやら大川の岸辺へ泳ぎわたり、陸へ上がりました。そして、二人とも体を振《ふ》って毛の水を切って、「さあ家へ帰って父さんや母さんを喜ばせよう」と言い終わらないうちに、ネコがはっと気づいて、へたへたとそこへ座《すわ》りこみました。犬を励ますために声を出した時に、大切な宝物、絹の袋を口から離し、流してしまったことに気づいたのです。

　ネコも犬もがっかりしてしまいました。思えば、本当の子どものようにかわいがってくれた恩《おん》返しにと、年を取ったおじいさんとおばあさんに食べ物を運んでいたが、もっとおいしいものを食べさせたいと思って、だまって家出をしたのに。二人がいない間に食べ物がなくなって、死んでしまったのではないだろうか。

　せっかく宝物を持って帰れると喜んでここまで来て、家が目の前というのに、二人は目にいっぱい涙《なみだ》をためて、じっと考えこみました。

いつもは元気のいいネコも、自分の不注意で宝を流してしまったので、元気がありません。このまま家へ帰ったとしても、何もないことは知っているし、仕方なしに川原《かわら》を歩いて海の方へ、別に何の当てもなしに下りました。少しの食べ物でも欲《ほ》しいと思いながら行くと、とうとう海辺へ出てしまいました。砂浜《すなはま》を少し行くと、ずっと向こうに何やら見えるので、近づいてみると、それは一匹《いっぴき》のエレクシ（タラ）が死んで打ちよせられていたのです。

そのタラは本当に大きな腹《はら》をしていて、今まで見たこともないような大きさです。ネコと犬は顔を見合わせて、「仕方がないからこれを持ってひとまず家へ帰り、父さんや母さんの顔を見てから考えよう」ということになりました。ネコと犬は大きいタラを口にくわえて、引きずるようにして家へ帰りました。

二人を見たおじいさんとおばあさんは、大喜びで二人を迎《むか》えてくれました。二人が土産《みやげ》のタラを出すと、おばあさんが料理をすることになり、「まあまあ、この魚の腹の大きいこと」と言いながら膨《ふく》れた腹へ包丁《ほうちょう》を当てると、中から思いがけないものが出てきました。

それは、川を渡《わた》る時に口から離《はな》して流してしまった絹《きぬ》の袋《ふくろ》でした。ネコは袋の口をほどいてみると、中にはネズミの大王がいったように二個の打ち出の小づちが入っていたので、それを手に持ち、踊《おど》りを踊り、跳《は》ね回って喜びました。犬も一緒《いっしょ》に喜び踊り回りましたが、ネコが犬の耳へ口をくっつけていうことには、

「犬であるお前は、火の神様と話ができるカムイトゥンチ（神の通訳《つうやく》）だから、この宝《たから》の使い方を教えてもらってから父さんへあげよう」

と言いました。それを聞いた犬は、さっそくと火の神様へ「この宝物の使い方を教えてくれ」と頼《たの》みました。すると、火の神様は大喜びで使い方を教えてくれました。

そのやり方は、女の打ち出の小づちを、

タヌシケタ　この場所で
インネマチヤ　大きな町家
ウタッコエウン　人間もともに
アンタキ　あればいいなあ

と言いながら、エシㇼキッ（大地をたたく）と町家ができると教えてくれました。次に男の打ち出の小づちを、

タヌシケタ　この場所で
イワンハルオプ　六つの穀蔵《こくぐら》

イワンカネオプ　六つの金蔵《かねぐら》
アンタキ　　　　あればいいなあ
と言いながらエシㇼキッすると、六つの穀蔵、六つの金蔵が建つと、火の神様が犬に教えました。
犬は火の神様から教えられた使い方をおじいさんに教えながら、打ち出の小づちを渡《わた》すと、ラタイワンスイ（下へ六回）、リッタイワンスイ（上へ六回）、コオンカミコロ（礼拝《らいはい》）しながら受け取りました。そこで改めて、おじいさんもおばあさんも犬もネコも大喜びをしながら、打ち出の小づちを持って外へ出ました。
おじいさんはしばらく歩いては立ち止まって考え、山の様子や川の具合、それに野原の都合《つごう》を見て、ここにコタンを構《かま》える所を決めました。最初に女の打ち出の小づちを右手に持ち、大地をたたきながら、「タヌシケタ（この場所で）、インネマチヤ（大きな町家）、ウタッコエウン（人間もともに）、アンタキ（あればいいなあ）」と言いました。すると、あっという間に立派《りっぱ》な家が立ち並び、それぞれの家から人が出てきて、にぎやかな町家になりました。
次に、男の打ち出の小づちを右手に持ち、大地をたたきながら、「タヌシケタ（この場所で）、イワンハルオプ（六つの穀蔵）、イワンカネオプ（六つの金蔵）、アンタキ（あればいいなぁ)」と言いました。

すると前と同じに、あっという間に、六つの穀蔵、六つの金蔵が建ちならびました。四人の者は、犬やネコが犬であったことも、ネコであったことも忘《わす》れ、足を踏《ふ》みならして喜びました。

おじいさんとおばあさんは自分がつくったコタンの大長者になり、コタンの人からはカムイトノのように尊敬《そんけい》され、犬とネコをかわいがりながら暮《く》らしていました。

口伝　テコロタ（大正14年5月22日）

解説

この話はシサムウウェペケレ（和人《わじん》の昔話）です。

アイヌの昔話は、「シノニシパ　シノイソンクルアネヒーネ…（物持ちで狩《か》りの名人で……）」と語り始めるのが普通《ふつう》ですが、和人の昔話は、「ポンウェンシサムアネヒーネ…（貧乏《びんぼう》な和人が私で……）」から始まり、出世話に発展《はってん》し、前途《ぜんと》に希望をもたせる形が多いようです。

私の子どものころは、かなりたくさんの和人の昔話を聞かされたものでしたが、録音を始めて（昭和三十五年から昭和六十二年まで）二十七年になりますが、和人の昔話はあまり多くはありません。それは、後世に残す昔話に和人の昔話など……、と語り手たちが気を遣《つか》いすぎたのではないか、と思っています。

この昔話も、私が自分の手で収録《しゅうろく》したものではなしに、今から六十二年昔、「一九二五年五月二二日」（と書いてある）、平取村平取《びらとり》尋常《じんじょう》高等小学校で発行した『睦《むつみ》』という同人誌《し》らしいものから転載《てんさい》したものです。

これはガリ版《ばん》刷りのもの、大正末期に平取で、このような形でアイヌの語った昔話が掲《けい》載《さい》されていたことに驚《おどろ》き、貴重《きちょう》な資料《しりょう》でもあるので、ここに紹介《しょうかい》してみました。

題は『コモントチ　胡盲媼　テコロタ口傳　農童守ペナンペ和譯』とあり、おそらくこの「農童守ペナンペ」と自称《じしょう》している方が訳《やく》したもののようです。本書へ収録するに際《さい》し、表題を和訳し、本文も漢字表記や意味のわかりにくいところに多少手を入れたことをお断《ことわ》りしておきます。

『睦』という同人誌について、二風谷《にぶたに》に住んでおられる貝沢正さん（七十三歳《さい》）にうかがってみたら、農童守ペナンペなる人は、ひょっとしたら平取尋常高等小学校で当時教壇《きょうだん》に立っていた仲山先生ではないだろうかということでした。

■アイヌの民具■ヤㇻニヤトゥシ（樹皮《じゅひ》の手桶《ておけ》）　沢《さわ》の水やわき水を家まで運ぶ道具です。初夏にサクラの木の皮をはぎ、六〇センチの正方形に切り取ります。対角線に筋《すじ》を引き、四隅《すみ》の三角形を外側に火であぶりながら折って枡《ます》形にします。外側をツルで囲み、持ち手をつけて完成。

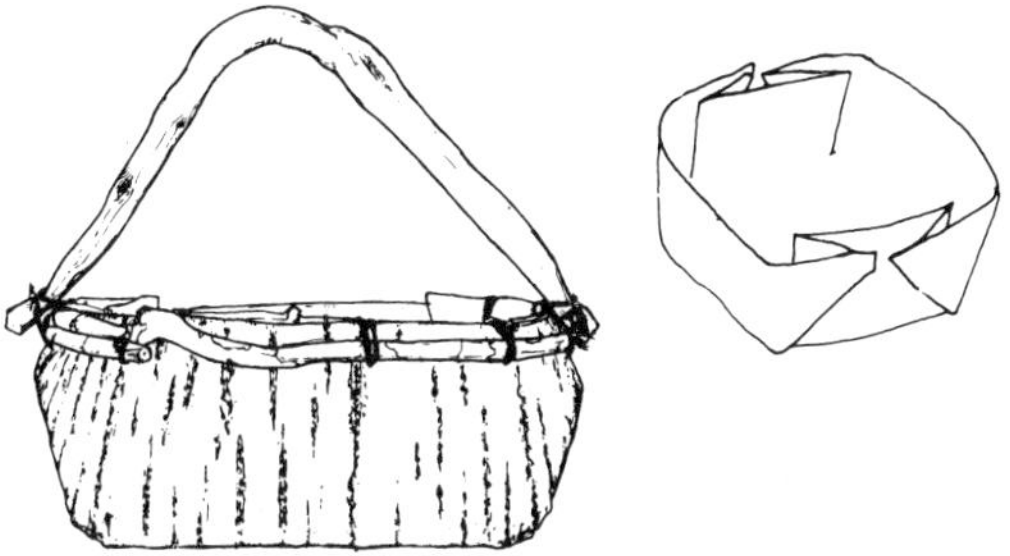

国造《つく》りの神とフクロウ

大昔に天の国からコタンカラカムイ（国造《つく》りの神）が降《お》りてきて、アイヌモシリ（アイヌは人間、モは静か、シリは大地、アイヌの国土）を造りました。造ったばかりの大地には、一筋《ひとすじ》の草も一本の木も生えていませんでした。

国造りの神は、このままでは神も人間も食べ物がなく、生活はできないであろうと考え、草や木や穀物《こくもつ》の種をまくことにしました。神々がそれらの種まきを、どの神にやらせようかと相談《そうだん》した結果、フクロウにやってもらうことにしました。

そこで、国造りの神はフクロウに、ウバユリ、イッポンナ、アザミ、エゾニュウ、ヒエ、アワ、そのほか諸々《もろもろ》の草や木の種を預《あず》けました。それらの種を預かったフクロウは夜となく昼となく、新しい国土の上端から下端まで種をまいて回りました。

それで、この国土に、神も人間も食べられる草や穀物類が生えて増《ふ》え、食べ物が増えるにしたがって人間も増えたということです。

そのことを知っているアイヌたちは、フクロウのことを、カムイチカプ（神の鳥）、あるいはコタンコロカムイ（村をつかさどる神）、と敬称《けいしょう》をつけて呼《よ》んでいるのです。

またフクロウは、夜でも目が見えるので、コタン（村）で心配ごとが起こりそうな時には、高い声を出してコタンの人に注意を促《うなが》し、危難《きなん》を未然に防《ふせ》ぐことができたということです。

語り手　平取《びらとり》町荷負本村《におい ほんそん》　木村こぬまたん
（昭和37年10月4日採録）

解説

この作品はウパシクマ（言伝え）といって、神々を祭る理由を説明する時に聞かされる話です。コタン（村）の歴史、本人の家系《かけい》その他大事なことを教えるものです。したがって、ウウェペケレ（昔話）と現在《げんざい》の生活の中間の辺りに位置して、時に現実味を帯びている場合もありますが、この話のように、フクロウを神とあがめる理由といった話の時もあります。カムイチカプ（神の鳥、フクロウ）は、私の子どものころは珍《めずら》しい鳥ではなく、夜になると姿《すがた》こそ見えませんが、近くの山々からよく鳴き声が聞こえました。その声は野太く、「ペウレプ　チコイキプ　フムー、ペウレプ　チコイキプ　フムー」の繰《く》り返しでした。暗闇《くらやみ》から聞こえる声は子どもを脅《おど》かすには十分で、長泣《な》きする子に、「ペウレプチコイキプが来るぞ」というと、ぴたりと泣くのをやめるほどでした。

私が実際《じっさい》にフクロウを見たのは、昭和十年ころ父たちがフクロウ送りをしている時、昭和十六年、門別川《もんべつがわ》の上流の木の空洞《くうどう》の中と、昭和五十七年、新冠川《にいかっぷがわ》の河口《かこう》の大木の上の三回です。

フクロウは現在では幻《まぼろし》の鳥といわれていますが、幻の鳥にしたのは、ほかならぬ人間なのです。最初にその棲《す》み処《か》である森や林を乱伐《らんばつ》し、餌場《えさば》である川を干《ほ》し上げてしまったのです。

フクロウをふたたび里近くへ呼《よ》びもどすのは至難《しなん》の業《わざ》でしようが、疑似木《ぎじぼく》に空洞を作って若木《わかぎ》の横へ取りつけ、河口にあるサケ捕獲《ほかく》用の簗《やな》を、三日に一回か五日に一回開けて上流へ魚をのぼらせるようにしたいものです。そうすると、フクロウは幻の鳥にはならないでしょう。

話を聞かせてくれた木村こぬまたんフチ（おばあさん）は、本当に物知りで、この話のほかにもウパシクマを聞かせてくれましたが、ここではフクロウの話だけを書きました。

ウパシクマを話す時は改まっていうものではありません。先祖《せんぞ》のこととか、あの山へキツネの声が聞こえたらコタンに変事があるので気をつけなさい、などのたぐいがウパシクマです。

■アイヌの民具■ラウォマプ（簗《やな》）　夏から秋にかけて、小さな沢《さわ》で産卵《さんらん》するマスを取る道具です。ヤナギなどの細い柴《しば》を編《あ》んで、中央に魚の取り出し口を作ります。普通《ふつう》長さ二メートル三〇センチ、幅《はば》四〇センチくらい。仕掛《しか》ける場所の水量に合わせ、横木（舌《した》）をつけてふさぎます。

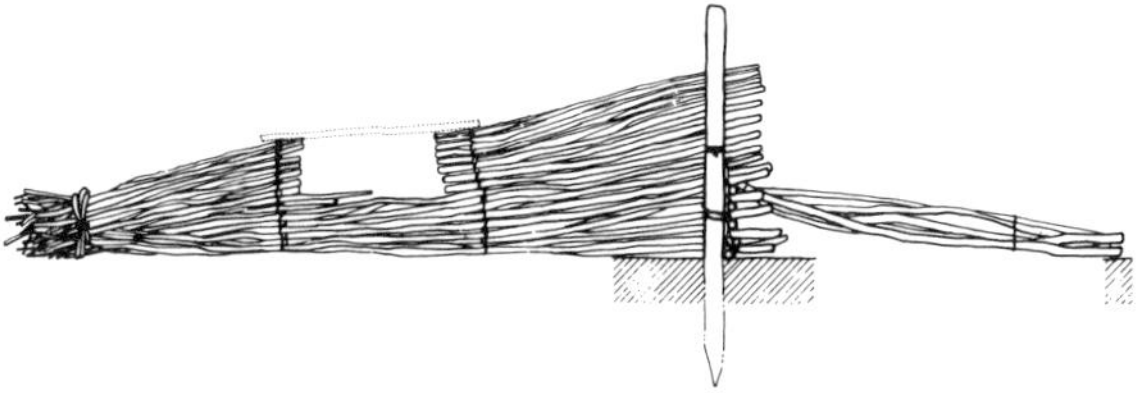

◆アイヌの民具　図版索引

※『アイヌの民具』萱野茂（すずさわ書店）より転載

萱野　茂（かやの　しげる）

一九二六年北海道沙流郡平取町二風谷に生まれる。小学校卒業と同時に造林・測量・炭焼き・木彫りなどの出稼ぎをして家計を助ける。一九五三年アイヌ研究者某に家のトゥキパスイ（捧酒箸）を持ち去られたことが動機となって、アイヌ民具の収集・保存・復元・研究に取組み、一九七二年、収集した約二〇〇〇点の民具で「二風谷アイヌ文化資料館」を結実させる。

アイヌ語研究の第一人者で、アイヌ語を母語とし、祖母の語る昔話・カムイユカㇻを子守歌替りに聞いて成長。一九六〇年からアイヌ語の伝承保存のため、町内在住の古老を中心にアイヌの昔話・カムイユカㇻ・子守歌等の録音収集を始める。一九六一年、金田一京助のユカㇻ研究の助手を務めた。一九七五年、『ウェペケレ集大成』で菊池寛賞、一九七八年、北海道文化奨励賞受賞。一九八三年、二風谷アイヌ語塾を開設、塾長として地域の小・中学生を指導。一九八九年、第二十三回吉川英治文化賞受賞。二〇〇六年、没。

著書『ウェペケレ集大成』『おれの二風谷』『炎の馬』『アイヌの碑』『ひとつぶのサッチポロ』『二風谷に生きて』他多数。

ブックデザイン　鈴木千佳子
イラストレーション　千海博美
DTP　千秋社
校正　内藤栄子
編集　綿ゆり（山と溪谷社）

アイヌと神々の物語　炉端で聞いたウウェペケレ

二〇二〇年四月五日　初版第一刷発行

著　者　萱野 茂
発行人　川崎深雪
発行所　株式会社　山と溪谷社
郵便番号　一〇一―〇〇五一
東京都千代田区神田神保町一丁目一〇五番地
https://www.yamakei.co.jp/

■乱丁・落丁のお問合せ先
山と溪谷社自動応答サービス　電話〇三―六八三七―五〇一八
受付時間／十時～十二時、十三時～十七時三十分（土日、祝日を除く）
■内容に関するお問合せ先
山と溪谷社　電話〇三―六七四四―一九〇〇（代表）
■書店・取次様からのお問合せ先
山と溪谷社受注センター　電話〇三―六七四四―一九一九
ファクス〇三―六七四四―一九二七

フォーマット・デザイン　岡本一宣デザイン事務所
印刷・製本　株式会社暁印刷

定価はカバーに表示してあります

Printed in Japan ISBN978-4-635-04878-1